Scharfschützen und Grenadiere an der Westfront

Todesacker Hürtgenwald

Wolfgang Wallenda

Scharfschützen und Grenadiere an der Westfront

Todesacker Hürtgenwald

Westfront im Herbst 1944 – amerikanische Truppen stoßen beim Vormarsch auf das Deutsche Reich im Hürtgenwald auf erbitterten Widerstand

Impressum:

©2015 Wolfgang Wallenda

Umschlaggestaltung, Herstellung und Verlag:
Books on Demand

Titelbild und Rückseite:

*Bild 101 I - Propagandakompanien der Wehrmacht - Heer und Luftwaffe
Scharfschütze, getarnt in einem Schützenloch/Versteck mit einem Gewehr zielend – 1944, Fotograf:
Vieth, Bundesarchiv, Signatur: Bild 101I-676-7999-03A*

ISBN: 978-3-7347-9746-0

Der weltberühmte Schriftsteller und Literaturnobelpreisträger Ernest Hemingway (1899 – 1961) war als Kriegsreporter für die US-Army im Hürtgenwald eingesetzt.

Die Härte der Kämpfe und die Grausamkeit des Krieges traumatisierten ihn so sehr, dass er einen Roman darüber verfasste.

„Dies war eine Gegend, in der es äußerst schwierig war, am Leben zu bleiben, selbst wenn man nichts weiter tat, als dort zu sein", schrieb der Autor in dem 1950 erschienenen Werk: *Across the River and into the Trees*

(Deutsche Erstausgabe: *Über den Fluss und in die Wälder Autorisierte Übertragung von Annemarie Horschitz-Horst. Rowohlt Hamburg 1951*)

Vorwort:

Nach der Invasion in der Normandie am 06. Juni 1944, rückten die alliierten Truppenverbände mit hohem Tempo vorwärts. Im September 1944 erreichten amerikanische Einheiten den Großraum Düren. Am dortigen *Westwall*, auch *Siegfried-Linie* genannt, geriet das weitere Vorrücken aufgrund Nachschubprobleme ins Stocken. Dieser Zustand wurde von den angeschlagenen deutschen Truppen zum Reorganisieren genutzt.

Im Hürtgenwald, einem rund 140 qkm großen Waldgebiet nordöstlich der deutsch-belgischen Grenze, fanden sie ein ideales Verteidigungsgelände mit dünner Besiedlung vor.

Baumfreie Hügel, umsäumt mit dichtem Wald und tiefen Taleinschnitten, boten natürliche Hindernisse. Hinzu kam, dass die hinter dem Hürtgenwald liegende Rurtalsperre jederzeit geöffnet werden konnte, um das Rurtal unter Wasser zu setzen.

Neben anderen Einheiten, besetzte die *275. Infanterie-Division* den Hürtgenwald und grub sich ein. Die US-amerikanischen Truppen stießen auf unerwartet hohen Widerstand.

Im kältesten Herbst seit Jahrzehnten hatten die kampfunerfahrenen amerikanischen Einheiten nicht nur die kampferprobten Russlandveteranen als Gegner zu fürchten, sondern mussten zusätzlich ohne entsprechende Bekleidung gegen den frühen Wintereinbruch kämpfen.

In den weitläufigen Waldgebieten der Eifel wurde um jeden Quadratmeter, in den Ortschaften um jedes einzelne Haus verbissen gerungen.
Bis zu 28-mal wechselten die Besetzungen einzelner Dörfer.

Die Kämpfe im Gebiet des Hürtgenwaldes (Eifel) gingen als eine der längsten und blutigsten Schlachten, die jemals auf deutschem Boden stattfanden, in die Geschichte ein. Man bezeichnet die Schlacht im Hürtgenwald auch als das *Verdun der Eifel*.

Es sollte die bitterste und größte Niederlage werden, die amerikanische Truppen bis dahin jemals erlitten hatten.

Eckdaten der Schlacht im Hürtgenwald:

Zeitraum der Kämpfe: 06.10.1944 bis 10.02.1945

Ort / Landschaftsbegebenheit: Hürtgenwald – ein ca. 140 km² großes, schwach besiedeltes, äußerst raues und mittelgebirgiges Waldplateau, bestehend aus dichtem Waldwuchs, baumfreien Hügeln und tief gelegenen Taleinschnitten.

Geografisch liegt das sehr gut zu verteidigende Gebiet nordöstlich der deutsch-belgischen Grenze und westlich der Rur mit der dortigen Rurtalsperre und südlich der Stadt Aachen.

Am Rand des Hürtgenwaldes befand sich der in den 1930er Jahren erbaute Westwall. Dieses alte, teils verfallene Stellungssystem wurde in die Verteidigung involviert.

Verteidiger

Deutsches Reich – unter dem Oberbefehl von *Generalfeldmarschall Walter Model*.

Eingesetzte Verbände:

- 12. Volksgrenadier-Division
- 89. Infanterie-Division
- 272. Volksgrenadier-Division
- 275. Infanterie-Division
- 344. Infanterie-Division
- 353. Infanterie-Division
- 3. Fallschirmjäger-Division
- 116. Panzer-Division „Windhund"

Stärke: ca. 75.000 Soldaten (allerdings ist das nur eine Schätzung, da die Divisionen teilweise stark „ausgeblutet" waren und nicht mehr auf die Ursprungsstärke aufgefüllt werden konnten)

Deutsche Verluste:

- 16.000 Verwundete
- 12.000 Gefallene

Angreifer

Vereinigte Staaten von Amerika – unter dem Oberbefehl von *General Courtney Hodges.*

Eingesetzte Verbände:

- 1. US-Infanterie-Division „Big Red One"
- 4. US-Infanterie-Division „Ivy Division"
- 8. US-Infanterie-Division „Golden Arrow or Pathfinder"
- 9. US-Infanterie-Division „Octofoil"
- 28. US-Infanterie-Division „Keystone"
- 78. US-Infanterie-Division „Lightning"
- 83. US-Infanterie-Division „Thunderbolt"
- 104. US-Infanterie-Division „Timberwolves"
- 82. US-Luftlande-Division „All American"
- 3. US-Panzer-Division „Spearhead"
- 5. US-Panzer-Division „Victory"
- 7. US-Panzer-Division „Lucky Seventh"

Stärke: ca. 120.000 Soldaten

US-amerikanische Verluste:

- 21.000 Verwundete
- 12.000 Gefallene

Kampfhandlungen:

Erste Schlacht:

Am 06. Oktober 1944 stieß die vorrückende *9. US-Infanterie-Division* gegen die in Stellung liegende deutsche *275. Infanterie-Division*.
Geländebedingt waren sowohl die Einsätze der US-Luftwaffe als auch die von schweren Panzerfahrzeugen kaum möglich. Es folgte ein zermürbender Stellungs- und Grabenkrieg. Artilleriegeschosse, Mineneinsatz sowie Sprengfallen forderten hohe Verluste. Zusätzlich sorgte der Einsatz deutscher Scharfschützen bei den amerikanischen Soldaten für eine enorme psychische Belastung. Bereits zehn Tage nach Beginn der Kämpfe musste die *9. US-Infanterie-Division* Ausfälle in Höhe von 4.500 Männern verzeichnen, während die Verteidiger zeitgleich etwa 3.200 Soldaten verloren. Als Folge hieraus ebbten die Kämpfe ab.

Zweite Schlacht – Beiname: „Allerseelenschlacht":

Die abgekämpfte und entmutigte *9. US-Infanterie-Division* wurde von der *28. US-Infanterie-Division* abgelöst. Unterstützt von Pionier-, Panzer- und Artillerie-Einheiten, griff die *28. US-Infanterie-Division* am Donnerstag, 2. November 1944 (Allerseelen) die strategisch wichtige Ortschaft Schmidt an.
Das Gelände war indessen weiter von den deutschen Verteidigern zur „Festung" ausgebaut worden. Neben der *275. Infanterie-Division* waren die *89. Infanterie-Division* und die *12. Volksgrenadier-Division* eingesetzt. Als Reserve diente die *116. Panzer-Division „Windhund"*.
Alle deutschen Verbände waren stark dezimiert und zahlenmäßig weit von der eigentlichen Ursprungsstärke entfernt.

Nach schweren Kämpfen und hohen Verlusten konnten die US-Truppen am 3. November 1944 die Ortschaft Schmidt einnehmen und sich dort verbarrikadieren. Der deutsche Artilleriebeschuss blieb bestehen. Weiterhin wurden die Amerikaner durch den Einsatz deutscher Scharfschützen, die sich in den Wäldern rund um Schmidt befanden, permanent demoralisiert.

Zwei Tage später folgte der deutsche Gegenangriff, geführt von der *89. Infanterie-Division* und der *116. Panzer-Division*. Schmidt wurde nach erbittert geführten Gefechten zurück erobert. Die US-amerikanischen Truppen erlitten wiederum schwere Verluste und zogen sich fluchtartig zurück.

In den folgenden Tagen setzten die deutschen Truppen nach und zwangen, bei erbittert geführten Kämpfen und äußerst schlechten Wetterverhältnissen, die Amerikaner in deren Ausgangsstellungen zurück. Beide Seiten hatten hohe Verluste zu verzeichnen, wobei die der *28. US-Infanterie-Division* mit rund 6.200 Mann etwa doppelt so hoch waren wie die der Deutschen.

Dritte Schlacht – Deckname: „Operation Queen":

Mit der *Operation Queen* wollte die US-Armee am 16. November 1944 den Kampf um den Hürtgenwald endgültig für sich entscheiden.
Während in der Phase 1 die *1. US-Infanterie-Division* und die *9. US-Infanterie-Division* frontal die deutschen Stellungen im Hürtgenwald angriffen, kämpfte sich mit der Phase 2 die *4. US-Infanterie-Division,* mit dem Ziel die Rur zu erreichen, durch die nördliche Hälfte des Hürtgenwaldes.

Die zwischenzeitlich leicht aufgestockte, aber immer noch abgekämpfte *275. Infanterie-Division* lag nach wie vor in ihren Stellungen im Hürtgenwald.

Starkes Artillerie- und MG-Feuer zerrieb bereits zu Beginn der Kämpfe zwei US-Regimenter und zwang diese zum Rückzug. Wiederum waren die Kämpfe heftig und der Widerstand härter als die Angreifer vermuteten. Drei Tage später wurden die Gefechte für zwei Tage eingestellt, um Verwundete zu bergen.

Während sich die US-Truppen in dieser Zeit neu formierten, wurden zur Unterstützung der deutschen Verteidiger die *344. Infanterie-Division* und die *353. Infanterie-Division* an die HKL verlegt.

Im Zeitraum vom 21. November bis 12. Dezember 1944 konnten die amerikanischen Einheiten sukzessive Geländegewinne verzeichnen und schließlich – unter ständigem harten Widerstand – bis zu den Ortschaften Straß, Gey und Brandenberg vorrücken.

Es gelang den deutschen Verteidigern, ihre Gegner von den äußerst wichtigen Rurtalsperren fern zu halten. Ebenso konnte das Aufmarschgebiet für die Ardennen-Offensive feindfrei gehalten werden.

Dieser deutsche Großangriff begann am 16. Dezember 1944 und endete mit dem Scheitern der Offensive am 21. Januar 1945.

Mitte Januar rückten die US-Truppen wieder im Hürtgenwald vor. Die komplett ermüdeten und lädierten deutschen Verteidiger konnten den Vormarsch letztendlich nicht mehr aufhalten. Die Ortschaft Schmidt wurde am 8. Februar 1945 endgültig von amerikanischen Streitkräften eingenommen.

Die Schlacht um den Hürtgenwald war beendet.

Durch das Öffnen der Rurtalsperre fluteten die Deutschen das Gebiet um die Rur. Der amerikanische Vorstoß zum Rhein wurde dadurch um zwei Wochen verzögert.

Anmerkung:

Im damaligen Kampfgebiet werden heute immer noch gefährliche Kampfmittel, u.a. Minen und Granaten, vermutet.

Immer wieder wurden sterbliche Überreste von Soldaten gefunden. Letztmalig im Jahr 2008 - zwei US-Soldaten der *28. US-Infanterie-Division*.

In Vossenack erinnert das Museum „Hürtgenwald 1944 und im Frieden" an die damaligen Kriegsereignisse. Betrieben wird es vom Geschichtsverein Hürtgenwald e. V.

Daten

275. Infanterie-Division

Aufstellung und Werdegang der Einheit:

Die Einheit wurde im November 1943 in Westfrankreich als Division 22. Welle neu aufgestellt. Rückgrat bildeten der Stab und die Reste der 223. Infanterie-Division (Heeresgruppe Süd), die bei den heftigen Abwehrkämpfen in Südrussland auf Kampfgruppenstärke zusammenschmolz und letztendlich aufgelöst wurde.

Anfänglich (bis Dezember 1943) als 352. Infanterie-Division bezeichnet, wurde die neue Einheit schließlich in 275. Infanterie-Division umbenannt.

Verstärkt durch das XII. Luftwaffen-Festungs-Bataillon und dem XX. Luftwaffen-Festungs-Bataillon, wurde die Truppe im Hürtgenwald eingesetzt und dort im Oktober 1944 in schwerste Kämpfe verwickelt.
Hierdurch wiederum stark geschwächt, ergänzte man die Verluste, indem man im Dezember 1944 die Reste der 344. Infanterie-Division eingliederte.

Die 275. Infanterie-Division wurde schließlich unter Verwendung der bereits vorhandenen Stabseinheiten im Januar 1945 in Flensburg noch einmal neu aufgestellt und an die Ostfront verlegt. Bei den Kämpfen im Kessel von Halbe (Raum Guben) wurde sie schließlich vernichtet.

Kommandeur der Division:

| Dez. 1943 – April 1945 | Generalleutnant Hans Schmidt |

Einsätze der 275. Infanterie-Division:

1944

Februar - Mai

- Bretagne

Juni – Juli

- Normandie (Raum Contentin, Falaise und Mons)

August

- Belgien

September - Dezember

- Hürtgenwald

1945

Januar

- Neuaufstellung in Flensburg

Februar - April

- Kessel von Halbe (Raum Guben) - Vernichtung

Kriegsverbrechen:

Bei den Recherchen zu diesem Buch konnte ich keine Kriegsverbrechen finden, welche Angehörigen der *275. Infanterie-Division* explizit angelastet werden.

Anzumerken ist jedoch, dass aus der einschlägigen Literatur hervorgeht, dass während der erbittert geführten Kämpfe im Hürtgenwald von beiden Kriegsparteien zeitweise keine Gefangenen gemacht wurden.

Dies lässt berechtigte Vermutungen zu, dass sowohl die deutschen als auch amerikanischen die Soldaten aus Verzweiflung, Wut, Angst, Hass oder anderen Beweggründen möglicherweise ihre gefangen genommenen Gegner, entgegen den damals gültigen internationalen Abkommen, getötet haben.

Einen detaillierten Bericht hierzu, der entsprechende Taten belegt, konnte ich allerdings nicht finden.

Dienstgrade Wehrmacht vs. US-Army:

Mannschaften und Unteroffiziere

Schütze	Private E 1
Oberschütze	Private E 2
Gefreiter	Private First Class
Obergefreiter	Corporal
Stabsgefreiter	------
Unteroffizier	Sergeant
Unterfeldwebel	Staff Sergeant
Feldwebel	Sergeant First Class
Oberfeldwebel	Master Sergeant
----	First Sergeant

Hauptfeldwebel *(Spieß)* *Stabsfeldwebel* = *kein eigentlicher Dienstrang sondern eine Dienststellung*	Sergeant Major *(oftmals auch Spieß)*
Stabsfeldwebel	w.o.

Offiziere

Leutnant	Second Lieutenant
Oberleutnant	First Lieutenant
Hauptmann	Captain
Major	Major
Oberstleutnant	Lieutenant Colonel
Oberst	Colonel
Generalmajor	Brigadier General
Generalleutnant	Major General
General	Lieutenant General
Generaloberst	General
Generalfeldmarschall	General of the Army
Reichsmarschall	-----

*Anmerkung:

Die Dienstränge Second Lieutenant und First Lieutenant wurden i.d.R. beide mit Lieutenant angesprochen. Sie unterschieden sich äußerlich von der Farbe ihres Dienstgradabzeichens, einem Balken. Der Balken des Second Lieutenants war gelb, der des First Lieutenants silberfarben.

Analog hierzu ist das Rangabzeichen des Majors und des Lieutenant Colonels ebenso identisch – ein siebenzackiges Blatt mit Stiel. Die Farbe des Majors ist golden, die des ranghöheren Lieutenant Colonels silberfarben.

Roman

Neben anderen Einheiten besetzte auch die *275. Infanterie-Division* Bereiche des Hürtgenwaldes, grub sich dort ein und nutzte zudem die noch vorhandenen alten Bunkeranlagen des Westwalls zur Verteidigung.

Als die relativ kampfunerfahrenen US-amerikanischen Truppen im kältesten Herbst seit Jahrzehnten angriffen, mussten sie wetterbedingt weitgehend auf Flugzeugunterstützung verzichten.
Sie stießen auf kampferprobte Russlandveteranen und wurden in bis dahin nicht gekannte, heftig geführte Kämpfe verwickelt.

Neben dem unerwartet hohen Widerstand hatten die amerikanischen Einheiten mit einem weiteren Problem zu kämpfen. Sie waren für den frühen Wintereinbruch nicht gerüstet und verfügten über keine entsprechende Bekleidung.

In den weitläufigen Waldgebieten der Eifel wurde monatelang um jeden Quadratmeter, in den dort befindlichen Ortschaften um jedes einzelne Haus verbissen gerungen.

Artilleriebeschuss, Sprengfallen, Minenfelder, etliche MG-Nester und letztendlich eingesetzte deutsche Scharfschützen demoralisierten die angreifenden US-Truppen zusehends. Aber auch die deutschen Landser erlebten in den Kampfgebieten des Hürtgenwaldes die Hölle auf Erden und sprachen von apokalyptischen Kämpfen.

Im Romanteil werden die Schicksale eines dieser Scharfschützen, eines an die Front zurückgekehrten Russlandveteranen sowie das einer Sturmgeschütz-Besatzung erzählt.

Bis auf historische Persönlichkeiten sind alle Namen frei erfunden. Jegliche Ähnlichkeiten mit realen Personen wären rein zufällig.

Todesacker Hürtgenwald

„Seit Tagen verrichten wir Schanzarbeiten. Ich frage mich, wozu wir hier hinten noch weitere Laufgräben und Schützenlöcher brauchen, wenn sich vorne schon die befestigten Linien des Westwalls befinden", moserte Eduard Gollmann und wuchtete seinen Spaten in die Erde. Der Landser stieß erneut auf Widerstand. „Schon wieder eine Wurzel. Jetzt reicht es mir!"

Schweiß tropfte von der Stirn des Soldaten, die Wangen waren gerötet.

„Und zum Trinken habe ich auch nichts mehr", schob er sichtlich wutentbrannt nach.

„Hör zum Schimpfen auf, Eduard. Wir haben es ohnehin bald geschafft", beruhigte ihn Franz Höpfner, griff an seine Seite, nahm die Feldflasche ab und hielt sie seinem Kameraden hin. „Hier! Trink einen Schluck, dann sieht die Welt schon besser aus."

„Hast ja recht, Franz", antwortete der durstige Gollmann und ließ sich das kühle Wasser schmecken. Nachdem der Durst gelöscht war, besserte sich die Laune des Landsers. Er zückte seine Schnupftabakdose und klopfte mit dieser wie üblich zweimal auf seinen Oberschenkel, bevor er sie öffnete und eine Prise auf seine linke Hand, genau in die kleine Mulde zwischen Daumen und Handgelenk streute. Die Hand wanderte unter die Nase, dann schniefte der Soldat den Tabak restlos ein. Anschließend schnaufte er kräftig durch. „Ahhh", stöhnte er genießerisch. „Du solltest auch vom Rauchen auf Schnupfen umsteigen. Das ist um Längen besser."

„Das bildest du dir nur ein", kam die prompte Antwort.

Genüsslich inhalierte Höpfner den Rauch seiner zwischenzeitlich angezündeten Zigarette und blies ihn ebenso genussvoll wieder aus. Die blaue Dunstwolke tanzte anfangs über den Köpfen der beiden Männer, verteilte sich und löste sich binnen kürzester Zeit auf.

„Ich weiß noch, wie du Keller und mir eingeredet hast, wir sollen das Zeug probieren." Der Gefreite lachte, während er erzählte. „Ha, ha. Wir blauäugigen Anfänger nahmen eine ordentliche Prise und mussten minutenlang niesen."

Jetzt lachten beide.

„Ich hoffe, dass Keller bald wieder kommt. Ist schon fast ein Jahr, dass er weg ist. Es ist richtig öde, wenn der alte Knabe nicht bei uns ist."

„Es sind ziemlich genau zehn Monate! Ihn hat es in Russland ganz schön übel erwischt. Mich wundert es, dass er überhaupt überlebt hat."

„Wir haben ihn damals ja weit genug nach hinten geschleppt. Ich werde den Tag nie vergessen."

„Ich auch nicht! Unser Kamerad Franz. Keller hat uns schließlich das Leben gerettet."

„Und wir seines!"

Stummes Nicken. Die wieder ins Gedächtnis gerufenen Erinnerungen an Russland stimmten verlegen. Zu grausam und erbarmungslos waren die Zeiten, zu hart die Umstände.

„Stimmt es eigentlich, dass er momentan auf Unteroffizierslehrgang ist?"

Gollmann nickte. „Der Spieß hat es mir verraten."

Privatarchiv des Autors, PA-H-102-Schanzarbeiten

Alles was Jürgen Keller noch wusste, war dass der russische T 34 auf ihn und seine Kameraden zurollte. Der Stahlkoloss tauchte wie aus dem Nichts auf. Das Kettengerassel klang, als zückten tausend Husaren ihre Säbel, um sie in die Leiber ihrer Feinde zu stoßen. Blanke Todesangst stand in den Augen der beiden jungen Soldaten, die neben dem Obergefreiten im Schützenloch lagen. Die anderen Männer der Gruppe saßen ein paar Meter weiter in ihren Deckungslöchern. Ihre

Positionen den Panzer zu knacken waren nochmals schlechter, als seine eigene.

Das Bord-MG des russischen Panzers ratterte genau in ihre Richtung. Projektile surrten über sie hinweg. Wie in Trance hatte sich Keller die letzte T-Mine geschnappt und war aus der Erdmulde gekrochen. Er blieb wie durch ein Wunder von den Geschossen des Maschinengewehrs verschont. Anfangs kroch er bäuchlings los, dann wuchtete er seinen Körper hoch und lief geduckt der rollenden Festung entgegen. Ein Kampf zwischen David und Goliath stand dem Soldaten bevor. Mit der Erfahrung eines altgedienten Frontsoldaten versuchte Keller immer im toten Winkel des Bord-MGs zu bleiben. Wie gebannt ruhten die starren Blicke seiner Kameraden auf ihm. Todesmutig näherte er sich Schritt für Schritt. Der Obergefreite wusste, dass ihm nicht mehr viel Zeit blieb. Gleich würden die schweren Ketten über die Schützenlöcher seiner Kameraden rollen und sie unter sich begraben.

Jetzt ist es soweit, durchfuhr es ihn kalt.

Er war nahe genug herangekommen, lief neben den wuchtigen Ketten her, klemmte die Mine zwischen Turm und Fahrgestell und zog die Sicherungsschnur. Sofort wandte sich Keller ab und suchte Deckung. Im gleichen Moment, als er sich zu Boden werfen wollte, detonierte die Sprengladung.

Wumm

Der Obergefreite spürte einen kräftigen Schlag im Rücken. Er wurde durch die Luft geschleudert und schlug hart am Boden auf. Der Kampflärm, das Dröhnen des Panzermotors und das Geschrei der Männer um ihn herum waren nur noch dumpf wahrzunehmen. Allmählich wurde es schwarz und still.

Als der Landser wieder seine Augen öffnete, sah er alles verschwommen. Monotones Klacken, verbunden mit beständigem Ruckeln. Er kannte es. Keller musste seine Gedanken sortieren. Er lag in einem Zug. Beim Versuch sich aufzusetzen, spürte der Obergefreite Schmerzen. Ein schier unerträglicher Stich, ausgehend vom Rücken, ließ ihn sofort wieder niedersinken. Sein Mund war trocken, die Lippen spröde und aufgeplatzt. Der Geruch im Waggon war schrecklich und undefinierbar. Kraftlos versank Keller wieder ins Delirium. Beim nächsten Erwachen stand eine Krankenschwester neben ihm. Sie wischte mit einem feuchten Lappen über seine Lippen. Gierig saugte er das Nass auf.

„Wo bin ich?", presste er mit kratziger Stimme über die aufgeplatzten Lippen.

„Ruhen Sie sich aus! Sie sind in einem Lazarettzug. Wir fahren in die Heimat."

Heimat!

Das Wort klang beruhigend. Keine Schützengräben mehr. Kein heranstürmender Iwan. Keine Panzer, die geknackt werden mussten. Er war in Sicherheit. Zufrieden blickte Keller an die Decke, doch schon wenige Augenblicke später überkamen ihn Zweifel.

Warum liege ich hier im Lazarettzug?

Angst kroch durch seinen geschundenen Körper.

Habe ich noch alle Glieder? Ist der Panzer über meine Beine gerollt?

Immer wieder tauchte das Bild des T 34 auf. Dazu glaubte der verwundete Obergefreite Kettengerassel zu hören. Im Gedanken spielte sich alles noch einmal ab.

Selbstzweifel überfielen den Frontsoldaten. Die Krankenschwester schien die Gefühle zu spüren.

„Keine Angst! An Ihnen ist noch alles dran. Sie wurden zwar schwer verwundet, doch der Stabsarzt hat Sie sofort operiert. Ich war selbst dabei, als Ihre Kameraden sie anschleppten. Es grenzte an ein Wunder, dass Sie nach dem enormen Blutverlust überhaupt noch lebten. Dr. Frenzel sagte, dass Sie wieder vollkommen gesund werden. Die Splitter haben keine lebenswichtigen Organe verletzt. Sie sind ein Glückspilz! Alles was Sie brauchen ist Ruhe und Erholung."

Vollkommen gesund.

Diese Worte wirkten erlösend. Der Schwerverletzte schlief wieder ein.

Keller musste bis weit in den Frühling hinein im Lazarett bleiben. Danach folgten Kuren, ein langer Erholungsurlaub und anschließend der Unteroffizierslehrgang in Wörgl/Tirol.

Am Ende des Lehrgangs wurde Jürgen Keller in die Schreibstube des Lehrgangsleiters gebeten.

„Wie Sie ja zwischenzeitlich erfahren haben, ist Ihre alte Division in Südrussland komplett aufgerieben und daher aufgelöst worden. Die restlichen Angehörigen wurden in die neu aufgestellte 275. *Infanterie-Division* eingegliedert. Sie übrigens auch! Ihre neue Einheit befindet sich an der deutsch-belgischen Grenze, im nördlichen Ausläufer der Eifel. Ihre Kompanie liegt in einem Gebiet, das Todtenbruch heißt. Hier ist Ihr

Marschbefehl", sagte Hauptmann Klingenberg zum frisch gebackenen Unteroffizier Jürgen Keller und gratulierte gleichzeitig zur Beförderung. „Die Unteroffizierslitzen passen prima zu Ihren Auszeichnungen", spielte der Offizier auf die verliehenen Orden an.

Keller wurde während seines Lazarettaufenthalts in Gars am Inn das Eiserne Kreuz Erster Klasse und das silberne Verwundetenabzeichen verliehen.

„Mit den besten Genesungswünschen Ihres Kommandeurs. Wegen besonderer Tapferkeit vor dem Feind ...", hieß es damals.

Beide Orden sowie das Sturmabzeichen waren an der Feldbluse angebracht. Der Blick des Hauptmanns wanderte von den Abzeichen hinüber zu Kellers rechten Oberarm und verharrte dort am angenähten Panzervernichtungsabzeichen. Ein goldener Panzer prangerte darauf. Sofort wusste Klingenberg, dass Keller mindestens fünf Panzer als Einzelkämpfer geknackt hatte. Vor ihm stand ein wahrer Kriegsheld.

„Wissen Sie zufällig, wer von meinen Kameraden aus Südrussland rausgekommen ist?"

Klingenberg schüttelte den Kopf. „Tut mir leid. Hierüber bin ich nicht informiert. Ich wünsche Ihnen alles Gute."

Es war wieder einmal soweit. Jürgen Keller saß in einem Zug und rollte an die Front. Doch diesmal ging es nicht nach Osten ins verhasste Russland, sondern an den Westwall. Der Platz neben dem Russlandveteranen blieb bis Heilbronn frei. Frühmorgens hatte der Zug die badische Kleinstadt erreicht. Eine Stunde Aufenthalt wurde angekündigt. Keller entschloss sich auszusteigen, um eine Zeitung und ein Erfrischungsgetränk zu kaufen. Als er wieder in den Zug stieg, saß ein Obergefreiter auf dem freien Platz. Beide sahen sich an und nickten sich grüßend zu.

„Jürgen Keller", stellte sich der Unteroffizier vor.

„Jörg Hönnige", meinte der Obergefreite kurz angebunden.

Keller setzte sich, trank den Rest seiner Brauselimonade aus und las die Tageszeitung. Der Zug rollte wieder an. Eine halbe Stunde später faltete der Unteroffizier die Zeitung zusammen und bot sie seinem Nachbarn zum Lesen an.

„Nein, danke. Ich habe sie schon am Bahnhof gelesen. Musste zwei Stunden auf diesen Zug warten. Mir wurde gesagt, dass er um fünf Uhr morgens eintrifft. War 'ne kurze Nacht für mich", lehnte dieser höflich ab. Hönnige sprach mit leicht badischem Akzent.

„Wo führt dich die Reise hin?"

„Erst zum Bahnhof nach Düren, dann weiter zur 275.ten. Bin im Regiment 983."

„Mensch, das ist mein Haufen. Da muss ich auch hin."

„Welches Bataillon?"

„I. Bataillon, 2. Kompanie, 1. Zug, 2. Gruppe, um es genau zu sagen", sprudelte Keller hervor.

„Das ist ja ´n Ding! Ich gehöre auch zum I./2, aber ich habe dich noch nie gesehen."

„Kein Wunder. Ich wurde in Russland verwundet und lag lange im Lazarett. Jetzt haben sie mich wieder zu meinem alten Haufen zurück beordert. Bin mal gespannt, wer noch alles da ist."

„Zweite Gruppe? Warte mal …", überlegte Hönnige. „Von den Alten kenne ich Gollmann und Höpfner", fing er zu berichten an.

„Eduard und Franz", stieß Keller sofort aus. Seine Augen blitzten dabei auf. „Prima Kerle. Ist der junge Burger auch noch da? Und was ist mit Schoner, Kleemann und Reiz?"

„Ja, der Burger ist auch bei Gollmann. Die anderen kenne ich nicht, tut mir leid."

„Drei von sieben", hauchte der Russlandveteran aus. „Das ist hart!"

„Moment", stieß Hönnige plötzlich aus. „Jetzt fällt es mir wieder ein. Du bist der verwundete Obergefreite, den es an der Ostfront schwer erwischt hat. Und zwar ist das passiert, als du einen Panzer geknackt hast. Stimmt das?"

Hönnige sprach einfach weiter, ohne auf eine Antwort zu warten. „Der Panzer ist drei Meter vor deinen Kameraden zum Stehen gekommen. Die hatten schon ganz schön die Hosen voll. Der T 34 hätte Gollmann und Höpfner schier platt gewalzt!"

„Drei Meter?", rief Keller erstaunt und runzelte die Stirn.

„Ich kenne die Geschichte gut. Sie erzählen sie an jedem Gruppenabend. Ich war schon dreimal dabei. Als du damals auf den Panzer zugelaufen bist, glaubten deine Kameraden anfangs, dass du einen Frontkoller bekommen hast und dich umbringen wolltest. Aber dann sahen sie die T-Mine, die du mitgeschleppt hast. Sie hat übrigens den Turm weggesprengt. Junge, Junge, wenn man den Erzählungen glauben darf, hattest du geschätzte tausend Splitter im Rücken."

Keller lächelte etwas. „So viele waren es zwar nicht, aber es hat gereicht, dass ich zehn Monate lang weg von der Truppe war."

„Wie ich sehe, waren die da oben", Hönnige spielte auf den Divisionsstab an, „nicht allzu geizig mit Auszeichnungen."

„Alles nur Blech", verwarf der dekorierte Soldat.

Gleichzeitig blickte er auf die Feldbluse des Baden-Württembergers. Am Ärmel war unübersehbar das Scharfschützenabzeichen in Silber angenäht. Ein Ruck ging durch den kampferprobten Unteroffizier. Neben ihm saß ein Soldat, mit dem im Allgemeinen der Umgang eher vermieden wurde.

Scharfschützen waren i.d.R. nicht sehr beliebt und galten lange Zeit als hinterhältige Heckenschützen. Erst als der Krieg immer härter wurde, verschafften sie sich aufgrund ihrer Erfolge, aber auch wegen des Risikos, schneller als die anderen den Heldentod zu sterben, Respekt.

Die Propagandamaschine erhob sie zu Jägern und gefürchteten Einzelkämpfern. Keller hatte bis zum heutigen Tag noch keinen Scharfschützen näher kennengelernt. Nein! Er hatte sie eher fürchten gelernt. Einige seiner Kameraden waren russischen Heckenschützen zum Opfer gefallen. Furcht und Schrecken fuhr selbst in die Glieder der ältesten Frontschweine, wenn ein feindlicher Scharfschütze zuschlug.

Es gab im täglichen Fronteinsatz viele Wege, sein Leben aufs Spiel zu setzen. Keller hatte wahrlich einige davon kennengelernt. Doch eine der gefährlichsten Arten war es, als Scharfschütze irgendwo im Niemandsland zu liegen. War dieser vom Gegner erst einmal lokalisiert, wurde er vom Jäger zum Gejagten. Erbarmungslos wurde er nur allzu oft von ganzen Kompanien gehetzt. Es kursieren sogar Geschichten, die darüber berichten, dass ganze Landstriche von Artillerie umgepflügt wurden, nur weil darin ein Scharfschütze vermutet wurde. Ob dies der Wahrheit entsprach, prüfte Keller allerdings nie nach.

„Scharfschütze?", fragte der Unteroffizier schon fast rhetorisch.

Hönnige nickte. „Ich bin z.b.V. bei der Kompanie. Hauptmann Retzer wollte das so."

„Retzer?", erkundigte sich der Obergefreite. „Als ich noch bei der Truppe war, führte Hauptmann Stein die Kompanie. Was ist mit ihm? Hat er Karriere gemacht?"

Der Heilbronner schüttelte den Kopf. „Ich habe ihn nie kennengelernt. Stein ist gefallen. Muss wohl am gleichen Tag gewesen sein, als du verwundet wurdest. Jedenfalls ist er in Russland begraben worden."

Nachdenklich sank Keller auf die Sitzbank zurück. „Und was ist mit unserem Zugführer?"

„Wenn du Leutnant Drexler meinst? Der fühlt sich momentan richtig wohl. Er stammt aus der Nähe von Düren und kennt die Eifel wie seine Westentasche."

Wenigstens hat Drexler es geschafft, durchfuhr es den Unteroffizier. *Was wird der Westwall bringen? Wie wird es im Hürtgenwald werden? Sie kämpften nicht mehr im Feindesland. Sie kämpften auf deutscher Erde. In der Heimat. Verfluchter Krieg!*

„Zigarette?", Hönnige hielt eine Packung amerikanischer Zigaretten der Marke *Camel* in der Hand und bot seinem Nachbarn eine davon an.

„Wo hast du denn die her?"

Während er dies fragte, griff er nach der angebotenen Zigarette.

„Du wirst lachen. Wir haben sie getauscht. Ganz offiziell haben wir uns getroffen. Ein paar von den Kaugummi kauenden Amis und einige von unseren Leuten. Es war nach einem Scharmützel. Waffenstillstand zur Verwundeten- und Totenbergung. Wir brachten Juno-Zigaretten, Wein aus der Pfalz sowie guten Korn mit. Die Amis hatten Camel-Zigaretten und Whiskey. Du kannst dir nicht vorstellen, was alles an Schwarzbeständen für das Tauschgeschäft aufgetaucht ist. Ich habe mir vier Stangen ergattert."

„Glückspilz!"

„Sie nennen sich selbst GI´s und zu uns sagen sie *Krauts*."

„Krauts", wiederholte Keller und schmunzelte.

Auch der Scharfschütze grinste breit. „Weil wir so viel Sauerkraut essen", erklärte er.

Die restlichen Stunden der Zugfahrt verstrichen schnell. Keller und Hönnige verstanden sich gut. Sie sprachen über viele Dinge, nur nicht über das zerstörte Deutschland, das sie gerade durchfuhren. Blicke sagten alles. Keiner der beiden Frontsoldaten wollte öffentlich Kritik üben, als sie an den Ruinen der Bombenopfer vorbeifuhren. In Düren war die Reise beendet. Sie waren am Ziel angekommen und stiegen aus.

„Wo genau sitzt unsere Kompanie?", erkundigte sich Keller zum wiederholten Mal.

„Irgendwo am Todtenbruch. Das Bataillon liegt bei Vossensack. Ich schätze, wir werden sie irgendwo zwischen diesem Kaff Vossensack und Lammersdorf finden."

„Wie weit ist das?"

„Von Düren aus gute 20 Kilometer."

„Dann sollten wir uns nach einer Fahrgelegenheit umsehen."

„Keine schlechte Idee, Jürgen, aber wie willst du das anstellen?"
„Dort steht ein Kettenhund. Ich erkundige mich mal."

Privatarchiv des Autors, PA-H-105-Nachschub

Der Feldgendarm zeigte den beiden Landsern den Weg zu den Lastwagen, die zur HKL fuhren. Kurz darauf marschierten sie zur anderen Seite des Dürener Bahnhofs, an dessen Ende Lastwagen beladen wurden.

„Solange der Nachschub zur HKL rollt, ist der Krieg noch nicht vorbei!"

„Hönnige, deinen Enthusiasmus möchte ich haben", gab Keller verblüfft preis.

„Oder Humor", meinte dieser schließlich trocken.

Sie erreichten die Lastwagen und fragten sich durch. Die ersten beiden Soldaten schüttelten lediglich den Kopf. Der dritte Fahrer konnte helfen. „Geht mal zwei Lkw weiter, dort steht ein *Henschel*. Der Fahrer heißt Kurt. Ich glaube, er muss zum I. Bataillon."

„Danke."

„Keine Ursache."

Schnurstracks gingen sie weiter und blieben bei einem *Henschel-Lkw* stehen. Die Heckklappe war geschlossen, kein Fahrer zu sehen. Hönnige zündete sich gerade eine Zigarette an, während ein Landser auf sie zukam. „Bist du Kurt?"

„Warum?"

„Wir müssen zum I./2."

„Tut mir leid. Ich bin nicht allein unterwegs. Das Führerhaus ist voll."

„Dann steigen wir hinten auf."

„Ungern! Ich habe dort lauter …", weiter kam er nicht, denn der Scharfschütze hielt drei Camel in der Hand. Schnell griff der Kraftfahrer zu. „Rauf mit euch, aber ich habe euch nicht gesehen. Ich habe Minen und so Zeugs geladen. Die Lieferung geht an die Pioniere. Ich folge nachher zwei anderen Lastwagen. Wir bekommen noch eine Gruppe Infanteristen als Schutz mit. Lasst euch einfach nicht sehen. Ihr wisst ja, wie das ist. Bei Munitionstransporten ist es streng verboten, jemanden hinten drauf mitzunehmen."

„Ist schon in Ordnung."

Die Zigaretten verschwanden in Kurts Brusttasche. Hönnige und Keller kletterten auf die Ladefläche und machten es sich bequem.

Eineinhalb Stunden später waren sie am Ziel.

„Wir sehen uns bestimmt noch öfter. Als erstes gehe ich zum *WuG* und hole mein Gewehr. Ich fühle mich wohler, wenn ich meine Ausrüstung bei mir habe", verabschiedete sich der Scharfschütze.

Keller ging allein zur Kompanieschreibstube. Er blieb vor dem Haus stehen, vor dessen Gartentür ein hölzernes Hinweisschild angebracht war. Ein Melder kam heraus, sah den Unteroffizier von oben bis unten an, stieg auf seine *DKW* und brauste davon. Der Russlandveteran schnaufte kräftig durch.

Jetzt geht es wieder richtig los.

Der Landser wusste, was auf ihn zukam. Es würde sicher wieder einige Zeit dauern, bis er sich an ein Feldbett gewöhnt hatte. Sofern es überhaupt eines gab. Auch auf die Läuse, die unweigerlich kommen würden, war er vorbereitet. „Soldatenalltag, du hast mich wieder", flüsterte er und betrat die Schreibstube.

„Können Sie nicht klopfen", tobte jemand sofort los.

Keller erkannte die dunkle, raue Stimme und näherte sich wortlos dem Schreibtisch. Erst jetzt hob der Spieß, der sich allein im Raum befand, den Kopf. Glühend rot vor Wut holte er zu einer Schimpfkanonade aus: „Euch Drei-Tage-Soldaten muss man den Respekt wohl erst einprü…", mitten im Satz stockte der Oberfeldwebel, der aufgrund seines Postens den Dienstrang eines Hauptfeldwebels besaß. Dass es sich um den Kompaniefeldwebel handelte, war zudem an den beiden Kolbenringen erkennbar, die an den Uniformärmeln angenäht waren. „Mich laust der Affe", stieß der Spieß voller Verwunderung aus. „Jürgen! Bist du es wirklich?"

„Leibhaftig, wie du siehst."

„Schön, dass du wieder hier bist. Die Unteroffizierslitzen stehen dir gut", begrüßte Oberfeldwebel Radomski seinen alten Kameraden, stand auf und reichte Keller über den Schreibtisch hinweg die Hand.

„Du bist jetzt die Mutter der Kompanie? Wo ist denn der alte Müller geblieben?"

„Den gibt es nicht mehr."

„Jetzt schlägt es doch dem Fass den Boden aus. Müller ist gefallen? Der war doch immer kilometerweit hinter der *HKL*. Ich habe ihn zumindest nie mit 'ner Maschinenpistole in den vorderen Reihen gesehen."

„Er hatte Pech. Als es in Russland zu Ende ging, hatte sich Müller irgendwie an Bord einer alten *Tante Ju* geschlichen. Keiner weiß, wie er das gemacht hat. Auf jeden Fall ist genau diese Maschine abgeschossen worden."

Der Spieß griff hinter sich, schob einen Ordner beiseite und kramte eine grüne Flasche hervor. „Cognac? Ist was richtig Gutes. Ich habe ihn aus Frankreich mitgenommen. Das kannst du mit dem Kartoffelschnaps, den wir in Russland gesoffen haben, nicht vergleichen."

„Gern."

Im Nu standen zwei Gläser vor den beiden Soldaten. Behutsam füllte Randomski sie mit dem Weinbrand. Nach dem Begrüßungsschluck zeigte der Spieß auf einen Stuhl. „Setz dich doch", forderte er Keller auf und schenkte nach.

„Ich dachte schon, ich bin bei den Gebirgsjägern gelandet, so steil gehen hier die bewaldeten Hügel hoch", meinte der Rückkehrer.

„Das Gelände ist ein Wahnsinn. Vor uns befindet sich der Westwall", begann der Oberfeldwebel zu erklären, „mit seinen Panzersperren und Bunkern. Gut, der eine oder andere Bunker war jahrelang leer gestanden. Wozu auch besetzen?", lachte er aus, um sofort wieder weiter zu sprechen. „Aber danach kommt der Wald. Mindestens 140 km² reinstes Waldgebiet", betonte er. „Hier gibt es so gut wie keine Wege, die panzergerecht sind. Die Täler und Höhen können kaum zu Fuß durchquert werden und dahinter befindet sich die Rurtalsperre. Wer die Staudämme besetzt, kontrolliert das gesamte Gebiet!"

„Und wo finde ich in diesem menschenfeindlichen Urwald meine Gruppe?"

„Jürgen, wie eh und je! Da komme ich schon mal ins Schwärmen und preise dir unsere Eifel an, schon willst du wieder in den Schützengraben zurück."

Beide hoben das zweite Glas Cognac hoch, prosteten sich zu und tranken aus. Der Weinbrand rann warm und samtig die Kehle hinunter. Ein angenehmes Gefühl breitete sich in der Magengegend aus.

„Wirklich gut", lobte Keller, als er sein Glas abstellte. „Und?", schob er nach. „Wo sind meine Leute?"

Radomski lachte. „Ihr liegt hier in der Nähe von Lammersdorf. Es ist der höchste Punkt in diesem Bereich und heißt Todtenbruch. In eurer Nähe befindet sich auch eine zweite Bunkerreihe. Sozusagen eine Auffangstellung nach dem eigentlichen Westwall!"

„Bunker?"

„Ja! Aber wie schon vorhin kurz erwähnt, waren die Dinger lange leer gestanden. Du kannst in den Betonstellungen nicht mal ein MG 42 abfeuern."

„Ich lass mich mal überraschen."

„Und noch etwas, Jürgen."

„Ich höre."

Der Spieß senkte seine Stimme. Fast im Flüsterton sprach er weiter. „Die neuen Soldaten, die sie uns aus den Kasernen an die Front schicken, sind noch Kinder. Du wirst erschrecken, wie jung die Landser sind. Ich habe manchmal das Gefühl, die Jungs kommen nicht von den Kasernenhöfen, sondern von Schulhöfen. Pass auf deine Männer auf."

Keller nickte. Jetzt waren es seine Männer. Er war Gruppenführer. Auch das war neu. Er trug noch mehr Verantwortung. Seine Befehle konnten über Tod und Leben seiner Gruppe entscheiden. „Das werde ich, Radomski!"

„Nun gehst du am besten zum Waffenunteroffizier und munitionierst auf, dann kommst du wieder her. Einen alten Russlandkameraden lasse ich nicht zu Fuß gehen. Ich sorge dafür, dass du mit ´nem *Kübel* zu deinen Leuten gebracht wirst. Es ist sowieso Feldpost gekommen, die muss nach vorn."

„Danke."

„Hönnige, für dich habe ich etwas", kam es beinah freudestrahlend über die Lippen des Waffenunteroffiziers, als der Scharfschütze seine Waffe, einen K 98 k mit Zielfernrohr, abholte.

„Was hast du denn Schönes für mich? Ist ein russisches Moisin Nagant 91/30 für mich geliefert worden?", scherzte der Obergefreite.

„Nein, aber ich habe endlich Spezialmunition für dich. Ein Päckchen war beim letzten Transport dabei. Ich habe es gleich auf die Seite gelegt."

„Spezialmunition zum Anschießen oder B-Patronen?"

Ein breites Grinsen zog sich über das Gesicht des Unteroffiziers. „Ich glaube, dass deine Waffe schon präzise genug eingestellt ist. Ich habe 50 Schuss der guten B-Patronen ergattert. Damit kannst du Bäume fällen!"

Der *WuG* gab das Scharfschützengewehr heraus und legte das Zielfernrohr der Firma Hensoldt daneben. „Ich habe es abmontiert. Dachte mir, dass es wohl besser ist, damit es nicht kaputt geht", schob er erklärend nach.

„Gut so."

Jetzt packte er noch zwei weitere Schachteln Munition auf den Tisch. „Die beiden 7,92er müssen dir reichen. Mehr gibt es jetzt nicht", sagte er und legte noch eine Faustfeuerwaffe daneben. „Und hier noch deine Pistole 08 mit zwei gefüllten Magazinen. Jetzt hast du alles komplett."

Der Scharfschütze nahm seine Ausrüstung entgegen und ging.

Nach seinem Scharfschützenlehrgang hatte er freie Auswahl, was seine Waffe anging. Viele von Hönniges Lehrgangsteilnehmern entschieden sich für das neue *Walther G 43*. Ein Selbstladegewehr mit angenehmen Rückstoß, dessen Magazin zehn Schuss fasste. Der Baden-Württemberger hingegen schwor auf den klassischen Wehrmachtskarabiner.

Schon während des Lehrgangs bekam er ein persönliches Gewehr ausgehändigt, welches mit Nummer in sein Lehrgangsheft eingetragen wurde. Begeistert war der Obergefreite von den sehr guten Zielfernrohren, die mit der Turm-Schwenk-Montage befestigt wurden. Hier vertraute Hönnige auf das Hensoldt. Er war der Meinung, dass es mit dem K 98 k am besten harmonierte. Nach nur acht Schuss war die Waffe auf hundert Meter justiert.

Bei der B-Patrone handelte es sich um ein Explosivgeschoss, welches ursprünglich zum Einschießen von Bord-Maschinengewehren der Jagdflugzeuge verwendet wurde. Der Pilot konnte aufgrund der kleinen Explosion bei einem Treffer die Schussbahn korrigieren.

Aufgrund der aufwändigen Herstellung, wurden die B-Patronen allerdings nur spärlich an die Scharfschützen ausgegeben. Hönnige war hoch zufrieden mit seinem Waffenunteroffizier. „Du bist einfach ein Pfundskerl", verabschiedete er sich und ging zur Kompanieschreibstube, um sich zurück zu melden. Danach hatte er vor, sich über die aktuelle Lage zu informieren und morgen, sofern kein Auftrag von Hauptmann Retzer anstand, im Wald zu patrouillieren.

Privatarchiv des Autors, PA-H-107-Schreibstube

Ein paar Minuten nachdem der Scharfschütze gegangen war, holte auch Unteroffizier Keller seine Waffen ab. Als Gruppenführer und Unteroffizier erhielt er eine Pistole 08 und eine MP 40 mit entsprechender Munition. Als er wieder auf die Straße trat, fuhr der versprochene Kübelwagen vor.

„Zu den Stellungen im Todtenbruch?", brüllte ihm der Fahrer entgegen. „Sind Sie Unteroffizier Keller?", ergänzte er seine Frage.

„Der bin ich", bestätigte Keller, warf sein Gepäck auf den Rücksitz und stieg ein.

„Ist 'ne schöne Gegend hier. Genießen Sie die Aussicht. Ich schätze, hier werde ich mal Urlaub machen. Nach dem Krieg", röhrte der Fahrer mit kessem Berliner Dialekt.

Keller musterte den Gefreiten. „Wie lange sind Sie schon Soldat?"

„Seit '42. Ich hab' mich damals freiwillig gemeldet und bin schließlich hier gelandet. Wenn der Ami kommt, kriegt er ganz schön eine auf die Mütze!"

Der Russlandveteran schmunzelte. Er schätzte den Fahrer des Kübelwagens auf 19 bis 20 Jahre.

„So wie Sie sprechen, haben Sie ja schon richtig was geleistet."

„Wie man es nimmt. Ich war beim Küstenschutz."

„Schon mal einen Kampfeinsatz gehabt?"

„Leider nicht."

Keller überlegte, ob er dem jungen Soldaten ein paar Geschichten aus dem Russlandfeldzug erzählen sollte, um ihn von seiner Euphorie zu heilen, doch dann dachte er sich, dass es wohl besser war zu schweigen. Er ließ das Gespräch einschlafen und genoss die Landschaft. Die Straße zog sich wie eine Schlange durch dichtes Waldgebiet.

„Da vorne ist Lammersdorf, aber wir müssen dort rauf", erklärte der Gefreite nach geraumer Zeit und bog in einen befahrbaren Waldweg ein. „Der Todtenbruch ist der höchste Punkt hier. Ihr müsst höllisch aufpassen, zum Teil ist das Moorgebiet."

Endlich erreichten sie die Stellung von Kellers Zug. Der Unteroffizier bedankte sich fürs Herfahren und stieg aus.

Anschließend suchte er seinen Zugführer und meldete sich zurück.

„Endlich wieder ein erfahrener Mann", begrüßte ihn Leutnant Drexler. „Keller, Sie werden sofort die zweite Gruppe übernehmen. Gollmann und Höpfner kennen Sie noch, die anderen sechs Mann werden Sie noch kennen lernen."

„Ich habe gehört, dass die Gruppenstärke 1/8 beträgt. Das ist ja fast wie in Friedenszeiten, als wir noch mit 1/9 ins Manöver zogen, Herr Leutnant. Ich weiß noch, dass wir in Russland am Ende nur halb so viel Männer hatten."

Drexler schnaufte kräftig durch. „Nur gut, dass diese Zeiten vorbei sind. Allerdings brauchen wir uns nichts vormachen. Auch hier an der Westfront herrscht Krieg – und zwar mit allem, was dazu gehört. Das dürfen Sie nicht vergessen."

„Der Tod lauert an jeder Front!"

„Hier ist es etwas anders als in Russland. Der Amerikaner kämpft hauptsächlich mit seinem Material gegen uns. Er verfügt scheinbar über Unmengen Panzer, Flugzeuge und Artillerie. Seine Infanterie taucht in Kämpfen normalerweise ziemlich spät auf."

„Ich werde mich darauf einstellen."

„Gehen Sie erst einmal zu Ihrer Gruppe. Die Männer treffen jeden Moment ein. Sie waren heute letztmalig zu Schanzarbeiten eingesetzt."

Leutnant Drexler erklärte noch den Weg, dann grüßte der Unteroffizier vorschriftsmäßig und ging los. Keller hatte ein wenig Herzklopfen. Gollmann und Höpfner waren gute Freunde. Er verdankte ihnen sein Leben. Für jeden hatte er etwas im Gepäck.

Die Landser, die dem genesenen Soldaten über den Weg liefen, waren mitunter sehr jung. Er registrierte das beiläufig, als er unterwegs die Stellung betrachtete. Sie lag mitten im Waldgebiet und war von der Luft aus nicht oder kaum einsehbar. Die Pioniere hatten tiefe Erdlöcher ausgehoben, die Wände mit Baumstammhälften verstärkt und darüber wiederum ein Flachdach aus halbierten Baumstämmen gezimmert. Das Hanggelände bot diese Bauart förmlich an. So lagen gute zwei Drittel der mit vier bis sechs Mann belegten Unterkünfte zum Feind hin geschützt.

Es wurde Abend. Ein Trupp, bestehend aus drei Mann, näherte sich aus dem Wald. Die Ärmel der Feldblusen waren hochgekrempelt. Am Rücken hingen die Karabiner, über der Schulter trugen sie Spaten und Hacken. Die Landser waren verschwitzt. Keller nahm Blickkontakt auf.

Nein, keiner dabei, den ich kenne.

Sie gingen schweigend vorüber. Eine weitere Gruppe näherte sich. Der Unteroffizier streckte sich, um bessere Sicht zu bekommen. Fast im gleichen Augenblick erkannte er die unverwechselbare Stimme einer der Sprecher.

„… wenn ich sage, ich werde den Spaten nicht wieder in die Hand nehmen, dann meine ich das auch!"

„Du kennst doch den alten Spruch, Franz! Wer schanzt, bleibt am Leben!"

„Papperlapapp! Wenn ich der geborene Arbeiter wäre, würde ich bei der Organisation Todd arbeiten und nicht im Wehrmachtsgrün Schanzarbeiten durchführen."

Keller hatte sich nicht getäuscht. Gollmann und Höpfner schimpften genauso wild und heftig, wie schon damals in der Ukraine. Den beiden altgedienten Soldaten folgten ein paar junge.

Das müssen die neuen Kameraden sein, dachte sich der Frontrückkehrer.

Der Unteroffizier holte tief Luft. Er wollte seine beiden Freunde gebührend begrüßen. Seine Stimme sollte laut und aggressiv klingen.

„Was ist das für ein Sauhaufen? Als *ich* noch in der Gruppe war, wurde in Reih und Glied marschiert. Wir haben gesungen und sogar während des Nahkampfes pfiffen wir ein Soldatenlied!"

Sofort schwiegen Höpfner und Gollmann. Ihre Begleiter blieben stehen und betrachteten den ordensgeschmückten Unteroffizier, der vor ihrer Unterkunft stand.

Privatarchiv des Autors, PA-H-101-Unterkunft

„Jürgen?", rief Höpfner überrascht. Sein Gesichtsausdruck änderte sich vom erstaunt Dreinblicken in ein freudestrahlendes Grinsen. „Menschenskind! Das ist Jürgen Keller! Kameraden, kommt alle her. Wir müssen unseren Gruppenführer begrüßen!"

Die beiden Russlandveteranen legten einen Schritt zu, warfen die Spaten zu Boden und umarmten Keller.

„Du hast es geschafft! Ich hatte damals richtig Schiss, dass du verreckst, als wir dich beim Truppenverbandsplatz abgeliefert hatten", stieß Franz Höpfner unverblümt aus.

„Stimmt! Du hattest so viel Blut verloren, dass zwischen deinem Gesicht und dem Schnee kein Unterschied erkennbar war. Bleich warst du, wie die Bettlaken meiner Schwiegermutter nach der Samstagswäsche", lachte Eduard Gollmann.

Nach und nach stellten sich die neuen Kameraden vor. Zwei von ihnen waren Gefreite und seit zwei Jahren beim Barras. Keller dachte sofort an den Fahrer des Kübelwagens. Die beiden Gefreiten könnten ebenfalls zuvor beim Küstenschutz gedient haben. Dann waren da noch vier blutjunge Soldaten. Drei kamen direkt von der Schulbank, einer hatte gerade seine Malerlehre beendet, als ihnen die Einrückbefehle zugestellt wurden.

„Ihr könnt alle Jürgen zu mir sagen", stellte sich Keller vor. „Ich weiß nicht, was die beiden hier über mich erzählt haben, aber egal was es war, vergesst es! Ab heute habt ihr wieder einen richtigen Gruppenführer!"

Staunen. Ungläubige Blicke. Nur die Russlandveteranen grinsten. „Die Litzen stehen ihm gut", flüsterte Gollmann.

„Wie lange warst du jetzt weg?", fragte einer der beiden Gefreiten.

„Zehn Monate, eine Woche und drei Tage, um es ganz genau zu sagen. Und ich bin nicht mit leeren Händen gekommen."

„Wollen wir nicht erst in unsere gute Stube gehen?", schlug Höpfner vor.

„Gute Idee. Welches der Naturhotels, Marke Eigenbau, gehört denn uns?"

„Genau das, wovor du stehst. Und das daneben auch. Franz und ich sind jeweils mit drei Mann in einer Bude. Die rechte hat noch einen Platz frei. Extra für dich. Sogar ein Einzelbett!"

„Ich hoffe, es ist auch läusefrei! Ich bin die Mistviecher nicht mehr gewohnt!"

Die klobige Holztür wurde aufgehalten. „Tritt ein und bring Glück herein!"

Der Raum war gute zwölf Quadratmeter groß. Je zwei selbst gezimmerte Stockbetten standen an einer Wand. Gegenüber befand sich das Einzelbett. Rechts neben der Tür war ein Kanonenofen. In der Mitte des Raumes stand ein Holztisch, außen herum vier Bänke. Alles selbst gezimmert. Ein ausgespartes Fenster konnte mit einem Bretterverschlag verschlossen werden. An der Decke über dem Tisch hing eine Petroleumlampe. Zusätzlich waren ein paar Hindenburglichter verteilt.

„Die Bude ist recht ordentlich und sieht sauber aus. Respekt", rief Keller voller Bewunderung aus. „In Russland haben wir von so einer Villa nur geträumt."

„Es gefällt dir also?"

„Klar doch", meinte der Gruppenführer und stellte sein Gepäck auf das Einzelbett. „Strohsack, Decke und wenn es kalt ist, schüren wir den Ofen. Irgendwie habe ich das vermisst!"

Schnell war die kleine Unterkunft gefüllt. Die ganze Gruppe drängte sich um Keller. Eduard Gollmann zündete die Petroleumlampe an.

„Zu Ehren unseres Gruppenführers gibt es heute Festtagsbeleuchtung."

Keller griff in seine Manteltasche und zog die Feldpost heraus. „Ist zwar nicht mehr so weit wie damals, aber ich glaube, über Post freut man sich immer."

Er setzte sich an den Tisch und las laut die Adressaten.

„Da haben wir etwas für einen Ralf Hübner."

„Hier", zwängte sich einer der Schulabgänger durch.

„Heinz Großmann."

„Hier."

„Waldemar Haßlach."

„Das bin ich", sagte einer der Gefreiten.

„Und schließlich ist noch einer für dich dabei, Franz!"

„Für mich?"

„Klar! Nimm schon!"

Höpfner blieb ein Kloß im Hals stecken, als er den Brief entgegen nahm. Seine Hände zitterten beim Aufreißen des Kuverts.

„Was ist los? So nervös habe ich dich ja noch nie erlebt."

Höpfner reagierte nicht. Er begann einen beidseitig beschriebenen Brief zu lesen. Als er fertig war, betrachtete er das Foto, welches dem Brief beigelegt war. Der Landser zog sich zurück und setzte sich auf ein Bett.

„Ist was nicht in Ordnung?", fragte Keller besorgt.

„Im Gegenteil", antwortete Höpfner. „Ich bin Vater geworden. Meine Frau hat ein gesundes Mädchen zur Welt gebracht. Sie heißt Magdalena, wie meine Mutter und ist kerngesund. Ich bin jetzt Papa!"

„Gratuliere!"

„Sie mussten allerdings aus der Wohnung raus. Ausgebombt. Helga und die Kleine wohnen jetzt bei Tante Erika auf dem Dorf."

„Das ist gut so! Auf dem Land kriegt deine Magdalena so viel Milch, wie sie nur trinken kann. Ihr geht es dort bestimmt prächtig."

„Mensch, ich bin Papa!", rief Höpfner voller Begeisterung und sprang freudig auf. „Wenn der alte Radomski noch Marketenderware hat, kaufe ich von meinem nächsten Sold alles auf, was ich bekommen kann und spendiere euch ein paar Runden."

„Du kannst dir den Sold für deine Tochter sparen, Franz", donnerte Keller dazwischen. „Ich habe euch etwas mitgebracht. Als ich in Tirol war, ging ich einkaufen. Drei Flaschen Rotwein und dazu noch zwei Flaschen Schnaps. Alles vom gleichen Winzer."

„Lasst uns feiern! Ein Prosit auf Franz und seine Tochter und ein Prosit auf Jürgen", grölte Eduard Gollmann.

Die Kameraden stimmten sofort mit ein.

„Hoch soll er leben, hoch soll er leben, dreimal hoch …"

Am nächsten Morgen begann für den Rückkehrer schon fast vergessener Landser-Alltag. Da der Dienstplan nichts Außergewöhnliches vorsah, inspizierte Unteroffizier Keller Waffen und Ausrüstung seiner Gruppe. Leutnant Drexler war zu einer Besprechung gefahren und wurde gegen Mittag zurück erwartet. Die Herbstsonne stand hoch über dem schwachen Grün der nördlichen Eifelausläufer und sorgte noch einmal für angenehme Temperaturen.

„Ich bin sehr zufrieden", gab der Gruppenführer bekannt, nachdem er das Rohr des letzten Karabiners auf Restanhaftungen von Pulverschmauch und Flugrost kontrollierte. „Ihr könnt mit dem Einölen beginnen."

„Wir liegen gut in der Zeit. Wenn wir uns beeilen, sind wir die ersten bei der Feldküche. Mein Magen rumort schon", trieb Höpfner seine Kameraden an.

„Dafür, dass du heute Morgen leicht verkatert aufgewacht bist, siehst du wieder frisch und munter aus. Wie machst du das?", fragte ihn Hübner, einer der Neuen.

„Als Papa darf man sich keine Blöße geben", lachte Gollmann und mischte sich in das Gespräch mit ein. „Mein Großer war letztes Jahr, als ich Urlaub hatte, mit mir auf Kirmes. Er ist gerade fünfzehn geworden und wollte mir zeigen, dass er schon ein Mann ist. Also habe ich ihm eine Maß Bier gekauft. Ihr könnt euch nicht vorstellen, wie mich meine Frau zur Minna gemacht hat, als ich mit dem Buben Arm in Arm nach Hause getorkelt kam."

Alles lachte.

„Am nächsten Tag, ich war natürlich schon zeitig aufgestanden, um Holz zu hacken, war ihm immer noch schlecht. Er meinte nur, dass er nie wieder Alkohol trinken würde."

„Von einer Maß Bier?"

„Na ja. Da waren auch noch zwei oder drei Kurze dabei, aber das habe ich der Traudl nicht erzählt."

Nachdem sie mit der Waffenpflege fertig waren, ging die Gruppe in Richtung Lammersdorf weg. Etwas außerhalb der Stellung, zentral zwischen den im Gelände verteilten Zügen gelegen, traf täglich der Feldverpflegungswagen ein. Die große Feldküche mit ihren 150 Liter großen Kesseln blieb beim Verpflegungstross der Kompanie.

Sie waren tatsächlich die Ersten. Es roch nach Sauerkraut und Bratwürsten.

„Das ist genau das Richtige für Papas Jüngsten", meinte Waldemar Haßlach und stellte sich hinter Keller und Gollmann in die Reihe.

„Immer nur ran an den Speck! Heute gibt es Hausmannskost."

Das Essen teilten die Küchenbullen aus. Der Geruch hatte nicht getäuscht. Zu Sauerkraut und Bratwürsten gab es noch Kartoffeln und Kommissbrot.

„Teilt euch das Brot ein. Das ist gleichzeitig eure Abend- und Frühstücksration. Hinten stehen noch Büchsenwurst, Schweineschmalz, Zucker, Tee, Kaffee-Ersatz und für jeden Mann zwei Eier."

„Wir leben hier wie die Maden im Speck", freute sich Keller, der sich gut an die karge Kost des Ostfeldzugs erinnerte.

„Noch können wir euch bestens versorgen, aber es rollen immer mehr Truppen an den Westwall. Wir haben mit einer Volksgrenadier-Division ebenfalls Nachbarn bekommen. Wenn das so weitergeht, wird's eng mit guter Verpflegung."

„So ein Schmarrn! Wir sind hier im Deutschen Reich. Das ist unsere Heimat. Hier wird's doch wohl was zum Futtern für uns geben", hielt Heinz Großmann dagegen. „Unser Schulleiter sagte immer …"

„Schulleiter? Vergiss den Sessel-Kriegshelden! Lehrer sind schlimmer als Etappenhengste. Wenn ich dir sage, dass ich seit ´39 den Krieg mitmache, dann weißt du auch, dass ich aus Erfahrung spreche."

Kopfschüttelnd wandte sich Großmann ab. „Glaube ich nicht", murmelte er.

Privatarchiv des Autors, PA-H-108-Pause – eine warme Mahlzeit

Die Gruppe setzte sich etwas abseits hin und genoss ihr warmes Mittagsmahl. Anschließend marschierten sie zurück. Leutnant Drexler, zwischenzeitlich zurückgekehrt, ließ den Zug antreten.

„Wie es aussieht, haben sich die Schanzarbeiten gelohnt. Unsere Aufklärung meldet, dass sich amerikanische Einheiten mit Panzerkräften der Grenze nähern. Sie werden in spätestens ein bis zwei Tagen hier sein. Ihr Tempo erinnert an den Blitzkrieg."

„Und sie kommen direkt auf den Westwall zu?", stellte Keller eine erste Zwischenfrage.

Drexler nickte. „Auf Aachen und den Westwall. Ich hoffe, dass die Höckerlinie standhält", der Offizier meinte damit die zu Hunderten in den Boden gelassenen Panzersperren.

Die aus Beton mit Eisengeflecht bestehenden Blöcke waren nach oben hin dreieckig gehalten und wurden deshalb später von den amerikanischen Soldaten *Drachenzähne* genannt. Immer zwischen vier und sechs Panzersperren in einer Reihe angelegt, bildeten sie einen kilometerweiten Sperrgürtel am Westwall.

„Wir haben gehört, dass wir hier noch verstärkt werden", warf ein anderer Gruppenführer ein.

Der Leutnant schmunzelte. „Da war die Landser-Flüsterpost wohl schneller als ich. Es stimmt. Das OKW verlegt noch weitere Divisionen hierher. Ein paar Volksgrenadier-Divisionen, Fallschirmjäger, drei

Infanterie-Divisionen und schließlich war noch die Rede von der 116. Panzer-Division."

„Und warum umgehen die Alliierten den Westwall nicht?"

„Eine strategische Entscheidung! Wir könnten ihnen in die Flanke fallen, die Spitze einkesseln und damit den Vorstoß lahm legen. Zudem kontrollieren wir die Rurtalsperre. Damit besteht für uns die Möglichkeit, eine gesamte Armee wegzuspülen."

„Das leuchtet ein. Also werden wir wieder einmal die volle Wucht abbekommen", stöhnte Feldwebel Hornig, der die dritte Gruppe anführte und ebenfalls zu den Russlandveteranen gehörte.

„Das wird sich zeigen. Unsere Artillerie steht gut und ist eingeschossen. Sämtliche strategischen Ziele sind dort registriert. Das Gelände ist für Panzerfahrzeuge so gut wie unmöglich zu passieren. Die wenigen Straßen und Wege, die die Voraussetzung bieten, werden von uns kontrolliert. Angriffe aus der Luft sind aufgrund des dichten Waldgebiets kaum zu erwarten."

Leutnant Drexler sah in die Gesichter der Soldaten. Während die jungen Landser teils euphorisch blickten, verdunkelten sich die Mienen der Russlanderfahrenen.

„Kommen wir zu Punkt zwei von drei Dingen, die ich ansprechen möchte."

Eine wenige Sekunden andauernde Redepause sorgte für weitere Aufmerksamkeit. Das begonnene Gemurmel verstummte.

„Sind die Unterkünfte soweit fertig?"

„Ja", antwortete jemand. Allgemeines Nicken folgte.

„Gut, denn es wurde bekannt gegeben, dass das Wetter umschlagen wird. Ein Tief zieht über die Nordsee zu uns heran. Es wird merklich kühler werden. Und damit uns nicht langweilig wird, haben wir die ersten Erkundungsaufträge bekommen. Wir werden eine Woche lang nachts auf Stoßtrupp gehen, die beiden anderen Züge haben das tagsüber zu machen. Hierzu bitte ich die Gruppenführer zu bleiben, der Rest kann wegtreten. Heute Nacht rücken wir das erste Mal aus."

Hauptmann Retzer hatte seine Offiziere in die aktuelle Lage eingewiesen. „Danke meine Herren, das war´s für heute. Sie können wieder ihre Kommandos übernehmen und die Neuigkeiten weitergeben."

Bis auf Oberleutnant Schmalzl und einem jungen Fähnrich, der gerade seine Frontbewährung absolvierte, verließen die Männer den Besprechungsraum.

Retzer wandte sich seinem Vertreter zu.

„Oberleutnant Schmalzl, wurde von den Nachrichtern die Leitung zum Regimentsgefechtsstand endlich so gelegt, dass sie auch funktioniert?"

„Das ist mir zugesichert worden. Ich mache mir allerdings Sorgen, aufgrund der angekündigten Schlechtwetterfront. Ich habe Bedenken, dass die Nachschubtransporte auf den Feldwegen durchkommen. Wir sollten zusehen, dass wir noch ein oder zwei bespannte Feldwagen zusätzlich bekommen. Ist das möglich?"

Retzer schüttelte den Kopf. „Wir müssen mit dem auskommen, was wir haben. Aber vielleicht ist ihre Angst unbegründet. Ich weiß zwar, dass bei Ihnen an der Ostfront der Schlamm eine ordentliche Versorgung der Truppe verhinderte, aber wir befinden uns hier auf deutschem Grund und Boden. Da sieht die Sache anders aus."

Schmalzl biss sich auf die Lippen. Er war geneigt, seinem Vorgesetzten von der Schlammkatastrophe zu berichten, entschied sich dann aber doch anders.

„So kann man es auch ausdrücken, Herr Hauptmann, aber sie dürfen den Schlamm nicht unterschätzen. Wir sollten gerüstet sein", war sein einziger Kommentar hierzu. Er konzentrierte sich lieber auf das bestehende Problem.

„Wie meinen Sie das?"

„Wir haben hier in der Eifel Höhenunterschiede von bis zu zweihundert Metern. Das Gelände ist dicht bewaldet. Mir wäre es ganz recht, wenn wir zumindest ein paar Lasttiere einsetzen könnten. Träger dürften noch am besten durchkommen."

Der junge Fähnrich folgte gebannt dem Gespräch. Der Kompanieführer ging zum Kartentisch. Retzer blickte auf die vor ihm liegende Landkarte.

„Unser linker Nachbar ist eine Volksgrenadier-Division. Die Männer haben nur wenig oder gar keine Kampferfahrung. Wir müssen diese Flanke stark halten."

„Sie meinen, für den Fall, dass der Feind an der Nahtstelle durchbricht?"

„Richtig! Nicht weit hinter Lammersdorf befinden sich die Dämme. Es liegt doch auf der Hand, dass die Amerikaner, allen voran dieser

General Eisenhower, hier einen Angriffsschwerpunkt haben werden. Wir verlegen auf jeden Fall unsere Pioniere dorthin."

„Ich gebe den Befehl raus."

„Außerdem möchte ich unsere beiden Scharfschützen in das Gebiet beordern. Klevers soll den Bereich hier abdecken ...", der Finger des Hauptmanns kreiste auf der Landkarte umher, „... und Hönnige dort." Jetzt lag der Zeigefinger im Bereich zwischen der Höckerlinie, Lammersdorf und dem Todtenbruch.

„Zu Befehl."

„Geben Sie den Erkundungstrupps Bescheid, nicht dass einer auf unsere Einzelkämpfer feuert", beauftragte der Kompanieführer den Fähnrich.

„Sofort, Herr Hauptmann", kam eine zackige Meldung. Dann runzelte der Offiziersanwärter die Stirn.

Retzer sah das. „Gibt es Unklarheiten?"

„Das Thema Scharfschützen wurde beim Offizierslehrgang eher stiefmütterlich behandelt. Wie ...", setzte er zur Frage an, doch Oberleutnant Schmalzl fiel ihm ins Wort.

„In der Regel begleiten die Scharfschützen die Stoßtrupps und lassen deren Führer vorab wissen, wann sie sich in welchem Gebiet aufhalten. Aber da wir in unserer Division viele junge Soldaten haben, ist ein zusätzlicher Hinweis angebracht."

„Danke, genau das wollte ich hinterfragen."

Retzer räusperte sich. „Und noch etwas."

Sie sahen den Kompanieführer an.

„Ich möchte keinen unserer Männer in Lammersdorf selbst sehen. Das Dorf lassen wir unbesetzt. Wenn die Alliierten aufklären und angreifen, möchte ich nicht, dass die Zivilbevölkerung leidet. Zudem ist das Gelände um Lammersdorf herum strategisch günstiger gelegen und besser zu verteidigen, als die Ortschaft selbst."

Mit der untergehenden Sonne kühlte es merklich ab. Keller füllte seine Feldflasche mit Tee, prüfte ein letztes Mal seine Schusswaffen und setzte schließlich den Stahlhelm auf.

„Gehen wir", sagte er und trat vor die Tür.

Er wollte die zweite Halbgruppe aus ihrer Unterkunft holen, wurde aber überrascht. Für den Einsatz komplett ausgerüstet, standen seine Männer bereits vor ihm. Zufrieden und ein klein wenig stolz hob er die die rechte Hand. „In Reihe folgen!"

Entweder hatte er Glück und seine Gruppe bestand aus geborenen Soldaten oder aber, was er eher vermutete, Höpfner und Gollmann hatten den Neuen beigebracht worauf es an der Front ankommt.

Das Mondlicht durchdrang den dichten Wald nur schwach. Ein lautloses Vorwärtskommen war im Gehölz, abseits der Waldwege, so gut wie unmöglich. Am Boden liegende Blätter raschelten bei jedem Schritt, zusätzlich lagen Unmengen von Ästen und Zweigen herum, die unter den Knobelbechern der Landser brachen. Das Knacken war weithin zu hören. Zudem bestand die Gefahr, sich nachts im dichten Wald zu verlaufen. Aus diesen Gründen war es Keller klar, dass er den Erkundungstrupp nur einigermaßen sicher durchführen konnte, wenn er auf den Waldwegen blieb. Dem Unteroffizier stand eine Lageskizze zur Verfügung. Anhand dieser konnte er sich gut orientieren und zusätzlich markante Geländepunkte selbst eintragen.

Hier hat der Stab des Bataillons gut gearbeitet und mitgedacht, schoss es durch seinen Kopf.

Der Soldat war wieder in seinem Element. Draußen an der *HKL* streifte er durchs Gelände. Nur eine Sache war anders. Diesmal war *er* für eine Gruppe verantwortlich. Ein erhabenes Gefühl. Der Unteroffizier war froh darüber, mit Höpfner und Gollmann zwei gute Männer in seinen Reihen zu haben Beide konnte er bedenkenlos als Halbgruppenführer einsetzen.

Das Waldgebiet war riesig. Jetzt, als es immer dunkler wurde, strahlte es eine gewisse Art von Unheimlichkeit aus. Der Unteroffizier hatte seine Männer im Vorfeld gewarnt. Es war nicht allzu schwer sich hier zu verlaufen. Nachts war es besonders schwierig sich zu orientieren.

Keller blieb stehen, die Gruppe schloss gänzlich auf. „Dort vorn ist einer der Bunker."

Der Betonbau wirkte wie ein Fremdkörper in der Landschaft.

„Wir nutzen das gleich mal als Übung und nähern uns wie im Gefecht! Ich möchte wissen, wo es eventuelle Schwachpunkte gibt."

Die Soldaten verteilten sich, wobei Hübner und Haßlach in Kellers Nähe blieben und der Rest der Jüngeren sich zu Gollmann und Höpfner gesellten.

Der Gruppenführer war zufrieden. Als sie beim Bunker angekommen waren, lobte er die Männer. „Gut gemacht!"

Hübner betrachtete sich den Bunker etwas genauer. „Sieht ziemlich leer und verlassen aus."

„Teilweise wurden die Unterstände wieder hergerichtet und besetzt, aber der hier ist ungeeignet. Jedes Schützenloch ist besser", erklärte Höpfner.

„Warum?", fragte einer der Neuen.

„Weil du in diesem Bunker lediglich mit deinem Karabiner herausschießen kannst. Die Schießscharten lassen nichts anderes zu. Außerdem ist das Sichtfeld nur mäßig. Wieso fragst du eigentlich? Wir haben das Teil doch neulich besichtigt. Das war, als wir hier in der Nähe Schanzarbeiten ausgeführt haben."

„Da war er beim Zahnarzt. Du hast doch selbst gesagt, dass du lieber den ganzen Vormittag den Spaten schwingst, als nur eine Minute auf dem Folterstuhl des Dentisten zu sitzen", erinnerte Gollmann seinen Kameraden.

„Stimmt. Habe ich vergessen."

„Jedenfalls sind die Bunker, die weiter nördlich stehen viel besser. Dort kannst du wenigstens eine Luke öffnen und ein MG 42 in Stellung bringen. Die Bauweise von dem hier ist ziemlich veraltet!"

„Weiter!", forderte Keller auf.

Es ging nun steil bergab. Nur wenige Minuten später gelangte die Gruppe zu einem Trampelpfad und folgte diesem. Sie gingen vorsichtig.

„Bei Regen oder Schneewetter schlitterst du dort garantiert runter wie auf 'ner Rodelpiste. Da ist Vorsicht geboten", warnte Gollmann.

„Aber wenn die Amis kommen, können wir von hier oben aus bestens verteidigen. Ich möchte nicht gegen einen Feind bergauf anrennen müssen", stellte der Gruppenführer nüchtern fest.

In der Talsenke angekommen, warf Keller mit Hilfe seiner Taschenlampe einen Blick auf die Karte. „Dieser Trampelpfad ist hier nicht eingezeichnet", stellte er fest, zog einen Bleistift aus einer seiner Taschen, kritzelte eine gestrichelte Linie auf die Skizze und beschloss dem Pfad weiter zu folgen. Sie überquerten etwas später einen Bachlauf und erklommen wieder eine Anhöhe. Der Ausblick, der sich ihnen bot, war kolossal und furchteinflößend zugleich. Vor den Angehörigen des *983. Infanterie-Regiments* lag die unvergleichliche, bizarre Höckerlinie.

„Im fahlen Mondlicht sieht das gigantisch aus", kommentierte der junge Hübner. „Hier ist kein Durchkommen!"

„Als ob ein riesiger schwarzer Drache sein Maul aufreißt und seinem Opfer die Zähne zeigt!"

„Der Ami wird seine Panzer stehen lassen müssen", war auch Haßlach überzeugt.

„Wenn unsere *Acht-Acht* hier reinhaut, möchte ich nicht in der Haut der Amerikaner stecken."

„Hoffen wir, dass sie schon in den Stellungen sind!"

„Apropos in Stellung sein …", sagte Haßlach. „Einer der Scharfschützen soll sich hier irgendwo herumtreiben. Ich habe bis jetzt noch keinen gesehen. Ihr etwa?"

Heinz Großmann schüttelte den Kopf. Ralf Hübner ebenfalls. „Der wird in irgendeinem Erdloch liegen und pennen."

„Das glaube ich nicht. Leutnant Drexler hat gesagt, dass Obergefreiter Hönnige in unserem Gebiet patrouilliert. Ich habe ihn während meiner Anreise kennengelernt. Er trägt das silberne Scharfschützenabzeichen, versteht also etwas von seinem Handwerk. Ich würde jede Wette eingehen, dass er sich in unserer Nähe befindet und jeden von uns schon probeweise in der Optik hatte."

Die jungen Soldaten sahen sich an. Ein Gefühl des Unwohlseins überkam sie.

Keller und Gollmann beobachteten mit ihren Feldstechern eine geraume Zeit die Gegend vor der Höckerlinie.

„Alles in Ordnung. Gehen wir zurück."

Wieder folgten die Soldaten in Reihe ihrem Unteroffizier. Jetzt wählte Keller einen anderen Weg und begab sich in den dichten Wald. Er war davon überzeugt, dass kein Feind in der Nähe war und nutzte die Gelegenheit, sich und seine Gruppe mit dem Gebiet weiter vertraut zu machen. Um nicht gänzlich auf seinen Orientierungssinn und den Kompass angewiesen zu sein, hielt sich der erfahrene Landser stets parallel des zuvor gewählten Pfades. Mal war er näher an dem Waldweg, mal weiter weg. Das Licht war gerade noch ausreichend, um sich zurecht zu finden. Immer wieder prägten sich die Soldaten auffällige Merkmale im Gelände ein. Keller wies jedes Mal, wenn er einen markanten Punkt entdeckte, wie z.B. einen größeren Felsen, darauf hin. „Wenn es mal heiß hergehen sollte, kann dieses Wissen das Leben retten", begründete er sein Handeln.

Erst im Morgengrauen kehrte die Gruppe zurück. Müde und zufrieden fielen sie in ihre Betten. Geweckt wurden sie vom Duft, der von der Feldküche bis zu ihrer Unterkunft wehte.

Privatarchiv des Autors, PA-H-104-Kameraden

Nach dem Mittagessen besichtigte Unteroffizier Keller die angelegten Verteidigungsstellungen, wie Schützenlöcher und Gräben.

Am Nachmittag fragte er seine Männer diesbezüglich ab. Ziel war es, dass sich jeder einzelne Landser bestens auskennen sollte. „Wenn es rumst, müsst ihr wissen, wohin ihr zu laufen habt!"

Nachts ging es wieder raus. Ab der vierten Nacht kehrte eine gewisse Routine ein. Die Gruppe fand sich immer besser im Wald zurecht und wusste haargenau, wo welche Stellung lag.

„Ich kann mich jetzt nicht nur im Dunklen orientieren, Jürgen, ich kenne jedes Schützenloch mit Vornamen", moserte Gollmann, als er wieder den steilen Hang nach oben gehen musste. „Da hätte ich mich doch gleich bei den Gebirgsjägern melden können", schnaufte er kräftig. Sein Brustkorb hob und senkte sich merklich schneller als zuvor.

„Auf Streife wird nicht gequatscht! Hast du das vergessen?", rüffelte ihn Keller.

Es war in den letzten Tagen merklich kühler geworden. Der Wetterumschwung war deutlich zu spüren. Zusätzlich sorgte leichter Dauerregen für schlechte Laune unter den Soldaten. Die Unterführer und Leutnant Drexler waren zur Kompanie befohlen worden. Es gab wichtige Neuigkeiten.

Die Mannschaften warteten indessen im Bereitstellungsraum. Wer keinen Wach- bzw. Postendienst hatte, blieb in der Unterkunft.

„Der einzige gemütliche Ort den es gibt, ist die Holzbaracke."

„Aber nur, wenn der Kanonenofen brennt."

„Noch vor ein paar Tagen rannten wir mit hochgekrempelten Ärmeln herum. Jetzt ist es saukalt geworden."

„Wollen wir ´ne Runde Skat spielen?", fragte Gollmann und blickte in die Gesichter seiner Kameraden.

„Ich bin dabei", meldete sich Hübner.

„Ich schreibe gerade einen Brief. Vielleicht später."

„Kann ich nicht! Muss das Spiel endlich mal lernen."

Die Resonanz war mager ausgefallen, doch Gollmann gab nicht auf. „Ich sehe schon, den dritten Mann müssen wir von drüben holen", sagte der Obergefreite und verließ die einfache Behausung, um schnell zum Unterstand der anderen Halbgruppe laufen. Als er die Tür öffnete und den Raum betrat, kam ihm eine Geruchsmischung aus Schweiß, abgestandener Luft und Kaffeeersatz entgegen. „Euch würde lüften nicht schaden", lachte er und schloss die Tür hinter sich. „Wir suchen einen Skatspieler. Wer hat Lust?"

„Mit dir spiele ich nicht mehr. Du hast das Glück gepachtet, Eduard", raunzte Höpfner. Er hielt einen Becher in der Hand aus dem es dampfte. „Ich genieße lieber meinen heißen *Muckefuck*."

„Ich würde mitspielen", meldete sich Haßlach und sprang vom oberen Stockbett herunter. Schnell zog er seine Stiefel an. Im gleichen Moment wurde die Tür erneut aufgestoßen. Keller stand im Eingang.

„Der Amerikaner steht vor Aachen! Es geht los! Sie sind bereits in Roetgen einmarschiert!"

„Roetgen? Sie sind auf deutschem Boden?", quoll es spontan aus einem der Jungen hervor.

„Hast du etwas anderes erwartet?", zischte ihn ein anderer an.

„Wer bezieht die Stellungen an der Höckerlinie?", wollte Gollmann sofort wissen.

Keller sah ihn fragend an. „Du erwartest dort den ersten Feindkontakt?"

Gollmann nickte.

„Volksgrenadiere sind vorgestern eingetroffen. Sie haben die vordere Linie besetzt, die Kameraden der *353. Infanterie-Division* halten die alte Bunkerlinie. Wir bilden vorerst die Reserve, aber gehen kurz hinter den Kameraden in Bereitstellung. Wenn es brennt, müssen wir etwaige Lücken schnell schließen."

Keller machte eine kleine Pause. Die Ernsthaftigkeit war ihm regelrecht anzusehen.

„Was uns betrifft, so wurde uns der Korridor hinter Lammersdorf, der Rurtalsperre und Vossensack zugeteilt. Geplant ist, dass wir den kompletten Todtenbruch besetzen. Das ist genau die Nahtstelle zwischen den Regimentern. Wir sind das Verbindungsglied. Ich hoffe, dass der Feind nicht an dieser Schwachstelle angreift und durchbricht."

„Durchbrechen?", lachte Hübner laut. „Durch die Höckerlinie? Unmöglich! So schnell schaffen die kein schweres Gerät heran!"

„Ich hoffe zwar, dass du Recht behältst, aber wenn ich an die Materialüberlegenheit der Anglo-Amerikaner denke, wird mir übel", beendete Gollmann die Diskussion. „Sollen wir packen?"

„Richtig, Eduard! Macht euch einsatzfertig! In zehn Minuten marschieren wir los!"

„Wissen die Jungs in der anderen Baracke schon Bescheid?"

„Nein."

„Ich gehe rüber und sag´s ihnen. Dann kannst du schon mal zum Packen anfangen."

Keller klopfte Gollmann auf die Schulter. „Alles klar."

Jörg Hönnige hatte sich für drei Tage Kaltverpflegung zuteilen lassen und war in den Wald gezogen. Die meisten Scharfschützen arbeiteten im Team. Ein Schütze, ein Beobachter. Hönnige gehörte zu den Männern, die lieber allein waren. Er fühlte sich wohler, wenn er sich keine Gedanken um einen zweiten Mann machen musste und nur auf sich allein gestellt war.

Über seinem Stahlhelm war ein Maschendrahtgeflecht gezogen, in dem er wechselweise verschiedenste Tarnmaterialien befestigen konnte. Über der Uniform trug der Scharfschütze zusätzlich das Tarnhemd und Überhosen, die aus dem gleichen Stoff genäht waren. Darüber hatte der Landser seine in Fleckmuster gefertigte, wasserdichte Zeltbahn gestreift. Das Koppel mit der Ausrüstung war außen umgeschnallt. Der Einzelkämpfer hatte den Auftrag erhalten, die immer wieder bis zur Höckerlinie vorstoßenden Spähtrupps der Kompanie zu decken.

„Nachts siehst du doch nichts", hatte der Küchenbulle bei der Essensausgabe gesagt. „Warum treibst du dich dann dort draußen herum? Der andere Scharfschütze geht immer mit den einzelnen Gruppen in den Wald und kommt mit ihnen auch zurück."

Privatarchiv des Autors, PA-H-109-Essensausgabe

„So arbeitet jeder auf seine eigene Art und Weise. Ich möchte das Gelände so gut kennen, wie meinen eigenen Garten. Außerdem brauche ich vorbereitete Stellungen. Zwei habe ich schon angelegt. In denen kann ich auch nächtigen."

„Bei dem Sauwetter? Bei dir ist doch 'ne Schraube locker", bemerkte der Essensausgeber.

„Ich nenne es Erfahrung. Mein Ausbilder hat es mir so beigebracht und das war gut so. In der Normandie hat mir dieses Wissen das Leben gerettet. Die Amerikaner überrannten mich. Ich blieb unentdeckt und konnte nach einiger Zeit zu unseren Linien zurückkehren."

„Durch die feindlichen Linien?"

„So engmaschig waren die nicht. Das ging relativ problemlos."

Der Küchenbulle drehte sich um. „Warte kurz", forderte er den Scharfschützen auf, ging nach hinten weg und kam ein paar Minuten später zurück. „In meiner unendlichen Güte habe ich noch eine kleine Überraschung für dich", sagte er und legte Esbit-Tabletten auf den Tisch. „Hast du einen Kocher dafür?"

Hönnige nickte. „Ich habe das Ding noch. Wollte es schon aussortieren, weil es keinen Brennstoff mehr gab, aber wie ich sehe, hat es sich gelohnt, den Esbit-Kocher aufzuheben."

Dankbar schob er die Tabletten ein.

„Und hier hast du noch zusätzlich Suppenkonzentrat. Wenn du dort draußen liegst, ist etwas Warmes im Bauch unbezahlbar."

„Danke. Vielen Dank", freute sich Hönnige.

Der rotbackige Küchenbulle machte eine verächtliche Handbewegung. „Ach was", meinte er, „das Zeug vergammelt doch bloß. Ich kann es sowieso nicht brauchen."

Der aus dem Heilbronner Raum stammende Soldat nickte seinem Kameraden noch einmal grüßend zu, drehte sich um und ging weg. Stumm starrte der Koch ihm nach. In seinem Blick lagen Bewunderung und Ehrfurcht.

Wie viele habe ich schon gehen sehen, die nicht mehr zurückgekehrt sind?

Erst als der Scharfschütze aus seinem Blickfeld verschwunden war, begab sich der Küchenbulle wieder zur dampfenden Feldküche. Er krempelte die Ärmel hoch und ging seiner Routinearbeit nach.

Unterdessen war Hönnige im Grün des Eifelwaldes verschwunden. Den Marschkompass benötigte er nur noch selten. Zielstrebig steuerte der Gefreite nacheinander seine beiden Stellungen an. Er war immer noch mit seiner Wahl zufrieden. Überhaupt kam es ihm vor, als würde er sich von Tag zu Tag gewandter und vor allem leiser durch den Wald bewegen. Das verräterische Knacken kleinerer Zweige war zwar kaum zu vermeiden, doch nach und nach entwickelte der Jäger, wie er von seinem Kompaniechef des Öfteren bezeichnet wurde, eine eigenwillige Gangart, die zusätzlich mit dem intensiven Blick eines Waldläufers gepaart war. Alles in allem konnte man sagen, dass er sich seinem Umfeld vollends angepasst hatte. Der gigantische Forst in der Eifel war wie geschaffen für Hönniges Kampfstil.

Mittags gönnte sich der Einzelkämpfer eine kleine Pause. Er legte Gewehr und Ausrüstung ab. Es nieselte seit geraumer Zeit. Behände schlüpfte der Landser aus der Zeltbahn und hängte sie als regenschützendes Dach zwischen zwei Bäumen auf. Er setzte sich darunter, kramte aus seinem Rucksack den Esbit-Kocher, legte eine Tablette ein und wärmte sich Wasser für einen Tee. Während er wartete, betrachtete er eine Geländekarte. Im Mundwinkel eine qualmende Zigarette haltend, wurde der weitere Plan festgelegt. Wohl wissend, dass die meisten Spähtruppführer die bestehenden Wege und Pfade bevorzugten, richtete er seine Unterstände entsprechend in deren Nähe ein. Wobei das Wort Unterstand die Sache wohl nicht richtig traf. Viele dieser Stellungen waren nichts anderes, als natürliche Deckungen mit gutem Schussfeld, wie z. B. ein umgestürzter Baum, dessen Kronendach, aber auch das hoch stehende Wurzelwerk.

Der Soldat drückte spielend leicht seinen Zigarettenstummel aus, da dessen Glut auf dem regennassen Blätterboden des Waldes sofort leise zischend erlosch. Als sein Magen knurrte, flüsterte der Scharfschütze zu sich selbst: „Immer mit der Ruhe. Erst gibt es eine Tasse Tee, dann leckeren Dosenfisch."

Nach dem Genuss des Tees und einer kleinen Mahlzeit fühlte sich Hönnige besser. Er schüttete den restlichen warmen Tee in seine Feldflasche, packte zusammen, hängte sich die Zeltbahn wieder um und ging weiter durch den Wald. Sein Ziel war die Höckerlinie. Dort wollte er noch zwei oder drei Schusspositionen erkunden und diese entsprechend herrichten. Von der Höckerlinie beginnend, bis hin zur Bunkerlinie, wollte er mindestens zehn sichere Unterstände anlegen.

„Das Gebiet gibt das locker her", brummelte er leise vor sich hin.

Noch im letzten Tageslicht hob er mit dem Klappspaten neben einem Baumstumpf ein Schützenloch aus, was aufgrund des verzweigten Wurzelwerks harte Arbeit war. Immer wieder stieß der Baden-Württemberger auf Widerstand, durchtrennte laut fluchend einzelne Wurzelstränge und grub danach beharrlich weiter. Er wollte mit dem Loch fertig sein, bevor es gänzlich dunkel war.

Hönnige schaffte es. Aus Tannenzweigen, die er auf ein Astgestell gebunden hatte, war ein Dach entstanden. Die Abdeckung war ungefähr einen Meter breit, eineinhalb Meter lang und sogar halbwegs wasserdicht. Doch viel wichtiger war, dass er in seiner Umgebung so gut wie unsichtbar wurde.

Das Schützenloch bot so viel Platz, dass er gemütlich darin liegen konnte. Nach hinten war eine schnelle Flucht möglich und vorn hatte er bestes Sichtfeld. Noch einmal suchte er mit dem Fernglas die Frontlinie ab. Es war nichts zu sehen und aufgrund dessen gönnte sich der Scharfschütze eine letzte Zigarette, trank während des Rauchens seinen Tee leer und wickelte sich anschließend in die Zeltbahn.

Am nächsten Morgen wollte er sich einen zweiten Baumplatz suchen. Einen dieser natürlichen *Hochsitze* hatte er schon gefunden. Die Äste des Nadelbaumes waren so gewachsen, dass er fast wie auf einer Leiter hoch klettern konnte. Im dichten Geäst war er hervorragend getarnt, hatte Weitsicht und konnte das Gewehr für den Schuss sogar auflegen. Obwohl man aus einer Stellung nur einen Schuss abgeben sollte, war sich Hönnige sicher, von diesem Baum mindestens zweimal schießen zu können. Mit diesen Gedanken schlief er ein.

Leicht fröstelnd wurde der Scharfschütze am nächsten Morgen unsanft geweckt. Motorengeräusch war zu hören. Der Soldat war sofort hellwach. Schnell griff er nach dem Fernglas. Er hob das Dach aus Tannenzweigen ungefähr zwanzig Zentimeter hoch und stützte es mit einem vorher zurecht gelegten Stock ab. Hönnige lag auf einer Anhöhe mit bester Sicht zur Höckerlinie. Er erkannte am Rand der Panzersperren Fahrzeuge und holte seinen Feldstecher hervor.

Sie sind hier. Zwei Panzer!

Einer der Stahlkolosse stand direkt vor den Betonpfeilern, während der andere an deren Rand langsam entlangfuhr. Infanterie in Zugstärke stand in loser Formation dahinter. Ein paar Soldaten beobachteten zwar den Wald, doch das Gros schien sich nicht in Gefahr zu wähnen.

Ein Jeep kam angefahren. Der Beifahrer sprang heraus. Ein zweiter und dritter Jeep waren gefolgt. Drei Soldaten, Offiziere, standen jetzt vor den Betonsperren und diskutierten heftig. Weitere Infanteristen rückten an. Hönnige zählte fünf Lastwagen. Die Männer sprangen von den Ladeflächen und nahmen Aufstellung.

Verdammt, warum feuert keiner von uns? Besser kann man sich doch gar nicht präsentieren, dachte der bestens getarnte Landser und schwenkte das Fernglas auf die eigene Frontlinie herüber. Langsam suchte er das Gebiet ab. Dann sah er sie vom Taleinschnitt aus anrücken. In Wehrmachtsgrün und ohne schwere Waffen marschierte eine Kompanie Volksgrenadiere auf den Feind zu. Noch konnten sich die Kriegsgegner nicht sehen.

Der Einzelkämpfer lenkte seinen Blick wieder auf die amerikanischen Streitkräfte. Sein Feldstecher strich einmal quer über die Truppen und Militärfahrzeuge.

„Verdammt! Es werden immer mehr", stieß er leise aus.

Der Soldat wusste, dass seine Kameraden in den sicheren Tod marschierten. Gerade richtete der Feind MG-Nester ein. Sie sollten womöglich einen geplanten Vormarsch in den Wald absichern. Unterführer erhielten Befehle und gaben die Kommandos an ihre Mannschaften weiter. Stoßtrupps wurden gebildet.

Der Scharfschütze musste handeln. Augenblicklich war seine Ausrüstung zusammengepackt. Ein letzter Handgriff und er konnte sofort in eine andere Stellung verlegen.

Erst zum Baum, raste es durch seinen Kopf.

Schnell kroch er nach hinten und schlüpfte durch den ausgesparten Notausgang aus der kleinen Einmann-Stellung. Ein leichter Druck auf der Blase machte sich bemerkbar. Die morgendliche Notdurft musste verrichtet werden. Nachdem Hönnige sich erleichtert hatte, griff er zum Scharfschützengewehr und rannte zu dem ausgesuchten Baum. Mit Leichtigkeit kletterte der Einzelkämpfer hoch. Die Sicht war noch besser, als vom Deckungsloch aus. Viel Zeit würde ihm nicht mehr bleiben. Ein letzter Blick durch den Feldstecher.

Nur noch wenige hundert Meter und die Volksgrenadiere gelangen in das Sichtfeld des kampfbereiten Feindes und in dessen MG-Feuer.

Hönniges Gedanken überschlugen sich. Das Fernglas wurde ein letztes Mal geschwenkt. Zwei Gruppen der GI`s schlüpften vorsichtig durch die Höckerlinie. Sie hielten die Gewehre in Anschlag.

„Unnütz", flüsterte Hönnige. „Wenn wir dort lägen, würdet ihr schon längst unter Beschuss stehen!"

Die beiden Panzer befanden sich immer noch an der gleichen Stelle. Ihre Rohre ragten in Richtung des Waldes. Die Turmluken waren geöffnet, die Panzerkommandanten standen darin und rauchten. Sie schienen die Infanteristen zu beobachten.

Ein Offizier ging zielstrebig zurück zu seinem Jeep. Er griff an ein Funkgerät und sprach.

Der Scharfschütze hatte sein Ziel ausgewählt. Das Fernglas hing jetzt vor Hönniges Brust, der K 98 k lag in den Händen. Der Schaft wurde in die Schulter gedrückt, das Zielfernrohr minimal nachgestellt. Er war einsatzbereit. Über die Zieloptik hatte der Soldat sein Opfer erfasst. Sein Puls war erstaunlich ruhig.

Garantiert rechnet niemand mit meinem Schuss.

Den Landser wunderte es, wie unbefangen die US-Streitkräfte so dicht an die Panzersperren herangefahren waren.

So etwas darf man im Krieg nicht machen.

Es war soweit. Das Opfer ausgesucht. In dem Moment, als der Offizier das Funkgerät aus der Hand legte, krachte der Schuss. Das Echo hallte zwei, dreimal wider. Tödlich getroffen sackte der Amerikaner zusammen. Gleichzeitig brach Verwirrung beim Feind aus. Tumultartig rannten die Alliierten umher und gingen hinter den Betonpfeilern in Deckung.

Hönnige repetierte blitzschnell.

Sie hatten mich nicht auf der Rechnung, spürte er und wusste, dass erst der zweite, vielleicht sogar erst der dritte Schuss für ihn gefährlich werden würde. Er wollte es riskieren. Unbedingt! Es ging um das Leben seiner Kameraden.

Noch bevor die amerikanischen Soldaten begriffen was los war, tauchte die Brust eines Panzerkommandanten in der Optik von Hönniges Gewehr auf. Als das Fadenkreuz auf Höhe des Herzens war, gab der Scharfschütze den zweiten Schuss ab. Eine kleine Blutfontäne spritzte aus dem Oberkörper des Getroffenen. Dieser wurde nach hinten gewuchtet und blieb auf unnatürliche Art und Weise auf dem Turm liegen.

Ungeachtet dessen, visierte der Deutsche das nächste Ziel an. Diesmal hielt er auf den Sergeanten an, der den Stoßtrupp in Richtung der Volksgrenadiere anführte. Hönnige war vollkommen bewusst, dass er sehr viel riskierte und absolut gegen die Vorgaben der Wehrmachtslehrmeinung verstieß, doch er vertraute auf seinen Instinkt.

Sie rechneten nicht mit Feindberührung. Erst recht nicht mit einem Scharfschützen.

Der Sergeant war gut zu erkennen. Mit dem zweiten Schuss, den der Scharfschütze abgegeben hatte, waren die US-Soldaten zwar in Deckung gegangen und mit ihnen natürlich auch der Gruppenführer, doch die linke Körperseite des Sergeanten ragte hinter einem der sog. *Drachenzähne* hervor. Ein Fehler!

Leicht bewegte sich der rechte Zeigefinger des Jägers nach hinten. Der Druckpunkt war erreicht. Das Ziel rührte sich nicht. Der GI wusste nicht, woher die Schüsse kamen und fühlte sich gut geschützt. Hönnige zog den Abzugshebel nach hinten, überwand den Druckpunkt, der Schuss krachte und der Sergeant brach getroffen zusammen.

Der Einzelkämpfer achtete weder auf sein letztes Opfer, noch auf etwaige Reaktionen der Gegner. Blitzartig hängte sich der Gefreite den Karabiner um und kletterte so schnell wie möglich vom Baum. Geduckt rannte er zurück zu seinem Schützenloch. Er hörte Tumult. Befehle wurden gebrüllt. Zudem waren die gellenden Schmerzschreie des angeschossenen Sergeanten zu hören. Der Ablauf war in jeder Armee der Welt der gleiche. Sanitäter wurden gerufen. Sie eilten todesmutig nach vorn und kümmerten sich um die Verwundeten. Hönnige hatte es schon oft gesehen. Er verspürte kein Mitleid, verschwendete keine Gedanken an seine Opfer. Das war der Feind.

Er oder ich!

Eine stille Absolution an das Gewissen.

Wumm

Die beiden Panzer hatten das Feuer eröffnet. Sie schossen ihre Granaten blindlings in den Wald. Die Einschüsse lagen weit von Hönnige entfernt. Ein gutes Zeichen. Sie wussten nicht, woher seine Schüsse kamen, hatten ihn und seine Stellung nicht ausgemacht.

Privatarchiv des Autors, PA-H-100-Panzersperren (Drachenzähne)

Urplötzlich klatschten zig Projektile in die umstehenden Bäume.
Rrrrrt ... rrrrt
Holzsplitter, Zweige, Blätter und Baumnadeln wurden herumgewuchtet und surrten durch die Luft.
MG-Garben!

Der Soldat warf sich sofort auf den Boden.

Haben sie mich doch entdeckt? Verdammt! Man soll keine zwei Schüsse aus einer Stellung abgeben! Erst recht keine drei! Auch wenn man sich noch so sicher ist, dass es funktioniert. Ich bin so ein Idiot!

Jetzt raste der Puls des Schützen. Kriechend legte er ein paar Meter zurück. Während einer Feuerpause sprang er auf und eilte hurtig durch das Gehölz.

Weg hier!

Das MG-Feuer wurde verlegt. Das unvergleichliche Geräusch herumfliegender Projektile und deren Einschläge in die Baumrinden waren nicht mehr wahrzunehmen. Der Landser hob den Kopf.

Nein, sie haben mich nicht entdeckt. Sie nehmen den ganzen Abhang unter Beschuss.

Hönnige erreichte sein Deckungsloch und kroch von hinten unter die Tannenzweigabdeckung. Wie schon am Morgen, hob er mit einem Stock den vorderen Teil nach oben und stützte diesen ab.

Fernglas. Übersicht verschaffen. Gehetzte Gedanken.

Schweißperlen tropften auf die feuchte Erde. Der Dunst der Atemluft war in der kühlen Morgenwitterung zu sehen. Kampflärm flackerte auf. Zufrieden stellte Hönnige fest, dass die Volksgrenadiere auseinander gestoben waren. Die ersten Feuergefechte fanden statt. Für ihn war die Gelegenheit günstig. Wenn er jetzt schoss, würden seine Schüsse im Gefecht untergehen.

Der Scharfschütze legte erneut an. Schuss für Schuss jagte er dem Feind entgegen. Er zählte mehr als zehn Treffer, bevor er sich endgültig zurückziehen musste. Längst war den Amerikanern klar, dass ihnen gegenüber ein deutscher Scharfschütze in Stellung lag. Die Jagd auf ihn hatte begonnen. Der Abhang wurde bereits mit Granatwerfern umgepflügt. Weitere amerikanische Einheiten waren eingetroffen. Es würde nur noch eine Frage der Zeit sein, wann die ersten Splitter um seinen Kopf herum sausen würden.

Zeit für den Rückzug.

Die Treffer des Scharfschützen würden nicht auf der Statistik landen. Keine Zeugen. Zudem werden Abschüsse, die während eines Gefechts erzielt wurden, nicht gewertet. Der Gefreite war ohnehin kein Freund dieser Auswertungen. Er wollte sich nicht damit brüsten, wie viele Gegner er getötet hatte. Er wollte durch sein Handeln nur das Leben seiner Kameraden retten. Es war Krieg! Wieder eine Absolution für sein Handeln.

Die alliierten Streitkräfte rückten nach der Landung in der Normandie, am 06. Juni 1944, mit enormer Geschwindigkeit vor. Die *1. US-Armee* stand bereits im September 1944 vor Aachen und besetzte am 12. September die Ortschaft Roetgen.

Da die benachbarten Truppen aufgrund Spritmangels weit zurück lagen, entschied der Kommandeur des *7. US-Korps*, Aachen vorerst zu umgehen, um über den Raum Düren in die Rheinebene vorzudringen.

Die zum *7. US-Korps* gehörende *3. US-Panzer-Division* stieß am 15. September 1944 bei der Ortschaft Rott auf den Westwall und dessen markanter Höckerlinie, die aufgrund ihres Aussehens schnell den Spitznamen *Drachenzähne* verliehen bekam. Wegen ihrer enormen Materialüberlegenheit stellte die betonierte Panzersperre kein großes Hindernis für die US-Truppen dar. Schwere Bulldozer legten in kürzester Zeit breite Trassen und die US-Panzer konnten weiterrollen.

Doch plötzlich standen die amerikanischen Einheiten vor einem neuen Problem. Dem nördlichen Ausläufer der Eifel, dem Hürtgenwald. Dieser versperrte den direkten Weg in die Rheinebene und nach Köln. Da aus dem deckungsreichen Gebiet Flankenangriffe der deutschen Verteidiger erwartet wurden, wollten die Befehlshaber der alliierten Streitkräfte den gigantischen Urwald nicht umgehen, sondern durch ihn hindurch marschieren. Die *9. US-Division* erhielt den Befehl, den höchsten Punkt des Hürtgenwaldes einzunehmen. Den sogenannten Todtenbruch.

Hauptmann Retzer war vor die Kompanie getreten. „Roetgen ist vor drei Tagen gefallen und bei Rott überwindet der Amerikaner gerade mit Leichtigkeit die Panzersperren. Die Materialüberlegenheit des Feindes ist nicht in Worte zu fassen! Es zeichnet sich deutlich ab, dass General Eisenhower anstrebt mitten durch unseren Eifelwald zu marschieren."

Pause. Retzer betrachtete die Gesichter, die teils wie versteinert wirkten. Der Kompanie-Chef verdeutlichte den letzten Satz noch einmal.

„Sie gehen nicht etwa außen herum. Nein! Sie wollen mittendurch und werden direkt auf die wichtige Rurtalsperre vorpreschen. Das gilt es zu verhindern. Im Klartext heißt das für uns, dass wir einen Bereich des Todtenbruchs besetzen. Das Gelände ist ideal zu verteidigen. Es ist die höchste Stelle in unserem Kampfabschnitt und zudem von einer

Bunkerlinie flankiert. Diese wurde streckenweise von der benachbarten *353. Infanterie-Division* besetzt."
Es folgten die üblichen Durchhalteparolen.

Nach fast einem Jahr lag Unteroffizier Jürgen Keller erneut im Feindfeuer. Er war froh darüber, dass seine Kompanie nicht bei der von Retzer genannten Bunkerlinie eingesetzt war. Der Russlandveteran ahnte, dass diese ganz sicher ein Ziel der amerikanischen Truppen werden würde. Der Landser hatte gehörigen Respekt vor der US-Luftwaffe und der Artillerie der Alliierten.

Die Gruppe Keller lag in ihren ausgehobenen Schützenlöchern und hielt Ausschau nach dem Gegner. Die Örtlichkeit war tatsächlich ideal zu verteidigen. Vorbereitete Stellungen. Dichter Wald. Abschüssiges Gelände mit Blick auf die einzige Straße, die für größere Fahrzeuge, wie Lastwagen oder Panzer, benutzbar war. Keller mochte nicht mit dem Gegner Tauschen. Die Rohre der deutschen Artillerie waren auf die strategisch wichtigen Ziele bestens eingeschossen. Pioniere hatten zudem überall Minen und Sprengfallen ausgelegt. In diesem Bereich befanden sich zuhauf Warnschilder an Bäumen.

Der Tod liegt in Lauerstellung und wartet wie eine fette Spinne im Netz, auf seine Opfer.

Der immer kälter werdende Westwind schob nicht nur schwere, dunkle Regenwolken vor sich her. Er brachte auch die Geräusche von donnernden Geschützen mit. Es war, als schob der Wind den Krieg in das Land zurück, von dem aus er sich vor fünf Jahren aufmachte, Angst und Schrecken in die Welt zu tragen.

Höpfner räusperte sich. Mit fast versteinerter Miene begann er zu sprechen. „Die Volksgrenadiere werden sich nicht lange halten. Die Amis werden die alten Bunker pausenlos bombardieren. Wenn die Flugzeuge abgezogen sind, folgt stundenlanges Ari-Feuer. Darauf verwette ich meinen nächsten Wehrsold. Ich fühle mich wie damals in Russland. Weißt du noch? Die große Winteroffensive der Roten Armee?"

Es war dunkel geworden. Das Wetter war seit Tagen nasskalt und die Laune der Männer entsprechend mies.

„Und was willst du mir damit sagen?"

„Damals hatten wir im Oktober schon Schnee und es herrschten eisige Temperaturen. Der Winter überraschte uns alle und er kam mit seiner vollen Härte."

„Und weiter?", grunzte Keller mürrisch.

„Ich meine damit, dass es hier gar nicht mal so schlecht ist."

„Verrecken kannst du hier genauso wie an allen anderen Fronten dieses Krieges."

Keller kratzte sich am Hinterkopf.

„Ich glaube allerdings auch, dass die Volksgrenadiere arme Schweine sind. Ich möchte nicht mit ihnen die Stellung tauschen", fügte er hinzu.

Höpfner fummelte unter seiner Zeltbahn herum, die er als Regenschutz umgehängt hatte, und zog eine Packung Juno-Zigaretten hervor. Er holte zwei der Glimmstängel heraus und reichte eine Zigarette dem Unteroffizier. „Hier ...", sagte er, „... vielleicht hellt sich deine Laune dann ein bisschen auf. Ist ja nicht auszuhalten, so mürrisch wie du heute bist. Das geht schon den ganzen Tag so."

Keller steckte sich die Zigarette in den Mund. Kurz darauf hielt er sein Sturmfeuerzeug in der Hand, gab erst Höpfner Feuer und zündete dann seine eigene Zigarette an. „Danke", antwortete er. „Mich regt das Wetter auf. Ich habe Hunger, möchte etwas Warmes in den Bauch und müde bin ich auch."

„Ich denke eher, es ist die Ungewissheit vor dem Kampf. Der Ami kommt! Soviel steht fest. Wir wissen nur noch nicht, wann und wie stark. Und das ist es, was dich so nervös macht."

„Ich habe von den Essenträgern aufgeschnappt, dass die vorderste Frontlinie bei den Grenadieren nicht lange gehalten hat. Die Amerikaner sind durchmarschiert, als ob unsere Leute so weich wie Butter wären. Das macht mir Angst. Von denen bis zu uns sind es nur ein paar Kilometer."

„Du kannst die Volksgrenadiere nicht mit uns vergleichen."

Keller zog an seiner Juno und blies den Rauch genussvoll wieder aus. Im Dämmerlicht der hereinbrechenden Nacht leuchtete das Gesicht des Unteroffiziers für wenige Sekunden orange-rötlich auf. „Tut mir leid, wenn ich dich angeschnauzt habe."

„Schon vergessen."

Die Gereiztheit war üblich. Kalte Nächte im Freien, Übermüdung, Hunger und die ständige Angst vor einem überraschenden Feindangriff zermürbten die Landser.

Jürgen Keller war wieder ganz der Alte. Er war wieder ein Landser. Ein Frontschwein. Saß im Schützenloch und harrte aus. Er litt mit seinen Kameraden, lachte mit ihnen und würde mit ihnen kämpfen. Die schwere Verwundung hatte keine psychischen Schäden hinterlassen. Zumindest keine, die ihm bewusst wäre.

Schon am nächsten Tag dröhnte es am Himmel über ihnen. Feindliche Aufklärungsflugzeuge, geschützt von Jägern, suchten die Gegend ab und verschafften sich ein Lagebild.

Gollmann, Haßlach und Hübner brachten gerade das Essen. Obwohl die Waldkronen sie bestens schützten, beeilten sie sich und waren extrem vorsichtig. Die Gruppe war in den Morgenstunden aus den Schützenlöchern herausgelöst worden. Am Vormittag konnte Schlaf nachgeholt werden. Es gab warmes Essen und man hatte endlich wieder Zeit, sich zu waschen und Gelegenheit die Wäsche zu wechseln. Die Freude über den rückwärtigen Dienst hielt nicht lange an. Für den Nachmittag war ein Stoßtruppunternehmen angesetzt worden. Dennoch wurden die Essensträger freudig empfangen. Gespannt wurden die Behälter geöffnet.

„Wahnsinn. Schweinekoteletts mit Salzkartoffeln. Das gab es schon lange nicht mehr", freute sich Höpfner und schob sich ein Stück Kartoffel in den Mund.

„Und als Kaltverpflegung Ölsardinen und Edamer Käse."

„Was für eine komische Mischung", stammelte Höpfer mit vollem Mund. Er schluckte den Bissen hinunter. „Ist mir aber egal. Ich fresse alles, was ich kriegen kann", setzte er verständlicher nach. Kaum ausgesprochen, wanderte die Gabel schon wieder in den Mund.

Nach dem Essen war es soweit. Die Meldung des amerikanischen Durchbruchs wurde bestätigt. Die Alliierten hatten die vordere Verteidigungslinie förmlich überrollt und bewegten sich im Moment auf Lammersdorf und den Todtenbruch zu.

„Deshalb der Spähtrupp. Wir müssen auskundschaften, wo sich die Amis befinden", wurde von mehreren Landsern gemurmelt.

Bekleidet mit ihren Tarnanzügen, verschmolzen die Soldaten mit dem Wald und dessen herbstlicher Farbenpracht. Würden sie sich im Dickicht verstecken, wären sie so gut wie unsichtbar. In Schützenreihe folgte die Gruppe Unteroffizier Keller. Höpfner war Schütze I und trug das MG 42 mit aufgesetzter Gurttrommel anfangs locker über der Schulter. Später hing es am Gurt an seiner Seite. Eigentlich war es eher ungewöhnlich bei einem Spähtrupp-Unternehmen ein Maschinengewehr mitzunehmen, doch man wollte für alle Eventualitäten gerüstet sein.

Hinter Höpfner marschierte als letzter Mann Waldemar Haßlach, der die Funktion des Schützen II ausübte. Dieser trug die Ersatzläufe, Werkzeug und zwei Reserve-Gurttrommeln. Die Position des Schützen III war gestrichen. Keller vertrat diesbezüglich die Meinung, dass alle nach Bedarf zusammenhelfen sollten. Sofern genügend Munition vorhanden war, sollte derjenige beim Tragen helfen, der genügend Kraft besaß. In Russland hatte sich dieses Vorgehen bewährt. Auch bei den bisherigen Übungsgängen funktionierte es reibungslos. Beim Spähtrupp selbst wurde ohnehin keine extra Munitionskiste mitgeführt.

Der Wald roch nach feuchtem Gehölz, Moos und verrottendem Blattwerk. Seit mehr als einer Stunde waren sie nun unterwegs. Es war außergewöhnlich ruhig. Kein hastiges Aufflattern irgendeines Vogels, kein Gezwitscher und kein Wildwechsel. Keller entsicherte seine Maschinenpistole. Ihm gefiel die Stille nicht. Nach einer weiteren halben Stunde ließ er halten.

Gollmann schloss zum Gruppenführer auf.

„Was denkst du? Ist der Ami schon hier?"

„Wenn deren Aufklärung so arbeitet wie unsere, dann liegen garantiert schon ein paar Sturmpioniere vor der Bunkerlinie."

„Ist das weit von hier?"

„Nein! Und das macht mich nervös. Es ist anders als sonst."

Höpfner und Haßlach hatten aufgeschlossen. Die Gruppe umringte Keller.

„Was gibt es?", erkundigte sich der MG-Schütze.

„Nichts. Ich spüre da nur so ein Gefühl in der Bauchgegend, Franz", antwortete Keller.

„Au Backe. Dein Gefühl kenne ich. Das hat nichts Gutes zu bedeuten."

Keller überging diese Aussage. Er kniete sich ab, holte seine Geländekarte hervor und legte den Kompass daneben. „Wir sind ungefähr hier", deutete er mit seinem Zeigefinger auf einen Punkt der Karte. „An einem unserer ersten Tage haben wir genau dieses Gebiet durchstreift."

„Ich weiß", schoss Gollmann hervor. „Da war doch auch der Weg im Taleinschnitt, du weißt schon", versuchte er händeringend zu erklären, „dort, wo der Bach fließt. Hübner ist doch rein gelatscht und Wasser schwappte über den Schaft in seinen rechten Knobelbecher. Der Stiefel war zwei Tage lang nass."

„Stimmt! Er hat geflucht wie ein Pferdeknecht, dessen Rösser alle Eisen verloren haben", bestätigte Höpfner.

„Und genau das bereitet mir Sorgen."

Keller betonte das Wörtchen *das* besonders scharf und begann zu erklären. „Der Weg ist breit genug für Panzer. Er führt zur Bunkerlinie und von dort aus an unseren derzeitigen Stellungen vorbei."

„Die gleiche Straße?", fragte jetzt einer der jüngeren Soldaten.

„Wenn der Amerikaner angreift, dann kommen zuerst die Flugzeuge, danach hämmert die Ari und später rollen Panzer. Erst ganz am Ende der Schlange taucht Infanterie auf", wollte Gollmann beruhigen.

„Denkste, Eduard", konterte Keller. „Hier im Wald findet weder eine alliierte Fliegerbombe noch eine US-Artilleriegranate ihr Ziel. Zumindest können diejenigen, die den Bombenschacht öffnen oder die Männer, die an den Geschützen die Abzugsleine reißen, kein konkretes Ziel anvisieren. Der Wald verdeckt alles."

„Und die Panzer?"

Keller überlegte. „Ein Stück weit stoßen sie in jedem Fall vor. Gestern sind sie in Lammersdorf einmarschiert. Jede Örtlichkeit, zu der man hinfahren kann, ist gefährdet, aber hinter der Bunkerlinie, dort wo wir liegen, ist dichter Wald. Da kommt kein Fahrzeug durch."

Höpfner nickte zustimmend. „Sie müssen ihre Infanterie losschicken und wenn das der Fall ist, könnten schon massenhaft amerikanische Soldaten hier herumgeistern."

„Und um das herauszufinden, sind wir hier. Wir werden die Abstände vergrößern. Seid so leise wie möglich und meldet alles was euch verdächtig vorkommt!"

Der Unteroffizier sah seine Leute eindringlich an.

„Vorwärts!", gab er schließlich das Kommando.

Es ging weiter. Keller orientierte sich mittels Kompass. Ein hastiger Blick auf die Armbanduhr folgte. In drei Stunden würde es dämmern, in vier stockduster sein. Jetzt erkannte der erfahrene Soldat einen auffälligen Felsen wieder. Er hatte sich diesen markanten Punkt gemerkt und auch in seine Skizze eingezeichnet. Der nackte Stein wirkte fremd im Wald. Ein kurzer Gedanke.

Wie und wann mag der Stein dorthin gekommen sein? Vor Urzeiten? Konzentration!

Vom Stein aus waren es noch gut eineinhalb Kilometer bis zum breiten, gut befahrbaren Waldweg. Auf der gezeichneten Karte stand das Wort: *Trasse.* Keller dachte an Waldarbeiter.
Sie haben mit Sicherheit unter Schwerstarbeit die Strecke ins Holz geschlagen.
Motorenlärm. Starke Motoren!
War das Kettengerassel?
Kellers Hand schnellte nach oben. Er gab das taktische Zeichen für *Halt* und ließ per Handzeichen die Gruppe keilförmig folgen, wobei Höpfner mit dem MG 42 zum Unteroffizier aufschloss. Die zentrale Stellung der Schnellfeuerwaffe bedeutete im Ernstfall Deckungsfeuer für alle.

Plötzlich ging alles ganz schnell. Zwei, drei heftige Detonationen zerrissen die Luft.
Wumm Wumm
Das Echo hallte mehrfach durch den Wald.
Wumm
Maschinengewehrgarben ratterten.
Rrrrt Rttt
Wumm
Es hatte erneut geknallt.
„Die greifen die Bunker an!"
„Nein, die Bunker liegen weiter oben! Es müssen einzelne Kampfnester von uns sein."
„Wir müssen zurück und Meldung erstatten", meinte Gollmann.
„Oder den Kameraden von unserer Flanke aus helfen!"
Keller sah Gollmann und Höpfner an. „Weder noch! Wir verschaffen uns einen kurzen Überblick, dann versuchen wir herauszufinden, ob die Alliierten auch auf unserer Seite durch den Wald vordringen. Danach kehren wir planmäßig zurück. Wir haben einen Auftrag und den müssen wir erfüllen!"
„Aber die Kameraden in den Stellungen", hakte Höpfner nach.
„Erstens haben die sicher schon über Funk oder Feldtelefon ihrem Bataillon den Angriff gemeldet, zweitens können wir als kleine Gruppe garantiert nichts ausrichten. Erst recht nicht gegen Panzer! Drittens sind wir nur ein kleines Zahnrad in einer großen Maschine. Wenn wir unseren Teil erfüllen, dreht sich das Zahnrad und treibt ein größeres an. Nämlich das der Kompanie. Das wiederum überträgt sich auf das Regiment und so weiter. Verstehst du, was ich meine? Wir dürfen nicht aus der

Froschperspektive handeln, sondern müssen das Handeln den Männern mit der Vogelperspektive überlassen."

„Hast du das auf dem Unteroffizierslehrgang gelernt? Das hört sich ja richtig geschwollen an."

„So kann man …", begann er zu antworten, dann wurde er jäh unterbrochen.

Schüsse krachten. Projektile bohrten sich in Bäume. Das *Fatschen* der Einschläge in die Baumrinden war unnachahmlich.

Tschinng-fatsch

„Deckung!"

Sofort verschmolzen die Landser mit dem Waldboden. Jeder machte sich so klein wie möglich. Es waren zwar keine Gegner zu sehen, aber deren Stimmen konnte man deutlich hören. Befehle wurden in englischer Sprache gebrüllt. Alles klang hektisch.

Gollmann, der als Obergefreiter genauso wie sein Gruppenführer mit einer Maschinenpistole bewaffnet war, jagte eine Salve hinaus.

Höpfner fand mit dem MG noch kein Ziel.

Die MP-Salve wurde vom Gegner erwidert. Diesmal noch heftiger, als zuvor.

„Verflucht nochmal. Die müssen mindestens in halber Zugstärke unterwegs sein", plärrte Keller seinem Nachbarn zu und übertönte damit den Gefechtslärm.

Angestrengt versuchte er an dem Baum, hinter dem er Schutz gefunden hatte, vorbei zu sehen. Nur für Sekunden riskierte er einen Blick. Nichts passierte. Kein direkter Beschuss. Beim zweiten Mal sah er sich länger um. Es wurde immer noch nicht auf ihn gefeuert. Die feindlichen Schützen hatten sich auf ein anderes Ziel eingeschossen und Keller womöglich noch gar nicht entdeckt. Der Unteroffizier schob den Lauf seiner MP vor. Gleichzeitig deutete er seinem Nachbarn an, es war Heinz Großmann, ebenfalls anzulegen. Großmann zielte mit dem Karabiner. Schattenartig huschten amerikanische Soldaten zwischen den Bäumen hin und her. Die beiden Deutschen feuerten. Ein langgezogener Schrei war zu hören.

Getroffen.

Keller kontrollierte seine Handgranaten. Beide Stielhandgranaten steckten griffbereit im Koppel. Gleichzeitig war das unverkennbare Rattern von Höpfners MG 42 zu hören. Feuerstoß um Feuerstoß wurde abgegeben. Immer wieder hallten fetzenweise Rufe in englischer Sprache herüber.

Instinktiv hatten sich Gollmann und zwei weitere Kameraden etwas von den anderen abgesetzt. Unbemerkt vom Gegner krochen sie durch das Unterholz.

Keller bemerkte das Manöver seines Russlandkameraden und ahnte, was der Obergefreite im Schilde führte.

Dieser Himmelhund möchte dem Feind in die Flanke fallen. Er vertraut dabei auf Höpfner und dessen MG.

Da sich das amerikanische Feuer tatsächlich auf Höpfner zu konzentrieren schien, beschloss Keller es Gollmann nachzumachen. Er deutete dem jungen Großmann an ihm zu folgen. Langsam zogen sich die beiden Landser zurück. Sie krochen dabei fast lautlos über den Blätterboden. Das Vorhaben glückte. Es gelang ihnen gänzlich unbemerkt den Feind zu umgehen.

Wumm

Zwei Handgranaten detonierten. Erneut waren Schreie zu hören.

„Das muss Gollman sein. Er fällt dem Ami in die Flanke", stieß Keller aus.

Wieder krachte es.

Wumm

Sein nächster Gedanke galt den Gegnern. *Ob die Amis den fatalen Fehler machten und Granaten blindlings warfen?*

Wenn man ungeübt im Waldkampf war, konnte es passieren, dass man im Stress der Todesangst Handgranaten warf, diese gegen Baumstämme schlugen und schlimmstenfalls von denselben zurück prallten. Die Wirkung war oftmals verheerend.

„Los Großmann, wir packen den Feind von der anderen Seite!"

Großmann keuchte vor Anstrengung. Er kroch hinter einem mächtig gewachsenen Baumstamm hervor. So konnte er sie sehen. Amerikaner. Der Feind war umgangen.

Drei GI´s lagen in scheinbar sicherer Deckung. Ein vierter US-Soldat befand sich etwas abseits und gab aus seinem Schnellfeuergewehr so viele Feuerstöße ab, bis keine Munition mehr im Magazin war. Zum Nachladen zog er sich zu den anderen GI´s zurück. Das Gesicht des anglo-amerikanischen Soldaten versteinerte sich, als er Keller und Großmann vor sich stehen sah. Keller zog den Abzug seiner MP durch und schwenkte den Lauf. Nach ein paar Feuerstößen schwieg die Waffe. Großmann stand regungslos da und starrte auf die toten US-Soldaten.

„Weiter", herrschte ihn der Russlandveteran an, doch der Blick des jungen Landsers konnte sich nicht von den erschossenen Amerikanern lösen.

„Wir müssen Höpfner raushauen!"

Keller rannte geduckt weiter. Er nutzte die Bäume als Deckung und drehte sich noch einmal kurz um. Großmann folgte. Gewehrfeuer von der anderen Flanke.

Das ist Gollmann. Ich habe mich vorhin nicht getäuscht.

Aufgrund des Echos im Wald waren die Schussrichtungen nicht eindeutig zu orten. Verwirrung begann sich unter den Alliierten breit zu machen. Wie aus dem Nichts bekamen sie plötzlich von drei Seiten Feindfeuer. Mit einem Mal verstummte das deutsche Maschinengewehr.

Haben Sie Höpfner ausgeschaltet?

Wut und Verzweiflung machten sich breit. Vor Keller tauchten wieder zwei Gegner auf. Nach einem kurzen Feuerstoß aus der MP 40 fiel ein GI getroffen zu Boden.

Klack

Leer! Deckung hinter einem Baum. Magazinwechsel.

Großmann feuerte. Ein gellender Schrei war zu hören. Ein zweiter Schuss folgte. Das Schreien erstarb. Das Reservemagazin war eingerastet.

„Weiter!"

Der Gruppenführer achtete darauf, weitgehend in Deckung zu bleiben. Das Wimmern eines Verwundeten war zu hören.

Schauerlich.

„Verdammt, hilft ihm denn keiner", presste Großmann heraus.

„Schnauze!", kam es barsch aus dem Mund des Unteroffiziers. Lautes Knacken von Ästen. Schnelle Schritte.

Sie flüchteten.

Die Geräusche wurden lauter.

„Sie kommen auf uns zu!"

Großmann kniete nieder und legte an. Die Hand seines Vorgesetzten klatschte auf den Lauf des K 98. Blickwechsel folgte. Keller schüttelte nur den Kopf. Großmann senkte das Gewehr und lugte hinter seiner Deckung hervor. Er sah zwei Sanitäter, die eiligst einen ihrer verwundeten Kameraden wegtrugen.

So eiskalt ist Keller gar nicht, wie ich vorhin noch dachte, war der nächste Gedankengang des Soldaten.

Das Gefechtsfeuer verebbte. Beklemmende Stille machte sich breit. Behutsam und peinlich darauf achtend leise zu sein, schlichen sie weiter.

Jetzt waren sie am eigentlichen Ziel. Ein paar Männer waren zu erkennen. Keller hob seinen Feldstecher an die Augen und erkannte, dass die Amerikaner Gefangene hatten. Der Unteroffizier konnte jedoch nicht erkennen, um wen es sich handelte. Wütend schlug der Gruppenführer auf seinen Oberschenkel. Wieder setzte er das Fernglas an. Dann erkannte er Höpfner. Ein Stein fiel ihm von Herzen. Sein alter Kampfgefährte war nicht gefallen. Die Amis hatten ihn offenbar überrumpelt.

Scheinbar sind diese Kaugummifresser doch keine so schlechten Soldaten, wie ich immer dachte, raste es durch seinen Kopf. „Wir müssen näher ran. Sie haben Höpfner und Haßlach. Die lassen wir nicht im Stich", flüsterte er Großmann zu, welcher lediglich nickte.

Dem jungen Landser war es mulmig zumute. Er zitterte vor Angst.

„Von Gollmann keine Spur", schob Keller nach und ließ das Fernglas wieder verschwinden.

Lautlos schlich er sich an die Gruppe heran, gefolgt vom jungen Großmann.

Der erfahrene Soldat wählte eine gute Angriffsposition aus. Ein letzter Überblick. Ein junger Lieutenant redete auf einen neben ihm sitzenden Funker ein. Unweit von beiden stand ein Sergeant, der nicht viel älter als der amerikanische Offizier war. Ein Stück abseits bewachte ein GI Höpfner und Haßlach. Er richtete eine Waffe auf beide. Die Landser knieten am Boden und hielten ihre Hände nach oben. Drei weitere Amerikaner standen herum. Einer davon rauchte, die beiden anderen waren scheinbar vom vorausgegangenen kurzen Feuergefecht schockiert. Sie starrten teilnahmslos vor sich hin.

„Du schießt auf den, der seine Waffe auf Höpfner richtet. Ich mache den Rest! Klar?"

Großmanns Magen schien rebellieren zu wollen. Sein Gesichtsausdruck verriet das Gefühl.

„Pass mal auf! Wir sind alles Kameraden. Ich weiß nicht, ob die dort vorn unsere Männer in wenigen Minuten erschießen! In Russland war das leider an der Tagesordnung. Wir hauen jeden aus Feindeshand heraus, den wir heraushauen können. Die beiden würden für dich das Gleiche tun! Also reiß dich zusammen und visier den Wachmann an. Schaffst du das?"

„Und wenn sie sie nicht erschießen?"

„Und wenn doch, hast du deine Kameraden auf dem Gewissen. Es ist Krieg. Vergiss das nicht!"

Großmann nickte. „Ich schaffe das!"

Keller wusste, dass es anders war im Eifer des Gefechts abzudrücken, als bewusst auf einen Menschen zu zielen. Ihm fiel auf, dass der junge Landser zitterte.

„Du musst ihn nicht töten. Er soll lediglich handlungsunfähig sein!"

Scheinbar durch die Worte erleichtert, lag der Lauf des Karabiners merklich ruhiger in der Hand des deutschen Soldaten. „Ich bin so weit."

„Gut. Ich gehe jetzt noch bis zu der großen Fichte. Die Dicke gleich dort vorn. Siehst du sie?"

„Ja."

„Wenn ich dort bin, feuerst du. Danach rennst du zu mir, der Rest ergibt sich von selbst."

„Ich habe verstanden."

Keller bewegte sich äußerst vorsichtig. An dem alten Baum angekommen, presste er sich dagegen. Die Maschinenpistole lag schussbereit in seinen Händen.

Worauf wartet der Junge noch? Habe ich zu viel von ihm verlangt? Er ist noch so jung und kennt den Krieg nicht. Nein! Eindeutig nicht! Wenn man Soldat ist und im Krieg überleben möchte, muss man Dinge tun, die man sonst niemals tun würde.

Der Schuss krachte. Das Echo hallte mehrfach wider. Sofort sprang Keller hinter dem Baumstamm hervor. Keine zehn Meter vor ihm befand sich die Gruppe der amerikanischen Soldaten. Die MP ratterte los. Der Unteroffizier feuerte im Laufen. Das erste Ziel waren der Offizier, der Sergeant und der Funker. Nach einer langgezogenen Salve riss er den Lauf der Waffe herum und jagte den anderen drei GI´s Feuerstöße entgegen. Die drei Amerikaner sprangen auseinander.

Höpfner und Haßlach duckten sich instinktiv ab. Erst nach ein paar Augenblicken registrierten sie, was los war.

Großmann beobachtete die Szene, wandte sich ab und übergab sich. Eine menschliche Reaktion.

„Weg hier!", brüllte Keller. „Lauft, bevor die anderen kommen. Im Wald sind noch mehr Amis!"

Höpfner sprang zu seinem MG 42, packte die Waffe und rannte los. Er griff Haßlach an der Schulter, zog ihn nach oben und schob den Soldaten die ersten Meter vor sich her. „Burger ist gefallen. Sie waren auf einmal hinter uns", zischte er.

Eine Schnellfeuerwaffe ratterte ihnen nach. Die verletzten Amerikaner begannen nach dem Sanitäter zu rufen.

Wumm

Die Detonation einer Handgranate beendete den Beschuss.
„Das war Gollmann", freute sich Keller.
Nach ungefähr fünfhundert Metern blieben sie keuchend stehen.
Höpfner legte sich unvermittelt hinter das Maschinengewehr. Wild schnaufend wäre er jedoch unfähig gewesen gezielte Schüsse abzugeben.
„Keiner ... setzt nach!"
„Weiter!", befahl Keller.
Zwei Kilometer vom Kampfort entfernt trafen sie sich mit Gollmann an einem der markanten Punkte.
Der Obergefreite und seine beiden Begleiter wurden nicht verfolgt. „Sie sind bei ihren verwundeten Leuten geblieben", erklärte er und blickte durch die Reihe. „Wo ist Burger?"
Kopfschütteln. Traurige Blicke.
„Ausgerechnet Burger musste es erwischen. Er überlebt Russland und fällt beim ersten Feindkontakt mit den Amerikanern."
Wut breitete sich aus. Verständnislosigkeit folgte.
Keller traf eine Entscheidung. „Kommt! Wir müssen zurück."

Als die Soldaten der *9. US-Division* von Lammersdorf aus die Offensive fortführten, konnten sie aufgrund des ungünstigen Geländes nicht auf ihre Panzerkräfte zurückgreifen. Die US-Infanterie bildete drei Keile. Ein Vorstoß erfolgte in Richtung Paustenbacher Höhe und Rollesbroich, einer direkt nach Hürtgen und ein dritter Keil hatte den Auftrag durch das Gieschbachtal bis zum Todtenbruch vorzudringen.

Das Randgebiet des Todtenbruch wurde von den Einsatzkräften dieses Stoßkeils relativ problemlos erreicht. Einige der ersten Bunkerreihen waren aufgrund ihres Alters und der gleichzeitig daraus resultierenden Untauglichkeit nicht besetzt. Sie wurden von nachgezogenen amerikanischen Pioniereinheiten unverzüglich gesprengt. Eine Wiedereinnahme und Besetzung durch die deutschen Truppen sollte damit verhindert werden.

Die beiden anderen Stoßkeile stießen auf starken Widerstand und lernten einen Gegner kennen, dessen Kampfgeist und die damit einhergehende Rücksichtslosigkeit schockierte. Das Zusammentreffen mit den ersten Russlandveteranen entsetzte die US-Soldaten regelrecht. So viel Kampfkraft, Abgebrühtheit und Verbissenheit kannten sie nicht. In Windeseile sprach sich herum, wie hart die ehemaligen Russlandkämpfer vorgingen. Angst breitete sich aus. Niemand wollte auf solche Gegner treffen, doch genau diese lagen den anglo-amerikanischen

Truppen gegenüber. Manche GI´s fühlten sich wie die alten zivilisierten Römer, die zum Schutz gegen die barbarischen Germanenstämme den Limes zogen.

Um ihre Missionen zu erfüllen, mussten die US-Infanteristen immer tiefer in den Wald eindringen und damit verloren sie ihre technische Überlegenheit vollends. Die Panzer der Alliierten kamen in diesem Gebiet definitiv nicht mehr durch, Air Force und Artillerie fanden keine Ziele. Die Infanterie war auf sich allein gestellt.

Der Gefreite Jörg Hönnige beobachtete aus sicherer Entfernung die Kolonne. Während die geländegängigen Jeeps der Amerikaner mit Leichtigkeit die unebenen Wege erklommen, kämpften die Sherman-Panzer regelrecht ums Vorwärtskommen. Mit ihren Ketten zermalmten sie die Erde und hinterließen aufgewühlten, matschigen Grund.

Wenn es so weiter nieselt, werdet ihr bald euer blaues Wunder erleben, dachte sich der Scharfschütze und ließ das Fernglas weiter kreisen.

Er saß wieder auf einem Baum und hatte relativ gute Sicht. Das Wetter war trüb. Herbstlich kalt. Schwere Regenwolken zogen immer wieder über die Eifel. Noch vor Tagesanbruch war der Soldat losmarschiert. Allein, so wie er es gewohnt war. Hönnige spürte, dass etwas in der Luft lag. Er hatte einen Riecher für so etwas. Der ewige Westwind trug Stimmengewirr zu ihm herüber. Der Scharfschütze wusste nicht wieviel Zeit vergangen war, als es passierte.

Ich hab´s euch versprochen. Das musste so kommen!

Auf dem matschig-glitschigen Untergrund war einer der Lastwagen ins Rutschen gekommen. In Schräglage stand er nun quer zur Fahrbahn, das Heck ragte ein kleines Stück über den dortigen Hang. In Panik sprangen die amerikanischen Infanteristen von der Ladefläche. Ein paar von ihnen purzelten den steilen Hang hinunter. Die meisten konnten sich an Bäumen festhalten, drei Soldaten gelang das nicht. Ihre Stiefel fanden keinen Halt. Die Körper überschlugen sich weit in den Taleinschnitt, ehe sie wieder unter Kontrolle gebracht werden konnten.

Eine Traube von Soldaten klammerte sich am Führerhaus fest. Verzweifelt versuchten sie die Front des *Ford-Lkw* zu beschweren, doch unweigerlich schmierten die Räder ab.

Ungeübter Fahrer.

Hönnige betrachtete die Szene völlig ruhig.

Als sich das Heck des Fords noch weiter über den Hang schob und die Vorderräder die Bodenhaftung verloren, sprang der Fahrer aus dem

Führerhaus. Der Lastwagen rutschte den Hang hinunter. Krachend riss er zwei oder drei kleinere Bäume mit, bevor er von einem dicken Stamm endgültig gebremst wurde.
Rettungskräfte kümmerten sich um die leicht lädierten GI's, die abgesprungen waren. Auf der Waldstraße staute sich der militärische Verkehr. Ein paar Männer diskutierten heftig. Scheinbar wurde weiteres Vorgehen beratschlagt. Nach etwa zwanzig Minuten trafen Pioniere ein, die lange Holzbohlen mitbrachten, um die Gefahrenstelle damit abzusichern.
Keine schlechte Idee. Sie errichten eine Art Geländer.
Nach einer weiteren Stunde rollte die Kolonne wieder.
Wumm
Wie schon tags zuvor, zerrissen heftige Detonationen die Stille. Hallten durch den unwegsamen Wald und brachen sich mehrfach in einem Echo.
Sie sprengen die alten Bunker.
Hönnige fühlte sich sicher. Zwischen ihm und den Anglo-Amerikanern lag einer der vielen Taleinschnitte, durchzogen von einem Bach. Noch vor drei Wochen war dieser lediglich ein kleines Rinnsal. Infolge des tagelangen Regens zu einem kleinen Flüsschen angewachsen, bildete er somit ein zusätzliches Hindernis für die Alliierten.
Das erste Hungergefühl hatte der Scharfschütze geflissentlich unterdrückt. Nun rumorte es bereits in seinem Bauch. Er stieg vom Baum und streckte sich. Beim Belasten seines rechten Beines merkte er, dass es fast eingeschlafen war. Er hatte zu lange darauf gesessen und die Blutzirkulation musste wieder in Gang gebracht werden. Nur langsam nahm das Gefühl von tausend krabbelnden Ameisen in seiner Blutbahn ab. Das Gewehr mit dem aufgesetzten Zielfernrohr lehnte am Baum. Lauf und Optik waren mit einem dunkelbraunen, sackähnlichen Stoff umwickelt. Im Maschendrahtgitter des Stahlhelms ragten Zweige hervor. Das Gesicht des Mannes war mit Farbe bestrichen. Der Gefreite öffnete seinen Rucksack, kramte ein Stück Kommissbrot und eine Dose Leberwurst heraus. Ein letzter prüfender Blick nach oben. Noch hielt das Tannengrün das meiste des Nieselregens ab. Die Zeltbahn musste nicht als zusätzlicher Schutz aufgehängt werden. Zufrieden öffnete der Landser die Konservendose, schnitt mit seinem Kampfmesser eine Scheibe Brot ab und schmierte Wurst darauf. Genussvoll biss er ab. Als die Konserve leer war, wischte er die Restanhaftungen mit einem Brotstückchen aus. Dann stocherte Hönnige mit dem Messer ein kleines

Loch in den weichen Waldboden, half mit den Händen nach und legte schließlich die Blechdose hinein. Danach schob er Erde darüber. Die Klinge des Nahkampfmessers, es war das *Infanteriemesser 42*, wischte er an seinem Hosenbein ab, musterte es kurz und schob es zurück in die Scheide. Der übliche Griff zur Zigarettenpackung folgte. Es war seine letzte Packung *Camel*. Als die Beutezigarette qualmte, nahm der Soldat aus seiner Feldflasche einen kräftigen Schluck. Der darin befindliche Kaffee war zwischenzeitlich erkaltet. Genüsslich sog er den Rauch seines nächsten Zuges tief in die Lunge, um ihn nach und nach wieder auszustoßen.

„Mistwetter", stöhnte er Minuten später, drückte die Zigarette aus und packte zusammen. Ihm war Verpflegung für zwei Tage mitgegeben worden. Von Hauptmann Retzer hatte er den Auftrag bekommen, so viele Informationen wie möglich zu sammeln. Er sollte nur Abschüsse tätigen, wenn diese taktisch wichtig oder für seinen Auftrag behilflich waren. Über mögliche Verteidigungsschüsse wurde nicht gesprochen. Das war klar.

Der Scharfschütze schulterte das Gewehr und setzte sich wieder in Bewegung. Er beschloss sich dem Gegner noch etwas zu nähern, obwohl er wusste, dass sich auf der gegenüberliegenden Anhöhe feindliche Späh- und Stoßtrupps herumtrieben. Es war sein Gebiet, sein Reich, sein Revier. Nicht umsonst war er tage- und wochenlang durch die Wälder gestreift, hatte sich Stellungen und Nachtlager gesucht und eingerichtet. Es war seine Welt und sie drangen ein.

Noch einmal dachte er an damals, als er bei den Scharfschützen anfing.

„Tu es nicht", warnte ihn sein Gruppenführer. „Diese Heckenschützen haben keine Freunde. Man traut ihnen nicht über den Weg."

„Als normaler Landser wirst du doch nur verheizt. Jede Nacht gehen wir auf Stoßtrupp raus und jede Nacht haben wir Feindberührung", konterte der junge Hönnige.

„Glaubst du, dass es als Scharfschütze anders ist?"

„Ja! Ich bekomme doch hautnah mit, wie Hintermeier morgens verschwindet und am Abend zurückkommt. Er pennt nachts durch und bekommt immer was zu futtern. So schlecht kann es nicht sein."

„Und er riskiert täglich sein Leben."

Diesen Ausspruch quittierte der angehende Einzelkämpfer mit einem lauten Lachen. „Und wir? Wie viele von uns sind denn schon dort draußen den Heldentod gestorben?"

Der Gruppenführer räusperte sich. „Der richtige Unterschied ist der, dass du die Gesichter derjenigen siehst, die du umlegst."

„Erklär mir doch den Unterschied! Was ist daran anders, wenn ich einem Iwan, Tommy oder Ami eine MP-Salve in den Wanst ballere, ihm mit einem Kolbenstoß den Schädel zerschmettere oder mit dem Bajonett den Bauch aufschlitze und einem gezielten Schuss?"

Der alte Feldwebel schüttelte nur mit dem Kopf. „Das ist anders. Wir treffen auf den Gegner, Jörg. Und wenn wir ihn getroffen haben, kämpfen wir ums Überleben. Er oder du! Bei einem Scharfschützen ist das anders. Du bist der Jäger und suchst dein Opfer. Es ist wehrlos! Du wirst bald feststellen, dass ich Recht habe."

„Dann möchte ich dir mal etwas sagen. Wir waren sieben gute Freunde, als wir zu unserem Haufen kamen. Drei sind vermisst, zwei neben mir von einem feindlichen Scharfschützen erschossen worden und einer ist Kriegsversehrter mit nur einem Bein. Ich bin der Letzte, der einzige, der noch übrig ist! Ich habe innerhalb eines Jahres fünf Freunde verloren und einen als Krüppel nach Hause geschickt. Ich werde es unseren Feinden so schwer wie möglich machen, mich auch auf ihre Liste zu setzen. Außerdem fühle ich mich um Längen sicherer, wenn ich allein dort raus gehen kann, statt als Mitglied einer Gruppe."

Der Feldwebel nickte. Sein Gesicht war allerdings ohne jeglichen Ausdruck. „Also gut. Ich weiß, wie gut du mit Waffen umgehst. Wenn du dich freiwillig meldest, werde ich ein gutes Wort für dich einlegen."

Es klappte auf Anhieb. Die Ausbildung war ein Klacks und kam Hönnige vor wie Urlaub.

Die Ausbilder bestanden aus erfahrenen Frontkämpfern. Sie kannten sich aus. Es fehlten die typischen Kasernenunterführer, wie sie bei Kriegsbeginn zu Hauf anzutreffen waren und die mit Drillich bekleideten Rekruten durchs Gelände jagten. Es wurden keine Möchtegernhelden angetroffen, die ihren Sprüchen nach zu urteilen Stalingrad allein gehalten und Afrika nie aufgegeben hätten, gern *vorne* mit dabei wären, doch leider hier in der Heimat unabkömmlich waren, denn ihre Aufgabe war es, aus jungen Männern knallharte Soldaten zu formen. Und außer ihnen gab es niemanden auf der Welt, der *das* schaffen würde.

Diese Art von Soldaten verabscheute der Gefreite.

Gut, dass nicht alle so sind.
Es gab auch Ausnahmen. Jedenfalls war ihm ein Stein von Herzen gefallen, als er merkte, dass beim Scharfschützenlehrgang tatsächlich Männer vor ihm standen, die wussten, wovon sie sprachen. Lehrgangsleiter war ein Major, dessen rechter Arm steif am Körper lag und dessen rechtes Auge mit einer Klappe verdeckt war.
„Guten Morgen, meine Herren", hatte er sie am ersten Tag begrüßt. „Sie sind hier, weil sie alle eine Gabe besitzen, die in der heutigen Zeit Fluch und Segen zugleich sein kann. Sie sind allesamt hervorragende Schützen!"
Dann hörten sie zum ersten Mal den Spruch, der sie fortan begleiten würde.
„Der Scharfschütze ist der Jäger unter den Soldaten und lediglich sein Können, seine Besonnenheit und seine persönliche Waffe geben ihm das Gefühl, dem Feind überlegen zu sein. Solange Sie das beherzigen, werden Sie von Ihren Einsätzen zurückkehren."
Es folgte theoretischer Unterricht, hauptsächlich bestehend aus Waffenkunde aller Art. Verschiedene Waffen, sowohl eigene als auch feindliche Modelle, nebst diverser Munition und allen möglichen Zieleinrichtungen wurden förmlich verinnerlicht. Später konnte man alle vorgestellten Gewehre praktisch ausprobieren und schon mal vorsortieren, welche Waffe und welches ZF einem selbst am besten lagen.
Bei den anschließenden Geländeübungen mussten sich die Schützen in ihrem Können beweisen. Es wurde über normale Visierung und über Optiken geschossen. Sämtliche Ausgangslagen wurden berücksichtigt und so manchem angehenden Scharfschützen seine Grenzen aufgezeigt.
Interessant fand der zwischenzeitlich zum Gefreiten beförderte Hönnige die Vorträge und praktischen Übungen zum Thema Tarnung. Er wurde ein wahrer Meister der Tarnung und war sehr erfinderisch darin, aus einfachsten Mitteln perfekte Tarnmöglichkeiten zu schaffen.
Nach drei Wochen verwendeten sie zum ersten Mal Spezialmunition. Auch hiervon waren die Einzelkämpfer begeistert.
Mit der *Beobachtungspatrone* (B-Patrone) konnte der Treffer (Einschlag) beobachtet werden, da beim Aufschlag sowohl eine kleine Flamme als auch eine kleine Rauchwolke zu sehen waren. Hinter einer Phosphorladung befand sich eine Kapsel mit Bleiazid oder Nitropenta. Das Geschoss besaß meist eine silberfarbene Spitze.

Die Verwendung der B-Patrone als *Explosivgeschoss* war zwar grundsätzlich möglich, da die wirkungsvolle Reichweite des Geschosses bei rund 600 Metern endete, deren Einsatz aber stark von den tatsächlichen Umständen abhängig.

Als weiteres *Brandgeschoss* wurde die *Pr-Patrone* (Phosphor) verwendet.

Bei der *Leuchtspurmunition* war das Geschoss mit einem Leuchtsatz kombiniert. Gezündet wurde dieser durch das Verbrennen von Nitropulver. Die Brenndauer reichte bis zu 900 Meter. Zu sehen war eine sog. Glimmspur.

Am Ende der Ausbildung gab es für jeden Teilnehmer eine Lehrgangs-Bescheinigung. Nur wenige waren nicht oder nur bedingt geeignet. Ein bisschen Stolz auf seine Leistung kehrte Hönnige zur Truppe zurück.

Nach seinem ersten Abschuss fielen ihm die Worte seines damaligen Feldwebels wieder ein. Nun wusste er, was sein ehemaliger Gruppenführer ihm erklären wollte. Das Gefühl konnte man nicht beschreiben. Hönnige verdrängte es, wie es vermutlich alle Scharfschützen taten. Es war Krieg und sie waren eine eigene Waffengattung geworden. Gehasst, gefürchtet und verehrt. Zu spät, um auszusteigen. Der Werdegang des Scharfschützen war vorgegeben. Sie waren die Wölfe, die auf Schafsherden losgelassen wurden. Jagen und töten!

Wortfetzen holten Hönnige in die Realität zurück. Beim Marsch durch den Wald war er irgendwann in seine Gedanken versunken. Er blieb stehen und orientierte sich. Schnell stellte der Landser fest, dass er gedankenvertieft wohl weiter gegangen war, als er es ursprünglich vorhatte.

Rasch kniete er sich ab und lauschte. Er musste unbedingt herausbekommen, aus welcher Richtung die Stimmen kamen. Ein leises Wimmern mischte sich unter einen Wortschwall. Wieder kamen nur Satzbruchteile bei ihm an. Unverkennbar in englischer Sprache. Das Gewehr lag längst schussbereit in der Hand des Gefreiten. Das Herz begann spürbar schneller zu schlagen.

„Ahhrrrg!"

Der Schmerzschrei war so laut, dass die Richtung nun klar bestimmbar war. Sie hielten sich in der geradeaus liegenden Senke auf.

Hönnige wartete noch ein paar Minuten. Nichts änderte sich an der Situation. Jemand sprach auf einen zweiten Mann ein. Einer war offensichtlich verletzt.

Der Einzelkämpfer kroch auf allen Vieren in die Richtung der Senke. Sein Puls erhöhte sich zusehends. Sein Verstand warnte ihn, doch die Neugier war stärker. Je näher er herankam, desto deutlicher wurden die Geräusche. Jetzt war es gewiss. Es war immer die gleiche Stimme, die zu hören war. Das Jammern stammte von einer zweiten Person.

Durch die perfekte Tarnung mit der Umgebung optisch verschmolzen, fühlte sich der Scharfschütze sicher. Er wagte es und kroch so nah an den Gegner heran, bis er ihn endlich sehen konnte. Zwei GI´s saßen an einen Baum gelehnt. Einer hatte einen Verband am Bein, der andere hockte daneben. Schon auf den ersten Blick war die Art der Verletzung klar erkennbar. Das verletzte Bein war unnatürlich schräg abgewinkelt.

Gebrochen!

Der Landser schob ganz langsam seinen Karabiner nach vorn und legte an. Ein Blick durch die Optik seiner Waffe bestätigte die Vermutung. Das Bein war definitiv gebrochen. Der blutige Verband deutete auf einen offenen Bruch hin.

Er muss höllische Schmerzen haben.

Die Optik wanderte nach oben. Hönnige erschrak, als er in zwei blutjunge Gesichter sah. Die amerikanischen Soldaten waren höchstens neunzehn oder zwanzig Jahre alt. Der Deutsche sprach zwar nur gebrochen englisch, sein Wortschatz bestand maximal aus 50 bis 100 Worten, doch ein bisschen konnte er verstehen.

Die beiden Soldaten hatten sich während eines Nachtmarsches verlaufen, einer war ausgerutscht, stürzte vermutlich einen Abhang hinunter und brach sich das Bein. Ständig wiederholte der Gesunde die Worte. „They will find us!"

Sie würden sie schon finden. Sicher sind sie bereits unterwegs, interpretierte Hönnige. *Junge, du bist ein guter Kamerad. Lässt deinen Kumpel nicht im Stich,* dachte sich der Scharfschütze, als er den Kopf des Feindes im Visier hatte. *So jung.*

Der Finger bewegte sich nicht nach hinten. Etwas hielt den Baden-Württemberger davon ab zu schießen. Hönnige schloss für einen Moment die Augen. Diese Situation war anders als üblich. Vor ihm lagen zwar zwei Feinde, doch von ihnen ging keine Gefahr aus.

Du könntest doch den Gesunden anschießen. Beide würden ins Lazarett gehen und wären somit ausgeschaltet, war der nächste Gedankengang.

Wieder visierte er sein Ziel an. Die Optik fuhr an beiden GI´s entlang. Beim Verletzten sah er keine Waffe. Jedoch lagen beim Gesunden zwei Gewehre. Sollte er sie gefangen nehmen? Nein! Diese Idee wurde sofort verworfen. Das war unsinnig. Er würde mit den beiden noch einem amerikanischen Stoßtrupp in die Arme laufen und selbst gefangen genommen werden.

„Um Gottes Willen", murmelte er leise vor sich hin. „Oder sie massakrieren mich, statt mich in ein Gefangenenlager zu stecken!"

Die mahnenden Worte seines Lehrgangsleiters fielen ihm wieder ein. „Wenn ihr in die Hände des Feindes geratet und sie euch als Scharfschütze identifizieren, würdet ihr euch wünschen, ihr hättet an meiner Stelle gelegen, als die Granate einschlug!"

Gleichzeitig hatte der Chef-Ausbilder mit seinem gesunden Arm auf seine rechte Seite und das kaputte Auge gedeutet.

Als ob ihm jemand gegenübersitzen würde und ansah, schüttelte Hönnige den Kopf.

Nein! Als Scharfschütze geht man keine unnötigen Risiken ein.

Wieder zielte er auf die beiden Anglo-Amerikaner. Sicherlich würden sie schon gesucht. Ein oder zwei Spähtrupps waren garantiert schon ausgesandt.

„Verdammt", stieß der Gefreite schließlich aus und stand auf. Das Gewehr hielt er im Anschlag. Unmissverständlich! Wenn es sein musste, könnte er sofort abdrücken. Die beiden amerikanischen Soldaten wurden kreidebleich, als der deutsche Scharfschütze plötzlich, wie aus dem Nichts, vor ihnen stand und sie anvisierte. Er ging langsam bergab. War darauf bedacht weder zu stolpern noch auszurutschen.

„O my god", schrie der Gesunde und war im Begriff zu seiner Waffe zu greifen, doch die bedrohliche Haltung des Deutschen war eindeutig. Der Landser war sofort als Scharfschütze zu erkennen. Den GI´s war sofort klar: *Dieser Feind kannte kein Erbarmen.*

Entsprechend zuckte die Hand des Gesunden nur kurz und hob sich, statt zur Waffe zu greifen, langsam nach oben.

Mit dem Gewehrlauf deutete Hönnige an, dass sich der Gesunde erheben und zur Seite gehen sollte. Dieser erkannte die stumme Aufforderung und kam ihr unverzüglich nach. Als er ein paar Meter von den Waffen entfernt war, ging der Scharfschütze zu den Schnellfeuergewehren und stieß sie mit dem Fuß weit nach hinten. Er nahm sein Gewehr in Hüftanschlag und deutete dem Gefangenen an, sich hinzuknien. Zitternd folgte dieser auch den Anweisungen. Schlagartig änderte sich der Gesichtsausdruck des Amerikaners. Die Mundwinkel zogen sich nach unten, dicke Tränen kullerten über seine Wangen.

Hönnige legte sein Gewehr zu Boden, ohne die Amerikaner aus den Augen zu lassen und zog seine *Pistole 08* aus dem Holster. Er näherte sich dem Verwundeten und deutete auf das Bein. Schmerz war eines der Worte, die er kannte. Kaum in englischer Sprache wiederholt ausgesprochen, nickte der junge Soldat. „Pain!"

Der Landser streifte seinen Rucksack vom Rücken, was aufgrund der umgewickelten Zeltbahn nicht einfach war. Dann kramte er mit der linken Hand herum und zog ein Schmerzmittel hervor. Rechts hielt er immer noch die 08, deren Lauf unmissverständlich auf den Feind zeigte. Er gab dem Verletzten das Medikament. Es war wohl der gutmütige Ausdruck in den Augen des Deutschen, der den Amerikaner dazu veranlasste, die Tabletten einzunehmen. Anschließend befahl er dem Gesunden, die Hände herunternehmen. Hönnige zog seine Packung *Camel* unter der Zeltbahn hervor und bot beiden eine Zigarette an. Der Verletzte lehnte ab, der andere nahm das Angebot an. Er hatte aufgehört zu weinen, zitterte aber am ganzen Leib. Rauchend saßen sie sich gegenüber. Keiner sprach ein Wort. Als sie ausgeraucht hatten, begann das Schmerzmittel langsam zu wirken. Der Verletzte lächelte leicht und sagte, dass es ihm schon besser gehen würde. Zumindest glaubte Hönnige das verstanden zu haben.

„Geht nach Hause! Go Home", wurden sie nun von dem Landser aufgefordert.

„No", stammelte der gesunde GI hervor. „We can´t go!"

Ein Wortschwall folgte und der deutsche Scharfschütze winkte ab. Er verstand nicht einmal die Hälfte von dem, was gesprochen wurde.

Rufe hallten durch den Wald.

Sie kommen, um ihre versprengten Kameraden zu holen.

Sofort kehrte der ängstliche Blick in die Augen der Gefangenen zurück. Wie würde der deutsche Scharfschütze reagieren?

Hönnige packte hastig seine Sachen zusammen. Als er fertig war, warf ihm der gesunde Amerikaner eine volle Packung Zigaretten zu. Auch der mit dem gebrochenen Bein zog eine Packung aus seiner Feldbluse heraus. Dazu legte er ein Benzinfeuerzeug. „Thank you", krächzte er heraus und hielt es seinem Feind hin.

Der Deutsche nahm die Geschenke an, schob sie in seine Tasche, nickte und verschwand so schnell, wie er aus Sicht der GI´s gekommen war.

Hinter sich hörte Hönnige Rufe und Schritte. Knacksen von Ästen. Rascheln von Blättern. Sie waren hier. Die Rufe wiederholten sich. Hönnige kam zügig voran. Erst jetzt antworteten die beiden Amerikaner auf die Rufe ihrer Kameraden.

Sie haben mir Zeit zum Verschwinden gegeben.

Es war eine kuriose Begegnung. Zum ersten Mal war er dem Feind im Einsatz so nahe gekommen. Ohne Waffenstillstand. Er hatte geholfen. Retten statt töten. Sie waren nicht seine Ziele.

Diese beiden nicht, redete er sich ein, während er wieder Eins mit dem Wald wurde.

Nach ein paar hundert Metern hielt der Soldat an. Er setzte sich hin, sah zurück und stellte fest, dass er nicht verfolgt wurde.

„Eine Hand wäscht die andere", sagte er leise zu sich selbst. Dann betrachtete er das Feuerzeug. Es war graviert.

„9. US-Division", las er laut vor.

Darunter stand die Zahl 1, ein Schrägstrich und eine 3.

Auf der Rückseite des silberfarbenen Feuerzeugs waren ein Name und ein Hinweis eingraviert.

„PFC Brian Lordson, Easy-Company".

Hönnige betrachtete das Sturmfeuerzeug von allen Seiten. Auf dem Boden war die Firmenbezeichnung eingestanzt.

„ZIPPO, Bradford, PA. Made in USA".

Der Gefreite drehte am Zündrad, bis eine kleine Flamme brannte. Er zündete sich eine Zigarette an und ließ den Deckel des Feuerzeugs zu schnalzen. Dann öffnete er ihn wieder und ließ ihn erneut zu fallen. Das Geräusch gefiel dem Scharfschützen so gut, dass er den Vorgang ein paarmal wiederholte. Er lächelte, schob das Feuerzeug in die Brusttasche und beobachtete rauchend das Gelände. Sie folgten ihm immer noch nicht.

Dann kommen sie auch nicht mehr.

Der Landser blickte auf seinen Kompass, orientierte sich, überlegte kurz und ging weiter. Er hatte die Richtung geändert und marschierte wieder auf Lammersdorf zu. Die Sprengungen der Bunker hatten vor geraumer Zeit aufgehört.

Vermutlich existieren davon nur noch Ruinen.

Vor der Bunkerkette war das Gelände zwar genauso uneben, aber nur spärlich mit Bäumen bewachsen. Ideal, um mit Panzern vorzustoßen. Hönnige wollte dort vorbei gehen und seine Feststellungen anschließend der Kompanie melden. Wenn die Panzer, die er zuvor gesehen hatte, tatsächlich dort in Bereitstellung gingen, könnten er und seine Kameraden sich auf einen heißen Tanz einstellen. Ihre eigenen Panzereinheiten waren noch nicht hier.

Mein Gott, jetzt steht der Feind schon an der Grenze und hat die ersten deutschen Ortschaften besetzt, durchfuhr es ihn schlagartig. Auf einmal war dem Soldaten bewusst, dass er auf deutschem Grund und Boden kämpfte. Klar! Man musste kein Hellseher sein, um zu wissen, dass der Krieg verloren war, doch ein Endkampf in Deutschland stand bislang immer außer Frage.

Keuchend erklomm der Baden-Württemberger die nächste Anhöhe. Das Thema wollte er heute Abend mit Keller und den anderen besprechen. Ein Blick auf die Uhr. Dreieinhalb Stunden waren seit dem Zusammentreffen mit den beiden Amerikanern vergangen. Es hatte aufgehört zu nieseln, doch die Wolkendecke war immer noch nicht gänzlich aufgerissen. Oben angekommen ging der Gefreite sofort in Deckung. Er konnte nicht glauben, was er sah. Vor ihm lagen die Anglo-Amerikaner in Stellung. Die ganze Senke war voll mit ihnen. Hönnige schätzte die Feindstärke auf mindestens ein Bataillon. Dazu kam eine Schwadron Panzer. Der Deutsche prägte sich so viele markante Geländepunkte wie möglich ein. Er musste schnell zurück. Seine Erkenntnisse waren Gold wert. Die Anglo-Amerikaner saßen fest. Hier gab es kein weiterkommen. Die Panzer mussten unweigerlich zurück. Der Versuch der US-Pioniere, eine Trasse in den Wald zu sprengen, war gescheitert.

Menschenskind, wenn die Ari hier rein donnert, dachte sich Hönnige und stand auf. Er war so von seiner Entdeckung fasziniert, dass er auf einen Ast trat. Das Knacken war deutlich zu hören.

„Mist", stieß er aus.

Ein Schuss brach. Gebrüll! Neben ihm klatschte etwas in die Baumrinde. Wie konnte er nur so naiv sein und davon ausgehen, dass die Amis keine Außenposten hatten?

Haken schlagend hastete der Gefreite los. Er blieb auf dem bewaldeten Kammrücken und hoffte darauf, dass die Bäume die tödlichen Kugeln für ihn fangen würden.

Fatsch

Wieder riss ein Projektil Baumrinde auf seiner Kopfhöhe weg. Der Puls schnellte explosionsartig nach oben. Das Gefühl gejagt zu werden war hässlich, richtig unangenehm. Gänsehaut breitete sich, beginnend am Nacken, über den ganzen Rücken aus. Er musste weg von hier.
Zurück in den Wald.
Wieder ein Haken. Eine Maschinenpistole ratterte, doch das Pfeifen der Projektile blieb aus. Hatten sie ihn verloren? So schnell? Hönnige warf sich zu Boden, rollte zur Seite und warf einen Blick nach hinten. Seine Lunge schmerzte. Er hatte Seitenstechen. Sofort lag der Gewehrkolben in der Schulter. Noch war ein gezielter Schuss schier unmöglich. Zu schnell hob und senkte sich der Brustkorb. Zu nervös und ängstlich reagierte der Körper.
Ruhig! Du musst ruhig werden, durchfuhr es ihn.
Nach und nach wurde die Atmung flacher. Er sah permanent durch die Optik. Seine Tarnung war jetzt unbezahlbar. Sie waren in Gruppenstärke unterwegs und hatten sich breit verteilt. Sie hatten ihn tatsächlich verloren, konnten ihn nicht sehen. Er schloss daraus, dass er den letzten Haken unbemerkt schlagen konnte. Jemand bellte Befehle. Ein anderer wiederholte ständig die gleichen Worte.
Ein Funker und der Spähtruppführer.
Der Lauf der Scharfschützenwaffe wanderte von Baum zu Baum und von Mann zu Mann. Hönnige hätte jetzt schon zwei oder drei erwischen können, doch er durfte nicht zu oft schießen.
Ein Schuss, dann Stellungswechsel. Schieße nur, wenn du musst.
Er durfte nicht in Panik verfallen.
Ruhig bleiben, wiederholte er innerlich.
Dennoch blieb die Angespanntheit, ein leichtes Zittern und die Angst, entdeckt zu werden.
Der rechte Flügel der Amerikaner entfernte sich zusehends. Sie suchten ihn am falschen Ort. Im gleichen Moment tauchten der Funker und ein weiterer Soldat im Blickfeld der Optik auf. Auf dem Helm des zweiten Mannes war ein weißer Balken deutlich zu erkennen. Die Gedanken des Scharfschützen überschlugen sich.
Ein Offizier! Ein Lieutenant!

*Bild 101 I - Propagandakompanien der Wehrmacht - Heer und Luftwaffe
Scharfschütze, getarnt in einem Schützenloch/Versteck mit einem Gewehr zielend – 1944, Fotograf:
Vieth, Bundesarchiv, Signatur: Bild 101I-676-7999-03A*

Dann sind sie mindestens in Zugstärke hier. Vermutlich haben sich alle im Gelände verteilt! Er koordiniert, ruft sie zusammen und sendet sie wieder aus. Ich muss ihn erledigen, sonst bekommen sie mich!

Das Vorhaben war gefährlich. Andererseits durften sie ihn nicht kriegen. Er wollte niemals als enttarnter Scharfschütze in Gefangenschaft geraten. Hönnige kannte keinen einzigen seiner Waffenbrüder, die ihre Scharfschützenabzeichen im Einsatz trugen. Das war eine ungeschriebene Faustregel.

Der Offizier und dessen Funker hatten angehalten. Der Funker kniete ab, der Offizier hob ein Fernglas und redete dabei. Mit etwas Abstand folgten ihnen ein paar Soldaten.

Hönnige fühlte sich wie ein Kaninchen in der Falle. „Ihr bekommt mein Fell nicht", presste er leise aus und legte den Zeigefinger an den Abzugshebel.

Der Kopf des amerikanischen Offiziers befand sich mittig in der Optik. Der Schuss krachte, noch bevor der Lieutenant tödlich getroffen zusammenbrach, repetierte der Scharfschütze, schwenkte auf ein weiteres Ziel und gab einen zweiten Schuss ab. Ehe der Funker die Situation umriss, lag er sterbend neben seinem Zugführer. Hönnige zog das Gewehr zurück, sprang auf und rannte geduckt weiter. Schreie hallten zu ihm. Feuerstöße wurden ziellos abgegeben. Die nachrückenden GI´s erkannten sofort, dass ein Scharfschütze zugeschlagen hatte und gerieten in Panik.

Der Gefreite schlug wieder einen Haken, sprang über einen morschen Baumstumpf und blieb mit der Stiefelspitze hängen. Mit einem Fluch auf den Lippen flog er quer durch die Luft und landete auf dem Waldboden. Schüsse peitschten. Diesmal laut und nah! Und zwar in unmittelbarer Nähe. Noch im Fallen hatte der Deutsche die Stiefelspitzen eines Soldaten gesehen. Nach der Landung rollte er sofort herum. Im Augenwinkel hatte er den Gegner erkannt. Der GI richtete seine Waffe auf den deutschen Scharfschützen, sein Finger lag am Abzugsbügel, doch er zögerte. Die Augen waren weit aufgerissen. Vermutlich hatte ihn Hönniges plötzliches Erscheinen und grimmiges Aussehen gleichermaßen erschreckt. Der Gefreite sah aus wie ein grüner Waldschrat. Der Deutsche hatte selbst im Fallen sein Gewehr nicht losgelassen. Noch im Liegen zeigte sein Gewehrlauf auf den Feind. Im Gegensatz zu dem amerikanischen Soldaten, drückte er ab. Treffer. Das Projektil bohrte sich in den Bauch des wie schockiert da stehenden US-Soldaten. Ungläubig blickend, ließ der Getroffene seine Waffe fallen. Beide Hände griffen an die Wunde und waren im Nu blutbesudelt. Er sackte in die Knie. Das Gesicht wurde augenblicklich aschfahl. Die

Augen traten weit aus den Höhlen, doch aus dem Mund drang kein Schrei. Kein Stöhnen.

Der Scharfschütze sprang auf und setzte seine Flucht fort. Immer weiter rannte er in den schützenden Wald. Bald wurden die Stimmen leiser. Geschossen wurde nicht mehr. Er schien es geschafft zu haben, dennoch lief er so schnell er konnte. Er wollte Abstand zwischen sich und dem Feind gewinnen.

Immer wieder tauchte das Bild des letzten Opfers vor seinen Augen auf. Hönnige musste es permanent verdrängen.

Verdammt! Was ist nur los mit mir?

Gute zwanzig Minuten später ließ sich der Deutsche erschöpft fallen, lehnte sich an einen Baum und wusste, wie knapp er dem Tod entronnen war.

Erst eine Stunde später, es wurde bereits dunkel, war der Gefreite in der Lage, seinen Weg fortzusetzen. Eine weitere Stunde später stellte er fest, dass ein Zurückkehren zu den eigenen Reihen nachts schier unmöglich war. Durch die geschlossene Wolkendecke drang nur sehr schwaches Mondlicht. Dennoch gab er nicht auf. Immer wieder zog er zur Orientierung seinen Kompass aus der Hosentasche. Hönnige stapfte seinem Ziel entgegen. Sein Kopf war leer und er fror, als er weit nach Mitternacht von einem Posten angerufen wurde.

„Halt! Parole?"

„Edelweiß", plärrte Hönnige zurück. „Edelweiß! Ich bin ein Scharfschütze!"

„Komm rüber!"

Er hatte es geschafft. Völlig erschöpft passierte er den Vorposten. „Ich muss sofort zum Kompaniegefechtsstand."

„Geh erst mal nach hinten. Unser Feldwebel wird dir ´nen Kaffee machen. Du siehst ja erbärmlich aus. Wie ein Wald-Kobold! Außerdem dürften die beim Kompaniegefechtsstand um diese Uhrzeit pennen!"

„Danke für das Kompliment mit dem Kobold. Pass auf, Kamerad. Im Wald wimmelt es nur so von Amerikanern. Sie werden bald kommen!"

„Mit Panzern?"

„Glaube ich nicht. Ihre Shermans stehen in einer Sackgasse. Die kommen nicht durch den Wald!"

„Ausgerechnet hier müssen wir liegen. Drüben im Wald würde ich mich sicherer fühlen."

„Im Schützenloch neben uns liegt Höpfner. Hinter uns ist der schwere Zug mit Granatwerfern und wir sind von Pak flankiert", versuchte Gollmann den aufgeregten Heinz Großmann zu beruhigen.

„Was glaubst du, wann es losgeht?"

Es war stockduster. Die Gruppe von Unteroffizier Keller hatte Dienst in den vordersten Stellungen. Noch war vor ihnen alles ruhig. Hin und wieder konnte man das Klappern von Kochgeschirr vernehmen, sonst nichts.

Großmann zog den linken Uniformärmel zurück und legte seine Armbanduhr frei. Er konnte trotz der Leuchtziffern nichts erkennen und kramte nach der Taschenlampe. Gemeinsam mit der Uhr wanderte sie unter den Mantel. Dort schaltete er das Licht an und nach kurzer Zeit wieder aus. Niemand sah etwas. Als er wieder auf die Uhr sah, waren die phosphoreszierenden Leuchtziffern gut zu erkennen. „Noch eine Stunde, dann werden wir abgelöst."

„Ist es schon fünf durch?"

Großmann nickte. „Gleich zehn Minuten nach fünf Uhr. Die anderen müssten um sechs da sein."

„Ich bin hundemüde. Das Wetter wird auch immer ungemütlicher. Wenn das so weitergeht, kriegen wir 'nen strengen Winter."

„Quatsch. Woher willst du das so genau wissen. Noch haben wir September."

„Ist viel zu kalt für September. Das mit dem Eiswinter spür ich in den Knochen. War schon bei meinem Alten so, und der kannte sich bestens aus. Er war Weinbauer und zwar durch und durch."

„Weinbauer? Du meinst Winzer?"

„Er sagte immer, er sei Weinbauer. Wir hatten zwei Weinberge. Na, ja", revidierte er, „sagen wir mal, zwei kleine Weinberge. Es reichte gerade für uns selbst und in einem guten Jahr für ein paar extra Flaschen zum Verkauf auf dem Markt."

„Und neben dem Weinanbau hattet ihr noch 'nen Bauernhof?"

„So ist es!"

„Mit Viehhaltung oder Ackerbau?"

„Kleinvieh, Kartoffeln, Äpfel."

„Deshalb der Begriff Weinbauer!"

Schweigen.

Großmann dachte über die gefallenen Worte nach. Etwas störte ihn. Gollmann sprach in der Vergangenheit. Das war es, was nicht passte.

„Wieso hatten? Habt ihr die Weinberge nicht mehr?", hakte der junge Soldat nach.

„Nachdem mein Bruder und ich unsere Einberufungsbescheide erhielten, konnte mein Vater die Weinberge nicht mehr bestellen. Er hat sie letztes Jahr verpachtet, um noch ein paar Mark dazu zu verdienen. Aber eines verspreche ich dir." Gollmann machte eine Pause. Er sah seinen Kameraden mit ernstem Blick an. „Wenn der Krieg vorbei ist, löse ich den Pachtvertrag auf und baue selbst Wein an. Ich werde noch ein paar Hänge dazukaufen und mein eigenes Weingut besitzen."

„Klasse."

Gollmann schwelgte abwechselnd in Erinnerungen und Zukunftsplänen. Hierdurch verging die letzte Stunde rasend schnell. Der Obergefreite war schon am Zusammenpacken und freute sich auf ein paar Stunden Schlaf, als eine rote Leuchtkugel in den Himmel gefeuert wurde.

Verdutzt betrachtete er das bizarr flackernde Licht. „Ich glaub´ es nicht! Hoffentlich hat sich da jemand vertan", schimpfte er.

„Das war Alarm!", stieß Großmann dagegen hektisch aus.

Mit dem Morgengrauen begann der Feuerüberfall. Widerspiegelndes Zucken am Firmament. Feindliche Artillerie schoss, doch das Pfeifen und Heulen der Granaten blieb nächst Gollmanns Stellung aus. Der Angriff galt einem anderen Frontabschnitt.

Wieder zischten Leuchtkugeln nach oben. Diesmal waren sie weiß und tauchten die Landschaft in groteskes Magnesiumlicht. Sie erkannten laufende Schatten. Geduckt rannten sie die flache Anhöhe hinauf. Maschinengewehrfeuer setzte ein. Leuchtspurmunition zeigte den Weg der tödlichen Projektile an. Die Lücken in den Schützengräben und freie Plätze an den Barrikaden füllten sich. Verschlafene, unrasierte Gesichter klemmten sich hinter ihre Waffen und nahmen das Feuer auf.

Großmanns Herz klopfte immens schnell. Der junge Landser achtete peinlich genau auf seinen Nebenmann. Mit weichen Beinen und leicht zitternden Händen hockte er hinter seinem Karabiner und zielte. Neben ihm lagen zwei Stielhandgranaten. Fertig zum Wurf. Nur die Reißleine musste noch gezogen werden.

Privatarchiv des Autors, PA-H-110-Beschuss

„Schieß nur, wenn du auch ein Ziel siehst. Sonst ist es Munitionsverschwendung. Achte auf die Leuchtspurmunition der MGs und nutze das Licht der Leuchtkugeln aus!"

Er wollte Gollmanns Hinweis beachten. Unbedingt. Der Kampflärm wuchs an. Großmanns rechter Zeigefinger zuckte. Ein Schuss krachte, der Schaft des K 98 wuchtete gegen die Schulter. Der junge Landser zielte in die Dämmerung, repetierte und schoss erneut.

„Immer auf die feuern, die am nächsten an uns dran sind", brüllte ihn sein Nachbar an.

Großmann schnaufte durch. Tief und fest. Sein Herz blieb fast stehen, als Keller ins Schützenloch plumpste.

„Mann, hast du mich erschreckt", stieß er aus.

„Augen auf den Feind!", befahl der Unteroffizier und zog sein Fernglas heraus. „Hööööpfner!", schrie er so laut er nur konnte. „Hööööpfneeer!"

Der MG-Schütze suchte Keller. Dessen Arm schoss nach oben. Seine Hand zeigte zwei Finger. „Auf zwei Uhr! Sie kommen in Zugstärke! Zwei Uhr", plärrte er.

Höpfner nickte. Er verstand den Hinweis. Der MG-Schütze I änderte die Richtung des Laufs, legte an und hielt inne. Er erkannte die dunklen Punkte im Gras. Es war so weit. Er zog den Abzugshebel nach hinten. Immer wieder jagte er kurze Feuerstöße hinaus, korrigierte die Schussrichtung und drückte erneut ab.

Als der Angriff der ersten Welle ins Stocken geriet, begann die Erde zu zittern. Ein jaulendes Pfeifen kündigte die Granaten an.

Huiiit – Wumm

Das amerikanische Artilleriefeuer war in Unteroffizier Kellers Abschnitt verlegt worden.

„Sperrfeuer! Haltet die Köpfe unten", brüllte er und presste sich fest auf den Boden. Immer wieder detonierten die Sprenggeschosse im Umfeld der Landser. Splitter, Steine und Erde wurden herumgewirbelt. Es roch nach Pulverschmauch. Unweit von Großmann landete nach einem Volltreffer der abgerissene, zerfetzte Arm eines deutschen Soldaten.

Huiiit – Wumm

Das Grauen schien kein Ende zu nehmen. Nichtsdestotrotz riskierten ein paar Sanitäter ihr Leben und wagten sich immer wieder aus ihren Deckungen heraus, um die schreienden Verwundeten zu bergen. Todesverachtend kamen sie ihrer Aufgabe nach.

Verzweifelt versuchte Hauptmann Retzer den *Arko* zu erreichen. Wiederholt forderte er von seinen Nachrichtern die Verbindungsaufnahme.

„Da rührt sich nichts!"

„Machen Sie weiter!"

Endlich erhellte sich das Gesicht des Fernmeldesoldaten. „Ich habe ihn!"

Retzer nahm den Hörer des Feldtelefons. „Hier ist Hauptmann Retzer, von der 2. Kompanie! Wir brauchen dringend Artillerieunterstützung. Wenn das hier so weitergeht, werden wir die zweite Angriffswelle nicht abwehren können! Wie? … Nein! … Verdammt noch mal, entweder … was? Ja zum Teufel! Haben Sie die Koordinaten? … Gut! So schnell wie möglich! Ende!"

Kurz nach dem Gespräch steigerte sich das Kampfgetöse erneut. Etliche Explosionen reihten sich so dicht aneinander, dass sie einem einzigen gewaltigen, nicht enden wollenden Donnerschlag glichen. Die Geschosse der deutschen 8,8 cm Geschütze fanden erschreckend genau ihr Ziel. Die Granaten schlugen genau dort ein, wo die zweite Angriffswelle der Alliierten vermeintlich geschützt in den Wäldern stand und auf den Angriffsbefehl wartete.

Zudem brausten urplötzlich die 38 kg schweren Sprenggranaten der 15 cm Infanteriegeschütze 33 in die Baumkronen über ihnen, detonierten und entluden sich mit gewaltigem Getöse. Sie hämmerten ihre tödlichen Schrapnelle als Stahlregen von oben auf die amerikanischen Soldaten herab. Die Wirkung der Granaten wurde durch zerfetzte und abgerissene Äste unterschiedlichster Größen zusätzlich verstärkt. Manche von ihnen waren so groß und schwer, dass sie wie hölzerne Torpedos nach unten rauschten und die unter den Bäumen Schutz suchenden US-Soldaten erschlugen.

Andere zischten wie gezackte Speere auf die Männer nieder und durchbohrten die Amerikaner mit kantigen Spitzen an Schultern, Rücken oder Beinen.

Der Hürtgenwald schien sich mit den deutschen Landsern verbündet zu haben und forderte von den alliierten Kämpfern hohen Blutzoll.

Bild 183 – Allgemeiner Deutscher Nachrichtendienst - Zentralbild – Schwere Infanteriegeschütze im Wald von Hürtgen bei der Abwehr eines der zahllosen nordamerikanischen Angriffe PK-Kriegsberichter Jäger, Originaltitel – Scherl: Bei Düren, Wald von Hürtgenwald.- Schweres Infanteriegeschütz beim Feuern, Aufnahme am 22.11.1944, Fotograf: Jäger, Agentur: Scherl, Bundesarchiv, Signatur: Bild 183-J28303

Der als Schutzwald gedachte Geländestreifen hatte sich binnen kürzester Zeit in eine barbarische Todeszone verwandelt.

Zittern, hoffen und beten. Sie waren schockiert. Eingeredeter Heldenmut war einer unbeschreiblich nackten Bangigkeit gewichen. Angst hatte sie fest im Griff.

Als endlich das Artilleriefeuer beider Seiten nachließ und der Befehl zum Infanterie-Angriff erteilt wurde, quoll eine grüne Wand aus dem Wald und rannte auf die deutschen Stellungen zu. Fast erlösend kam für die Soldaten das: „Vorwärts! Angriff!"

Sie sprangen auf und stürmten nach vorn. Sie würden die deutschen Stellungen überrennen. Im Gefühl der Erleichterung, gepaart mit dem erwarteten Einsetzen der Hitler-Sägen, traf die US-Soldaten unerwartet der nächste Schock. Statt in ihren Stellungen abzuwarten und auszuharren, wie es die Amerikaner bislang von ihrem Gegner kannten, stürmten ihnen die deutschen Landser laut brüllend entgegen.

„Raus!", hallten die Rufe der Offiziere und Unteroffiziere durch die Reihen der deutschen Soldaten. „Gegenangriff!"

Die Landser erhoben sich.

„Hurra!", brüllten sie, um sich Mut zu machen.

Ängstliche Kameraden wurden mitgerissen. Sie fielen automatisch in Laufschritt und rannten der wallenden grünen Wand entgegen.

Rrrrrt Rrrrrrrrrt

Immer wieder stieben Salven ihrer rückwärtig agierenden Maschinengewehre Lücken in die Reihen der US-Soldaten, die jedoch durch nachrückende Männer schnell geschlossen wurden. Es geschah, was unweigerlich geschehen musste. Mit voller Wucht prallten die Feinde aufeinander.

Keller hielt die MP an die Hüfte gepresst, um die nächste Salve nicht zu sehr zu streuen. Er blieb stehen und zog den Abzug durch. Nach zwei Feuerstößen rannte er weiter. Mit jedem Schritt wurden die Gesichter des Feindes deutlicher. Angst, Wut und Entschlossenheit waren zu erkennen. Viele der Amerikaner waren jung. Der Unteroffizier verdrängte aufkeimende Gedanken. Er wurde zum Tier, zur Bestie.

Der Nachbar des Gruppenführers fiel zu Boden und blieb regungslos liegen. Projektile surrten durch die Luft.

„Hurra!"

Immer wieder hallte der Ruf über das Schlachtfeld. Das laute Gebrüll trieb die Landser an, peitschte sie nach vorn.

Gollmann schoss das Magazin leer, packte die MP am Lauf, drehte sie herum und schwang die Waffe wie eine Keule gegen zwei vor ihm stehende GI`s. Krachend schlug der Schaft gegen den Helm des ersten Amerikaners. Noch bevor der verblüfft drein blickende und der zweite alliierte Soldat reagieren konnten, krachte der Maschinenpistolenkolben des deutschen Obergefreiten auch in dessen Gesicht. Wie von einem Pferdehuf getroffen, ließ der GI seine Waffe fallen, ging in die Knie und hielt seine Hände vors blutende Gesicht. „Ahhh!"

Erst jetzt wechselte Gollmann das Magazin.

Höpfner war mit dem MG nachgezogen und feuerte unaufhörlich. Die seitlich der Gruppe in Stellung befindlichen Panzerabkehrkanonen jagten zusätzlich Sprenggranaten über die Köpfe ihrer Kameraden hinweg. Die Sprengkörper detonierten dicht am Waldrand in die Reihen des nachrückenden Feindes. Erst als die Infanteristen beider Lager in ein undefinierbares Menschenknäuel verwoben waren, stellten die Männer hinter den Panzerabwehrkanonen ihre Feuerunterstützung ein.

Schüsse, metallenes Klappern. Stöhnen, Brüllen und Schreien. Befehle, ausgeschrien in deutscher und englischer Sprache vermischten sich zu einem kaum verständlichen panischen Gekreische! Der Nahkampf war die Hölle auf Erden. Blut spritzte, Sanitäter hetzten über das Schlachtfeld. Als das grausige Kämpfen seinen Höhepunkt zu erreichen schien, wurde seitens der amerikanischen Soldaten der Befehl zum Rückzug gegeben.

Die Landser setzten ihrem Gegner nicht nach. Sie fühlten sich nicht wie strahlende Sieger. Waren keine im Sonnenlicht glänzende Helden, sondern empfanden nur Furcht, Kälte und Abscheu. Sie waren dem Tode noch einmal von der Schippe gesprungen. Gebückt, mit leeren Augen, kehrten auch sie wieder in ihre Stellungen zurück. Diese Angriffswelle war abgewehrt. Der Feind zog sich zurück, doch das war kein Grund zum Jubeln. Keller wusste, dass der Gegner wieder kommen würde.

Der Sieg war nur für den Moment – nicht für lange Dauer. Sofort verschaffte sich der Unteroffizier einen Überblick. Er machte sich Sorgen um seine Männer. Keller sah Gollmann und rief ihm zu: „Gollmann, wo sind unsere Leute?"

Der Obergefreite reagierte nicht. Er saß stumm am Boden, hielt seine Schnupftabakdose in der Hand und starrte ins Leere. Die Uniform des Soldaten war mit Blutspritzern übersät.

„Gollmann, ist alles klar?"

Auf diesen zweiten Anruf hin reagierte der Landser und stand auf. „Weiß nicht", grummelte er. „Großmann war vorhin noch neben mir. Er muss hier irgendwo sein."

Die Schnupftabakdose wanderte in die Hosentasche. Gollmann streckte sich, blickte sich um und entdeckte die beiden MG-Schützen. „Höpfner und Haßlach kommen dort drüben angelatscht. Großmann sehe ich nicht."

Die MG-Schützen blieben bei Keller stehen. „Großmann wurde zum Verbandsplatz gebracht. Er hat was abgekriegt, ist aber nicht weiter wild. Ich schätze, dass er auf jeden Fall bei der Truppe bleibt und nicht ins rückwärtige Lazarett muss", teilte Höpfner mit.

Der Angriff war für diesen Tag eingestellt worden. Kellers Kompanie wurde aus der vordersten Linie herausgelöst. Noch am Abend kehrte Großmann zur Gruppe zurück. Ein weißer Kopfverband zierte sein Haupt.

„Ich habe Willi Klein gesehen", berichtete er seinem Gruppenführer, „du weißt schon. Der Blonde, der immer so ruhig war und nur gequatscht hat, wenn man ihn angesprochen hat."

„Ja, und? Wo ist er?"

„Schwer verwundet. Sie haben ihm einen Zettel mit zwei roten Streifen angeheftet."

„Mist. Der arme Kerl. Das bedeutet, dass er nicht transportfähig ist. Liegt er wenigstens schon am Hauptverbandsplatz?"

„Ja. Er hat laut gebrüllt. Immer wieder. Als ich ging, haben sie ihm eine Spritze Morphium reingejagt, erst dann war er ruhig."

„Gut zu wissen, ich wollte ihn gerade auf die Vermisstenliste setzen. Den Bericht muss ich noch zur Kompanie bringen. Was fehlt ihm? Hast du die Verwundung gesehen?"

„Seine Beine sind zerfetzt und er hat 'ne Kugel in der Brust. Sieht aus, als ob er 'ne MG-Salve abgekriegt hat."

„Woher weißt du das alles so genau?"

„Der Sani, der mich verbunden hat war mit uns in der Grundausbildung. Er hat es mir erzählt."

„Dann fehlt nur noch Stober."

„Gefallen", sagte Höpfner trocken. „Sie haben vorhin seine Marke gebracht und dem Spieß gegeben. Soviel ich mitbekommen habe, möchte Leutnant Drexler an die Angehörigen schreiben."

„Jetzt sind nur noch Haßlach, Gollmann, Hübner und wir drei übrig. Ein bitterer Tag für uns."

„Ein bitterer Tag für deren Familien", murmelte Keller.

Die Soldaten beider Seiten gingen durch die Hölle. Sie dachten, dass das erlebte Leid und der über ihnen schwebende Todesreigen an Schrecken nicht mehr zu überbieten waren, doch sie standen erst am Anfang.

Immer wieder rannten die Alliierten gegen die deutschen Linien an. Todesverachtend führten Offiziere und Unteroffiziere ihre Männer an, wurden zurückgeschlagen und peitschten sie wieder nach vorn. Dennoch konnte kaum ein Geländegewinn verzeichnet werden.

Nach drei Tagen heftigster Kämpfe wurde dem amerikanischen Angriffskeil, der gegen Hürtgen vorging, schließlich der Rückzugsbefehl erteilt.

Aufgrund der taktisch guten Verteidigungslage und den pausenlosen deutschen Gegenangriffen, erlitten die Amerikaner viel zu hohe Verluste, um ihr geplantes militärisches Ziel noch erreichen zu können.

Nicht nur an diesem Frontabschnitt, sondern auch im Todtenbruch blieben die beiden anderen Stoßkeile der Alliierten stecken.

„Uns gegenüber liegt die 9. US-Division", erklärte Leutnant Drexler und gab damit seine Kenntnisse sowie den bevorstehenden neuen Auftrag an die Landser weiter. „Ihr Angriff hat sich festgefressen. Sie bekommen ihre Panzer nicht ins Waldgebiet und werden mit Sicherheit über die uns bekannten Wege und Pfade versorgt. Das lässt den Rückschluss zu, dass sie immer schwächer werden. Wir versuchen die uns gegenüberliegenden Truppen einzukesseln. Unsere 8,8 cm Kanonen nehmen das amerikanische Rückzugsgebiet unter Beschuss, während wir zeitgleich einen Keil zwischen die im Wald eingegrabenen US-Jungs und deren Nachschubwege treiben."

„Vom Verteidiger zum Angreifer? Keine schlechte Taktik. Damit rechnet der Feind bestimmt nicht."

„Gelingt unser Plan, wird das Bestreben der Alliierten, durch die Eifelwälder ins Rheintal vorzudringen, vereitelt. Abmarsch um fünf Uhr!"

Die Munitionstaschen waren gefüllt. Es wurde für drei Tage Kaltverpflegung ausgegeben, da man mit hartem Widerstand rechnete. Erst wenn sich die neue HKL stabilisiert hatte, sollten die Feldküchen nachgezogen, bzw. die Kampftruppen per Essensträger mit Warmverpflegung versorgt werden.

Es war noch dunkel, als sie losmarschierten. Endlich regnete es nicht mehr.

Hübner blickte nach oben. Für einen Moment hatte es den Anschein, als würde er einen nächtlichen Spaziergang machen. „Das kalte Nass hätte mir gerade noch gefehlt."

Das Nachbarbataillon würde in zwei Stunden mit einem Scheinangriff ablenken. Dann sollten die Achtacht mit ihrem Störfeuer beginnen und schließlich würden sie den Keil zwischen die Kampftruppen und ihre Nachschubwege treiben.

Ralf Hübner redete pausenlos. „Ich hoffe nur, dass die Ari auch weiß, wo sie hin zu schießen hat. Ich habe schon genug Baumkrepierer gesehen. Weißt du, wie die Dinger auf dich runter krachen?"

„Kannst du mal die Klappe halten? Wir sind auf dem Weg zum Fronteinsatz, da muss man nicht andauernd Quasseln!", rügte Gollmann. Er wollte, wie die anderen auch, seine Ruhe haben. Die letzten Gedanken vor einem Kampf galten seiner Familie. Irgendwie ließ der Soldat sein ganzes Leben vorbei rauschen. Er überlegte, was er nach dem Krieg alles machen würde und womit er keine Zeit verschwenden wollte. Das Gequatsche seines Nebenmannes störte ihn dabei.

„Hilft mir aber", erwiderte Hübner. „Nimmt die Nervosität."

„Und wenn der Ami Baumschützen einsetzt? Sie hören dein Gelaber garantiert viel früher, als sie uns sehen."

Das saß. Hübner schwieg ab sofort. Er hatte mächtigen Respekt vor feindlichen Scharfschützen.

Grinsend nahm Gollmann seine Gedanken wieder auf.

Weitläufig wurde das vom Gegner besetzte Gebiet umgangen. Sie hatten eine kurze Rast eingelegt. Feldflaschen wanderten nach oben. Durst wurde gelöscht. Das eine oder andere Drop wurde in den Mund geschoben. Rauchen war verboten.

Der Kompanieführer blickte auf die Leuchtzeiger seiner Uhr. „Wir müssen uns beeilen. Der Umweg war doch beschwerlicher als ich dachte", forderte Hauptmann Retzer. Der Kompanieführer griff noch einmal an den Lederriemen seines Stahlhelms. Er zog ihn um ein Loch enger und hob die Hand. „Das war die letzte Pause. Die Artillerie wird in zwei Minuten das Feuer aufnehmen. Wir haben also noch eine gute halbe Stunde Zeit, um unser Ziel zu erreichen. Abmarsch!"

Keller drückte seine Zigarette aus und winkte anschließend seine Männer zu sich. „Wir sind an der Reihe, die Spitze zu übernehmen. Unsere Scharfschützen befinden sich bereits an den linken und rechten Flanken, um uns von dort aus Deckung zu geben. Höpfner und Haßlach, eure Position bleibt wie gehabt. Ihr marschiert direkt hinter mir. Fragen?"

Niemand meldete sich zu Wort.

„Vorwärts!"

Hönnige war bislang nur einmal so tief in den Wald vorgedrungen. Glücklicherweise hatte er sich dabei ein paar auffällige Geländemerkmale eingeprägt. Erleichtert stand er jetzt vor einer dieser Stellen. Es handelte sich um eine umgestürzte Tanne. Ein einst mächtiger Baum mit enormen Umfang.

Wie alt mag sie wohl sein, fragte er sich im Stillen.

Der Scharfschütze wusste, dass die Kompanie an dieser Stelle aufgrund der Geländebeschaffenheit die Marschrichtung ändern musste. Er ahnte zwar die Position seiner Kameraden, doch Sichtkontakt bestand noch nicht. Hönnige beschloss noch etwas weiter vor zu dringen und dann auf die Männer zu warten. Zwischenzeitlich war es hell geworden. Die vor ihm liegende, gewaltige Tanne bot gute Deckung. Der Einzelkämpfer überlegte, ob er eine Zigarette rauchen sollte. Er hielt das amerikanische Zippo-Feuerzeug in den Händen, widerstand aber der Versuchung des Rauchens. Stattdessen spielte er ein paarmal mit dem Deckel des Sturmfeuerzeugs. Das metallene Klacken erinnerte ihn an den eingravierten Herstellernamen. Beim Öffnen hörte er das *zi*, beim Schließen das *po*.

zi...po

Hönnige suchte sich eine gute Position und setzte sich. Immer wieder beobachtete er das Gelände. Die Landser der Kompanie waren schneller bei ihm als erwartet. Schnell erklärte er Unteroffizier Keller, welchen Weg dieser einzuschlagen hatte und setzte sich anschließend wieder von der Gruppe ab.

Die Informationen wurden unverzüglich nach hinten weiter gegeben.

Hauptmann Retzers Nervosität stieg merklich an. „Die Ari müsste schon längst feuern, was ist nur los?"

Er sah wiederholt auf seine Uhr.

„Vielleicht warten sie, bis wir unser Einsatzgebiet erreicht haben, damit wir nicht in ihr Feuer geraten?", meinte Feldwebel Meier, der zum Kompanietrupp gehörte.

Retzter schien die Bemerkung gar nicht wahrgenommen zu haben. „Fernmelder zu mir! Ich möchte sofort mit dem Arko sprechen."

Im gleichen Moment donnerte es los. Mit zwanzig Minuten Verspätung begannen die deutschen 8,8 cm Geschütze mit dem geplanten Beschuss. Das Pfeifen und Heulen der Granaten umwob die bis dahin ruhige Morgenstimmung des Waldgebietes mit schaurigem Höllenlärm.

Drexler hatte seinen Vorgesetzten gesucht und ging schnurstracks zu ihm. „Die Vorhut teilt gerade mit, dass wir am Ziel sind. Sie sehen die Straße gut ein. Eine feindliche Kolonne nähert sich."

„Kolonne? Welche Art? Ich möchte detaillierte Angaben", pulverte der Hauptmann aus.

„Kolonne ist wohl etwas übertrieben. Sie sehen drei Lastwagen und einen Jeep. Über die Auflieger der Lkw sind Planen gespannt. Wir wissen nicht genau, ob es sich um einen Mannschafts- oder Nachschubtransport handelt."

„Wer führt die Vorhut?"

„Unteroffizier Keller, Herr Hauptmann", teilte Leutnant Drexler mit.

„Ein guter und erfahrener Soldat", stellte der Kompanieführer fest. Die Stirn des Offiziers runzelte sich. Er überlegte nur wenige Sekunden, bevor er einen Befehl erteilte. „Er soll die Kolonne aufhalten! Wir greifen indessen unser vorgegebenes Ziel an, sobald das Artilleriefeuer beendet ist. Die Kompanie hat sich sofort auf Position zu begeben! Aufstellung wie besprochen!"

„Jawohl, Herr Hauptmann!"

„Leutnant Drexler?"

„Bitte?"

„Keller soll, falls er Gefangene macht, warten bis der restliche Kompanietrupp hier ist und sie an ihn übergeben. Dann soll er uns folgen."

„Verstanden. Übrigens …", merkte der Zugführer an, „… besteht die gesamte Gruppe nur noch aus sechs Mann."

„Dann soll Hönnige sie begleiten."

„Verstanden!"

Nach dreißig Minuten war der tosende Höllenspuk der deutschen Geschütze zu Ende. Die Kompanie lag in ihren Stellungen. Die Landser waren bereit zum Angriff. Auf Kommando stürmten sie los. Diesmal stießen sie auf weniger Widerstand als erwartet.

Der Auftrag war klar definiert. Unteroffizier Keller und seine Gruppe blieben vom Rest der Kompanie getrennt. Die amerikanischen Lastwagen wurden pausenlos beobachtet. Mit dem Einsetzen des Beschusses der 8,8 cm Geschütze hatte der US-Kolonnenführer halten lassen. Im Jeep stehend versuchte er durch sein Fernglas etwas zu erkennen, doch außer Baumwipfeln konnte er von seinem Standort aus nichts sehen. Er griff ans Funkgerät.

„Sie haben gehalten", flüsterte Gollmann.

„Sie wollen nicht ins Artilleriefeuer fahren."

„Und wenn sie wenden?"

Keller hob den Feldstecher und betrachtete den Straßenverlauf. Sie zog sich wie eine Schlange durch den herbstlichen Dschungelwald. „Diese Gelegenheit werden wir ihnen nicht geben. Noch hocken sie unten und qualmen. Der Chef ist ein Sergeant. Ich sehe die Streifen auf seinem Uniformärmel."

Keller drehte das Fernglas auf eine andere Stelle.

„Drei Lastwagen, ein Jeep. Ich glaube, dass sie Fressalien oder Munition geladen haben. Wäre es ein Truppentransport, stünden die aufgesessenen Soldaten auch herum. Das ist in jeder Armee der Welt gleich", stellte der Unteroffizier trocken fest. „Der Sergeant holt sich offensichtlich über Funk ein paar Anweisungen. Vielleicht wird er auch gewarnt. Die Artilleriegeschosse schlagen in gut zwei Kilometer von hier ein. Sie werden abwarten! Es sind pro Fahrzeug zwei Mann."

„Wann greifen wir an?"

„Jetzt! Wir schleichen am Waldrand runter, gehen in Stellung und feuern."

Hönnige stieß zur Gruppe und wurde instruiert. Mit ausreichend Abstand zur Straße schlichen sich die Landser an. Der Scharfschütze ging als erster in Stellung. Er war immer noch bestens getarnt und wurde von seiner Umgebung förmlich *verschluckt*. Hönnige stemmte den Gewehrschaft in die Schulter. Ein Zielen über das Visier wäre aufgrund der nicht allzu großen Entfernung zwar möglich gewesen, doch der Gefreite entschied sich für die Zieloptik. Kurz darauf hatte er abwechselnd den Kolonnenführer, dessen Fahrer und fünf Mann im

Fadenkreuz. Keiner dieser Männer ahnte, wie nah sie in diesem Moment dem Tod waren.

„Einer fehlt", murmelte der Scharfschütze, während er das Gewehr von Wagen zu Wagen schwenkte. Im dritten Lkw entdeckte er den fehlenden GI.

„Feuer!", befahl Keller.

Höpfners Maschinengewehr ratterte los. Die Projektile bohrten sich in das Blech der Fahrzeuge und stanzten scheinbar spielend mehrere Löcher hinein. Die Begleitmannschaft warf sich sofort zu Boden. Der Angriff hatte sie gänzlich überrascht. Nur der Lastwagenfahrer im hintersten Lkw erwiderte das Feuer. Er befand sich immer noch im Führerhaus des Lkw und schoss von dort aus blindlings in den Wald.

Ein weißes Tuch wurde von den Soldaten, die hinter dem Jeep lagen, geschwenkt. Der Schütze aus dem Lastwagen schien es nicht zu sehen oder nicht sehen zu wollen. Er feuerte ununterbrochen weiter. Höpfner schwenkte das MG herum und jagte einen Feuerstoß ins Führerhaus. Das Gegenfeuer verebbte schlagartig. Als Keller, Gollmann, Hübner und Großmann aufstanden und mit ihren Waffen im Anschlag nach unten gingen, hoben die Amerikaner die Hände. Höpfner sicherte mit dem MG. Er und Haßlach beobachteten den Gegner genau. Sie waren bereit, sofort bei der kleinsten Gefahr zu schießen.

Hönnige blieb ebenfalls im Verborgenen und zielte auf den Feind.

Die Deutschen näherten sich den Fahrzeugen.

„Hände hoch!"

„Aufstehen!"

Die GI´s erhoben sich. Als der Unteroffizier bei den Gefangenen war, winkte er den MG-Schützen zu. Sie gingen zu ihren Kameraden.

„Seht nach dem Mann im Lastwagen", wurden Gollmann und Hübner aufgefordert.

Hübner hielt seinen Karabiner im Anschlag, während der Obergefreite die MP locker an der Hüfte baumeln ließ. Als sie sich ungefähr auf Höhe des zweiten Lastwagens befanden, krachte ein einzelner Schuss.

Verdutzt starrend, blieben alle stehen.

„Ruhe bewahren. Keiner feuert", brüllte Keller und achtete mehr auf seine Männer als auf die amerikanischen Soldaten, die immer noch mit erhobenen Händen vor ihnen standen.

Kurz darauf trat Hönnige aus dem Wald und ging auf Gollmann und Hübner zu. Der deutsche Scharfschütze wurde von allen Männern skeptisch angesehen.
„Was sollte das?", erkundigte sich Hübner.
„Sieh mal unter den Lastwagen. Der Fahrer wollte nicht aufgeben. Er hatte auf euch angelegt, während eure Augen auf das Führerhaus fixiert waren. Noch ein oder zwei Meter und ihr hättet den Heldentod kennengelernt. Dafür hätte man euch möglicherweise postum ausgezeichnet."
Während Hönnige sprach, bückte sich Gollmann, warf einen Blick unter den Lastwagen und wurde kreidebleich. „Er hat Recht. Der Kerl liegt dort in seinem Blut und hat die Knarre im Anschlag. Noch zwei Meter und wir wären in sein Schussfeld geraten."
„Ich dachte, Höpfner hat ihn mit dem MG erwischt?"
Sie öffneten das Führerhaus. Kein Blut.
„Der Ami hat gewusst, dass er raus muss. Er hat hoch gespielt und verloren."
„Danke."
Der Heilbronner Soldat nickte. „Das war meine Aufgabe."
„Danke", sagte jetzt auch Gollmann.
Die Gefangenen durften ihren gefallenen Kameraden begraben und ein paar Worte sprechen. Danach hockten sie sich hin und warteten. Höpfner und Haßlach sicherten die Straße nach hinten, Hönnige lag vorn in Stellung. Gollmann und Hübner bewachten die Amerikaner, während Unteroffizier Keller und Heinz Großmann die Ladung der Lastwagen inspizierten.
„Lauter Fressalien", teilte Großmann lautstark mit, als er ein paar Kisten der Ladung des ersten Lkws geöffnet hatte.
„Hier habe ich etwas für uns! Whiskey und Zigaretten. War wahrscheinlich für die Offiziere bestimmt. Komm her, Großmann!"
Schnell sprang der Landser von der Ladefläche und rannte zu Keller. Dieser hielt schon zwei Flaschen Whiskey in den Händen. „Schnell! Jeder von uns soll sich eine Flasche einpacken, du bringst sie zu den Jungs rüber. Dann ist noch eine übrig, die gibst du den Gefangenen. Die armen Kerle sollen noch einmal ein paar schöne Minuten haben, bevor sie zum Gefangenenlager kommen. Beeil dich!"
Anschließend wurden die Zigaretten verteilt. Jeder bekam zwei Stangen. Danach war Corned Beef und Weißbrot an der Reihe. Zwei Raritäten.

„Schnell! Wir müssen die leeren Kisten in den Wald werfen. Ich möchte nicht, dass jemand vom Kompanietrupp mitbekommt, dass wir uns hier was rausgenommen haben. Alles wird schön ordentlich übergeben!"

Großmann grinste. „Du denkst auch an alles, Jürgen", sagte er zu Keller und rannte mit den Resten einer aufgebrochenen Kiste in den Wald. Die Eile war unnütz, denn die Spitze des Kompanietrupps traf erst eine knappe Stunde später ein. Sie waren mit den bespannten Feldwagen nicht so schnell durch den Wald gekommen, wie ursprünglich geplant.

„Da wird sich der Küchenbulle freuen", war der erste Satz, den die Gruppe zu hören bekam.

Die Reservekompanie übernahm die komplette Rückendeckung an der Straße. Ein Truppenverbandsplatz war ebenfalls eingerichtet worden.

Nachdem die Gefangenen und die Kriegsbeute übergeben waren, führte Keller seine Gruppe und den Scharfschützen zurück zur Kompanie.

„Die stinken ja wie drei besoffene Russen", äffte Hübner den Kameraden nach, der die Gefangenen GI´s übernommen hatte und lachte lauthals los.

Alles fiel in sein Lachen mit ein. Für wenige Minuten war der Kriegsalltag vergessen. Die Brotbeutel waren mit wertvoller Ware prall gefüllt. Sie marschierten wieder an die vorderste Linie, doch daran verschwendete keiner der Männer auch nur einen Gedanken. Sie verdrängten diese Tatsache. Für sie zählte nur dieser Augenblick. Die Landser kosteten das Glücksgefühl aus. Es war wie Weihnachten. Sie hatten amerikanische Beuteware ergattert und waren in diesem Moment reich.

Erst nach und nach wurden sie auf den Boden der Tatsachen zurückgezogen. Der Schock kam in Form von Sanitätern, die verwundete Kameraden auf Bahren zum TVPl trugen. Kampflärm war keiner mehr zu hören. Als ein kleiner Trupp mit Gefangenen US-Soldaten, begleitet von zwei Gruppen, vorübermarschierte, erkannte Unteroffizier Keller einen alten Kameraden.

„Erwin", rief er diesem entgegen. „Erwin Gromek! Wie sieht es vorn aus?"

Der Obergefreite Gromek erkannte den Unteroffizier und winkte. „Keller! Ich habe schon gehört, dass du wieder hier bist."

Als er auf Höhe von Keller war, blieb er kurz stehen. „Auf unserer Seite war es ein Klacks. Wir sind direkt in ihr Bataillonshauptquartier eingedrungen. Dahinter waren noch ein paar Sanitätszelte und ein Versorgungslager. Die *Acht-Acht* hat ordentlich gewütet. Wir hatten relativ wenige Verluste. Unser Alter ...", der Obergefreite meinte damit seinen Kompaniechef, „... sagte, dass es das Nachbarbataillon schlimmer erwischt hat."

„Heißt das, dass die Taktik aufging?"

„Sieht so aus. Die Amerikaner sitzen im Kessel. Na ja, besser gesagt, sie sind nach hinten von ihren Truppenteilen abgeschnitten, was einem Kessel gleichkommt. Eine Flanke müsste allerdings noch frei sein. Hauptsächlich geht´s da aber geländemäßig volle Kanne bergab. Dort liegt ´n Taleinschnitt."

„Besten Dank für die Auskunft. Wenn du mir jetzt noch sagst, wo unsere Leute liegen, wäre ich dir ewig dankbar."

„Geht einfach geradeaus weiter. Eure Kompanie war vorhin noch beim amerikanischen Lager. Dort wo die ganzen Zelte stehen. Kannst es gar nicht verfehlen."

Sie verabschiedeten sich.

Der nächste Tag begann mit dem gleichen höllischen Szenario. Die deutschen 8,8 cm Geschütze hämmerten ihre Granaten in den von den US-Amerikanern besetzten Waldgürtel. Danach versuchte die Infanterie durch pausenlose Angriffe, die von ihrem Nachschub abgeschnittenen Alliierten zur Kapitulation zu bewegen. Allerdings war die eigene Kampfkraft erheblich geschrumpft, denn auch die *275. Infanterie-Division* hatte enorme Verluste hinnehmen müssen.

Am dritten Tag des Kessels gelang es der *9. US-Division,* den dünn besetzten Gürtel zu durchstoßen. Die amerikanische Nachschublinie war zwar wieder frei, doch erst drei Tage später waren US-Truppen erneut in der Lage, einen Angriff auf die hartnäckig kämpfenden deutschen Verteidiger des Hürtgenwaldes durchzuführen.

Diese dreitägige Kampfpause wurde von den deutschen Verbänden genutzt. Angeforderte Verstärkung rückte an, ein weiteres Regiment setzte sich in Bewegung.

Unterdessen unternahm die *9. US-Division* einen letzten großen Angriff. Wiederum ohne Panzerunterstützung stürmten die amerikanischen Soldaten gegen den Ochsenkopf und gegen die Bunkerlinien.

Kellers Gruppe konnte aufatmen. Das Bataillon hatte tapfer gekämpft und wurde zurück genommen. Sie waren wieder da, wo sie bei Kellers Rückkehr zur Truppe die Schützenlöcher ausgehoben hatten. Die Kampfkraft der Kompanie war um mehr als ein Viertel gesunken, dennoch erfolgte keine Rückverlegung zur Auffrischung. Sie mussten in den Stellungen bleiben.

„Das ist ja blanker Wahnsinn", schimpfte Großmann wie ein Rohrspatz. „Wir sind noch sechs Mann und sollen die Verteidigungskraft einer kompletten Gruppe erbringen!"

Keller zündete sich eine der Beutezigaretten an. Es war eine *Lucky Strike*, die letzte aus der Packung. Der Unteroffizier zerknüllte das Papier und warf es auf den Tisch. Über ihm schwebten Schwaden des blauen Dunstes. „Ihr habt eure Feuertaufe bestanden und vor allem überstanden. Jetzt wisst ihr, was auf uns zukommt."

„Warum bist du so ruhig? Man könnte an die Decke gehen!"

„Ha, ha", lachte der Gruppenführer. „An die Decke gehen? Wozu? Der Feind kommt zu Fuß! Die Ari hämmert nur mäßig und man bekommt kaum ein Flugzeug zu Gesicht, geschweige denn, dass Schlachtflieger ihre Bombenschächte öffnen", belehrte er seinen jungen Kameraden. „In Russland wären das Idealzustände gewesen. Glaube mir, das da draußen …", er deutete in Richtung der Bunker und Schützenlöcher, „… ist zwar ein grausamer Krieg, aber er ist ehrlich."

„Ehrlich?", fiel ihm Höpfner ins Wort. „Es ist überall das Gleiche. Es ist vollkommen egal, ob mich eine russische, amerikanische oder englische Kugel trifft. Der Tod sieht überall gleich aus!"

„So? Tut er das?", Kellers Gesichts verfinsterte sich. „Wenn das so ist, kannst du ja wieder nach Russland gehen. Würde dir das besser gefallen?"

Höpfner war von dieser Antwort überrascht. Er dachte nach. „Da muss ich ehrlicherweise mit einem *Nein* antworten."

„Siehste! Das ist es, was ich meine. Es gibt nichts zu beschönigen. Aber auch rein gar nichts! Trotzdem möchte niemand mit der Ostfront tauschen."

Gollmann meldete sich zu Wort. „Großmann, du darfst dich nicht zu arg reinsteigern, sonst bekommst du noch ´nen Frontkoller. Damit ist nicht zu spaßen."

„Hackt nur alle auf mir rum!"

Die Tür flog auf. Leutnant Drexler stürmte herein. Der Offizier. „Am Ochsenkopf sind heftige Kämpfe ausgebrochen. Auch gegen die

Bunkerlinie wird pausenlos angerannt. Wir müssen raus! In fünf Minuten möchte ich den Zug mit Kampfgepäck abmarschbereit draußen sehen!"

Sie waren keine zehn Minuten im Einsatzgebiet angelangt, als sie unter heftigen, feindlichen Artilleriebeschuss gerieten. Immer wieder dröhnten Granaten heran, kündigten mit anschwellendem Pfeifen das Unheil an und detonierten donnernd zwischen den Landsern. Wieder einmal ritt der Tod durch den Hürtgenwald, schwang seine Sense und erntete reiche Beute.

„Köpfe runter", brüllte Keller, als er das verräterische Pfeifen hörte.

Augenblicklich pressten sich seine Leute auf die Erde, zogen die Köpfe ein und hofften von den scharfkantigen Schrapnellen verschont zu bleiben. Es war ein ausgesprochenes Inferno. Am Schlimmsten wüteten die Baumkrepierer. Zu den umher sausenden metallenen Splittern gesellten sich die aus den Bäumen gesprengten Zweige, Äste und kleinere Stämme. Die Erde bebte.

Keller vernahm nach einer Detonation lautes Knacken und Krachen. Sofort schrillten die inneren Alarmglocken des Unteroffiziers. „Raus hier!", plärrte er und zog heftig an Hübners Ärmel, der neben ihm im Schützenloch lag. Beide schnellten nach oben und retteten sich mit einem Hechtsprung vor einem herabfallenden Baumwipfel. Mit dumpfem Geräusch, fast in Zeitlupe, fiel die weggesprengte Baumkrone herunter und begrub die ursprüngliche Stellung der beiden Soldaten unter ihren Ästen. Nur zehn Zentimeter neben Hübner bohrte sich ein armdicker Ast in die Erde. Geschockt betrachtete der junge Soldat den Ast. Sämtliches Blut schwand aus dem Gesicht des Deutschen. Seine Augen suchten Kontakt zu Keller. Dieser legte sich flach auf die Erde. Unverzüglich tat Hübner es ihm gleich.

Als der Spuk endlich aufhörte, begannen wieder Maschinengewehre zu rattern. Der Krieg kannte keine Pausen und erst recht kein Erbarmen.

„Hoch mit euch! Sie kommen wieder!"

Rufe nach Sanitätern hallten durch den Wald.

„Saaaaniiiii!" Hierher!"

„Sanitäter! Hiiiieeeer!"

Hauptmann Retzer beobachtete das vor ihm befindliche Gelände. Unaufhörlich arbeiteten sich die amerikanischen Infanteristen auf die Bunkerlinie vor. Obwohl keine Panzer zu sehen waren, drangen laute Motorengeräusche bis zur Flankenstellung der Kompanie vor. Der Offizier wandte sich Drexler zu. „Leutnant Drexler! Wir müssen in die

Seite des Gegners stoßen. Die Amis haben Pioniere dabei und sind im Begriff die Bunker zu sprengen!"

„Wir haben von hier aus schlechtes Schussfeld!"

„Dann stürmen wir vor!"

Drexler schluckte, überlegte ob er eine andere Taktik vorschlagen sollte, doch das unrasierte Gesicht des Kompanieführers strahlte Entschlossenheit aus. Retzer war ein Offizier der alten Sorte. Er führte seine Männer von vorn, lag mit ihnen im Schützenloch, aß die gleiche dürftige Verpflegung und führte den gleichen harten Kampf. Das verschaffte ihm Respekt ohnegleichen.

Nach einem tiefen Atemzug bestätigte Drexler. „Zu Befehl, Herr Hauptmann!"

Nur Sekunden später war es soweit.

„Angriiiiiffff!", donnerten die Stimmen aller drei Zugführer durch die Reihen ihrer Männer. Trotz des heftigen Beschusses durch amerikanische Haubitzen war die Kampfmoral der Soldaten nicht gebrochen. Sie erhoben sich, verließen ihre Deckungen und rannten dem Feind entgegen.

Höpfner fand bereits nach wenigen hundert Metern eine ideale Schussposition. Er ließ sich fallen, klemmte sich hinter das Maschinengewehr und jagte über die Köpfe seiner Kameraden hinweg, dem Feind tödliche Salven entgegen.

Klack

„Verdammt! Hemmung!", fluchte er, als wieder eine der emaillierten Stahlhülsen im Rohr eingebrannt war. „Rohrwechsel!", schob er sofort nach und zog das MG näher zu sich.

Haßlach packte mit dem Asbestlappen zu. Die festgefressene Hülse wurde mit einem selbst gebastelten Werkzeug entfernt.

„Haben wir noch eine Kiste mit guter Munition?"

„Ja."

„Her damit!"

Der neue Gurt wurde eingelegt, das Ziel anvisiert, dann schoss die unerbittliche Infanteriewaffe wieder. Es wurde auf heftigste Art und Weise gekämpft. Handgranaten flogen durch die Luft, zerbarsten laut über den Köpfen oder mitten in den Stellungen des Feindes. Ebenso detonierten die gegnerischen Handgranaten zwischen den eigenen Reihen. Die Erde wurde mit Blut getränkt.

Gerade in dem Moment, als Hauptmann Retzer glaubte den Feind zurückgedrängt zu haben, detonierten Panzergranaten auf Höhe der

Bunker. Zwei Sherman Panzer und ein M7 Priest, eine US-amerikanische Panzerhaubitze mit offenem Kampfraum auf dem Fahrgestell, rollten vor. Die Haubitze des M7 spuckte unaufhörlich ihre Granaten aus. Das schwere Bordmaschinengewehr ratterte, hieb Löcher in die Reihen der Landser oder zwang sie zumindest in Deckung.

„Wo sind die Panzerjäger?", stieß Retzer aus und warf sich zu Boden.

Es war den Anglo-Amerikanern nach Tagen endlich gelungen, ein paar Panzerfahrzeuge auf die Höhenzüge zu bringen. Schwere Bulldozer folgten, die wiederum von Infanterie schützend begleitet wurden. Mit neuem Mut stürmten die US-Soldaten ein weiteres Mal nach vorn.

Keller sah, wie sich drei Panzerjäger einem Sherman näherten. Eine Nebelhandgranate flog durch die Luft. Der als Blender eingesetzte Soldat riss nach dem Wurf die Arme nach hinten.

Armer Kerl. Den hat's böse erwischt.

Sein Nebenmann zuckte durch mehrere Treffer zusammen und fiel vornüber auf seine T-Mine.

Nein!

Keller schloss für einen Moment die Augen.

„Verfluchter Krieg!", presste er aus und zog den Abzug seiner MP durch.

Zeitgleich sprang Hönnige auf und rannte los. Er entdeckte einen Granattrichter und hechtete hinein. Die feindliche MG-Salve strich über ihn hinweg. Seine Waffe wanderte über den Kraterrand. Drei Schuss, drei Treffer. Er zog einen neuen Ladestreifen aus der Tasche. Jemand plumpste neben ihm in den Trichter. Es war Hauptmann Retzer. Der Offizier schnaufte heftig durch.

„Der Haubitzen-Panzer muss aufgehalten werden. Schaffen Sie das?"

Hönnige nickte, ließ den Ladestreifen mit der normalen Munition liegen und kramte stattdessen aus einer anderen Tasche einen Ladestreifen mit Spezialmunition heraus. Er führte ihn in die Waffe ein. Dann versuchte er, durch den dunstigen Schleier des Schlachtfeldes, die Besatzung des M7 ins Visier zu nehmen. Für einen kurzen Moment tauchte der Stahlhelm des MG-Schützen auf. Es waren nur Sekundenbruchteile, doch das reichte dem Scharfschützen aus, dessen Finger nach hinten glitt. Der Schuss krachte und sofort verstummte das Maschinengewehr des M7. Schnelles repetieren, anlegen, zielen. Wieder ein Schuss, wieder ein Treffer. Nach dem dritten Treffer blieb der Panzer stehen.

„Weg hier!", schrie der Scharfschütze seinem Kompanieführer zu. Beide sprangen auf und verließen den Granattrichter. Kurz darauf feuerte ein Sherman in ihre Richtung.

Der Hauptmann grübelte kurz darüber, ob Hönnige das gesehen hatte oder ob es die Intuition eines Scharfschützen war, die ihn dazu bewegte, die Stellung zu verlassen. Letztendlich blieb er sich die Antwort schuldig.

Der Rückzug musste befohlen werden. Die Übermacht war zu groß. Amerikanische Bulldozer waren schon dabei, die Schießscharten an den ersten Bunkern mit Erde zuzuschieben. Pioniere legten Sprengladungen. Wo man hinblickte, lagen Tote und Verwundete auf dem Schlachtfeld. Die Bunkerlinie musste aufgegeben werden, die abseits davon in den Waldboden getriebenen Schützengräben und Schützenlöcher wurden nun besetzt. Zugleich verminten deutsche Pioniere sämtliche freie Wegstrecken. An allen strategisch wichtigen Geländepunkten waren neue Verteidigungsstellungen entstanden.

Auch nach Beendigung der Kämpfe hallten Detonationen durch den Forst. Amerikanische Pioniere sprengten die Bunkeranlagen.

Die Gesichter der Verteidiger waren mit Bartstoppeln übersät. Seit Tagen hatten sie keine Möglichkeit sich zu waschen, geschweige denn, ihre Uniform zu wechseln. Auch die lästigen Läuse machten sich wieder breit. Es juckte überall und raubte den letzten Nerv. Hübner war gefallen. Beim Rückzug hatte er einen tödlichen Treffer erhalten. Die Gruppe von Unteroffizier Keller war auf fünf Mann zusammengeschrumpft.

Innerhalb weniger Tage klang der spärliche Spätsommer vollends ab und der Herbst hatte mit viel zu kalter Luft das Kommando übernommen. Es war einer der kältesten Herbste seit Jahrzehnten. Noch mit den Sommermänteln bekleidet, froren die Landser nachts in den vordersten Linien.

Nach einer unendlich langen Woche, mit fast täglicher Feindberührung, wurde die Kompanie herausgelöst. Da die Zivilbevölkerung aus dem Kampfgebiet evakuiert worden war, dienten deren Häuser für die Soldaten als Unterkünfte. Kellers Gruppe teilte sich ein Haus mit anderen Kameraden. Nachts wurden die wenigen Möbel auf Seite gestellt und die Soldaten lagen auf dem Boden. Sie deckten sich mit ihren Zeltbahnen zu und genossen es, ein Dach über dem Kopf zu haben. In den Stuben brannten die Öfen. Als sie endlich mit frischer Wäsche ausgestattet, rasiert und gewaschen waren sowie täglich ihre warme Mahlzeit erhielten, kehrte die Lebenskraft zurück. Nachdem die Sanitätsabteilung auch eine Entlausung durchführte, war das Leben der Frontsoldaten wieder erträglich.

„Wo hast du dir die Haare schneiden lassen?", erkundigte sich Gollmann bei Haßlach, der gerade dabei war, den Verschluss des MG 42 zu reinigen.

Der junge Soldat grinste. „Da staunst du."

„Für 'ne Feldrasur sieht der Schädel ziemlich gut aus", räumte Gollmann ein und war weiterhin interessiert.

Gute Friseure gab es selten unter den Soldaten. Meistens griff irgendeiner, der der Meinung war Haare schneiden zu können, zu einer Schere oder einer Rasierklinge und schon gab es für alle einen Einheitshaarschnitt.

„Er heißt Ernst Krüger und ist bei der ersten Kompanie. Mit dem bin ich schon zur Schule gegangen. Die Krügers haben einen Friseursalon und Ernst ist gelernter Friseur."

Gollmann setzte sich zu Haßlach. „Meinst du, er würde mir auch so 'nen Haarschnitt verpassen?"

„Vielleicht."

„Könntest du nicht ein gutes Wort für mich einlegen?"

„Möglich."

„Ich sehe schon, wo das hinführt. Was willst du dafür?"

Haßlachs Grinsen verstärkte sich. „Ich habe Schwierigkeiten den ganzen Pulverschmauch vom Verschluss weg zu bekommen. Könntest du …"

Gollmann packte sofort zu. „Her damit. Derweilen gehst du schnurstracks rüber zur 1.ten und holst deinen Friseur-Kameraden zu uns."

Keller hatte dem Gespräch aufmerksam gelauscht. „Nach der Läuseinvasion werde ich mich anschließen. Ich würde 'ne halbe Packung amerikanischer Zigaretten springen lassen."

„Ernst raucht nicht."

„Was würde er verlangen?"

Jetzt waren alle hellhörig geworden. Im Nu hatten sich einige Soldaten um Haßlach herum versammelt.

„Jürgen, wenn Krüger zum Haareschneiden rüberkommt, musst du mit seinem Gruppen- oder Zugführer sprechen. Ich weiß nicht, was er heute für einen Dienst hat."

„Kein Problem."

„Und ihr könnt alle eure Beuteflaschen herausrücken, damit jeder etwas in Krügers Feldflasche kippen kann. Wenn er genug von dem Ami-Schnapszeug bekommt, macht er es bestimmt."

Gesagt, getan. Keller benötigte zehn Minuten, um den Gruppenführer zu überzeugen, den Friseur für den restlichen Tag frei zu stellen. Krüger selbst überlegte nicht lange und begleitete Keller sofort, nachdem er Kamm und zwei Scheren geholt hatte. Die ganze Gruppe wartete.

„Hier geht es zu wie Samstagvormittag bei unserem Dorffriseur", grinste Gollmann. Jeder ließ sich die Haare schneiden.

Als Krüger endlich fertig war, verfügte er über eine halbe Feldflasche Whiskey und ein paar diverse Marketenderwaren. „Hat mich sehr gefreut. Wenn ihr wieder mal 'nen anständigen Haarschnitt braucht, dürft ihr gern nochmals vorbeikommen."

Die Kämpfe im Hürtgenwald wurden unterdessen erbittert fortgesetzt. Angriffswelle über Angriffswelle der alliierten Streitkräfte wurde abgewehrt. Sowohl die amerikanischen als auch die deutschen Soldaten durchlebten derart schreckliche Momente, dass diese sich zeitlebens in ihre Erinnerungen einbrennen sollten. Längst war das schroffe Waldgebiet zum Todesacker geworden, eine Knochenmühle. Egal welche Uniform der Soldat trug, der als nächster zwischen ihre Mühlsteine geriet.

An einem dieser Tage gingen dem amerikanischen Kriegsberichterstatter Ernes Hemingway möglicherweise die Worte durch den Kopf, die er später in einem seiner Romane wiedergab: „Dies war eine Gegend in der es äußerst schwirig war am Leben zu bleiben, selbst wenn man nichts weiter tat, als dort zu sein!"

Drexler war zum Oberleutnant befördert worden. Es war bereits dunkel, als er den Zug antreten ließ. Neben ihm standen der Spieß und sieben neue Männer, die auf die Gruppen verteilt wurden.

Der Gruppe von Unteroffizier Keller wurde ein Gefreiter zugeordnet, der bei der Landung der Alliierten an der Normandie dabei war und bei den dortigen Abwehrkämpfen verwundet wurde. Nun ist er wieder genesen.

Privatarchiv des Autors, PA-H-103-Antreten

Keller war froh keinen der ganz jungen, frisch ausgebildeten Rekruten zugeteilt bekommen zu haben. Der Neue hieß Günther Baar und stammte aus Hessen. Oberleutnant Drexler berichtete zudem über die neueste Lage. Gebannt lauschten die Landser seinen Worten.

„Am 21. Oktober wurde aus taktischen Gründen Aachen aufgegeben", begann er. „Die Stadt war hart umkämpft. Häuserkampf! Wer das schon einmal mitgemacht hat, weiß wovon ich spreche! Die Übermacht der Amerikaner war enorm, zudem wollte das OKW unseren Frontabschnitt verstärken und nicht unnütz weitere Kräfte nach dem strategisch unwichtigeren Aachen senden."

Unter den Männern kam Gemurmel auf.

„Bitte Ruhe, meine Herren!"

„Was bedeutet das für uns?", fragte Feldwebel Grün vom dritten Zug nach und übertönte mit seiner Bassstimme die anderen.

„Wir rechnen damit, dass sie die Kräfte hier verstärken, allerdings berichtet unsere Aufklärung auch davon, dass der Feind damit beginnt, die uns gegenüber liegende *9. US-Division* abzuziehen."

„Ich ahne, was jetzt kommt", flüsterte Keller seinem Nachbarn zu.

„Aus diesem Grund müssen wir Spähtrupps aussenden. Wir brauchen einfach mehr Informationen und verlegen deshalb wieder nach vorn. Die Ruhephase kannst du als beendet betrachten."

Der Unteroffizier zog den richtigen Rückschluss. Als die US-Armee ihre Offensive unterbrach und zudem Truppenbewegungen stattfanden, war seitens der Wehrmacht Aufklärung vonnöten. Aus diesem Grund entsandte die Führung der *275. Infanterie-Division* immer wieder Stoßtrupps in das dichte Waldgebiet der nördlichen Eifel.

Die anglo-amerikanischen Truppen waren gerade dabei, die stark angeschlagene *9. US-Division* aus der Front herauszulösen. Der neue Gegner der Deutschen war nun die *28. US-Infanterie-Division,* die aus Pennsylvania stammte und zumeist aus deutschstämmigen GI´s rekrutiert war.

Der Gefreite Jörg Hönnige war vorübergehend Drexlers Zug zugeteilt worden, obwohl er der einzige Scharfschütze in der gesamten Kompanie war. Der zweite Scharfschütze der Einheit galt seit den Kämpfen um die Bunkerlinie als vermisst.

Es war nachts bereits so kalt, dass man den Atemdunst vor den Mündern schweben sah. Bekleidet mit ihrer Winteruniform zogen sie abermals durch den Wald. Wenn die Wolken den Blick auf den Mond freigaben, war die Sicht einigermaßen gut. Ansonsten war es stockduster.

Keller hatte Recht behalten. Die Ruhephase war beendet, Spähtrupp-Unternehmen wurden befohlen.

„Das ist Obergefreiter Dölling. Er wird uns durch den Minengürtel führen. Wir werden dicht am Wegrand bleiben und so weit wie möglich zum Feind vordringen. Dölling hat nicht nur den Plan im Kopf, er war auch beim Verlegen dabei."

„Bis ich Entwarnung gebe, bleibt ihr dicht hinter mir. Am besten in Linie, denn wir haben auch Sprengfallen zwischen den Bäumen angebracht."

„Und du bist sicher, dass du den richtigen Weg auch findest?", fragte Höpfner nach.

„Wir haben die Rückseite der Bäume mit gelben Fähnchen markiert. Haltet euch an mich und ihr werdet durch den Minengürtel durchmarschieren, wie ein scharfes Messer durch einen Butterkuchen."

„Gelbe Fähnchen …", flüsterte Höpfner, „… wie soll ich die Fähnchen sehen, wenn es stockduster ist?"

Um Mitternacht hatten sie das Schlimmste hinter sich gelassen.

„Ab hier liegen höchstens amerikanische Minen", scherzte Dölling, doch kein Mann des Spähtrupps konnte lachen.

Der Weg war sehr schwer zu erkennen. Immer wieder stolperte jemand über einen Ast oder eine hervorstehende Wurzel. Als sie ein ehemaliges umkämpftes Gebiet durchquerten, mussten sie zusammengeschossenen, umgefallenen Bäumen und Granattrichtern ausweichen. Bei einem besonders großen Trichter deutete Gollmann in das Loch. Gerade eben zeigte sich wieder der Mond und beleuchtete bizarr einen Soldatenstiefel, der unter dem Gehölz hervor ragte. Keiner wagte es hinzugehen.

„Der liegt sicher schon seit Tagen unter dem Gehölz", flüsterte der Obergefreite.

Sie näherten sich den feindlichen Linien. Eine Leuchtkugel zischte steil nach oben. Bizarr flimmerte das künstliche Magnesiumlicht am Firmament. Gewehrfeuer war zu hören.

Oberleutnant Drexler ließ den Zug halten. „Das ist drüben beim dritten Zug. Sie haben Feindkontakt."

Eine grüne Leuchtkugel raste nach oben. Diesmal von deutschen Soldaten abgefeuert. Kurz darauf raste ein roter Leuchtkörper in den Himmel.

„Die beiden Dinger wurden von unseren Leuten abgefeuert. Das ist das Notsignal! Sie brauchen Hilfe! Wir müssen einschwenken!"

Der Befehl wurde sofort umgesetzt.

Feldwebel Grünner und dessen Gruppe liefen voraus. Der Gruppenführer hörte das Geräusch nicht, als er den Zünder einer Tretmine berührte und diese dadurch zur Detonation brachte. Ein ohrenbetäubender Knall hallte durch den Wald.

Wumm

Der Donnerhall war noch nicht verebbt, als sich wiederum Gänsehaut über Drexlers Rücken breitmachte.

Wumm

Grünner war durch die Luft geschleudert worden. Er blieb nach dem Aufprall regungslos auf der Erde liegen. Unweit davon krümmte sich ein weiterer Landser vor Schmerzen auf dem Boden. Das rechte Bein des Soldaten war auf Höhe des Unterschenkels abgerissen worden.

„Minen!"

„Sanitäter!"

„Igel bilden!"

Alles ging rasend schnell. Das ständige Üben machte sich bemerkbar. Sofort war eine Igelstellung gebildet. In ihrer Mitte befanden sich die Opfer der Minen. Grünner war tot. Der Sanitäter kümmerte sich um die schwere Verletzung des zweiten Minenopfers.

„Fernmelder zu mir!", plärrte Oberleutnant Drexler. Er wollte sofortige Funkverbindung zum Kompaniegefechtsstand aufnehmen.

Knacken und Krachen in den Leitungen. Hektische Bewegungen am Gerät. Endlich stand die Verbindung. Die Lage wurde geschildert. Minutenlanges Schweigen, darauf ein Befehl übermittelt.

„Bis zum Morgengrauen durchhalten, dann absetzen!"

„Verstanden!"

„Vermeiden Sie es, blindlings in ein Minenfeld zu laufen!", warnte der Fernmelder, der aus dem Kompaniegefechtsstand funkte.

Drexler kochte vor Wut, als er die Worte hörte und hatte schon eine passende Antwort auf den Lippen, als sein eigener Funker das Wort ergriff. „Das ist Eberhard. Er vergreift sich zwar manchmal im Ton, meint es aber ehrlich, Herr Oberleutnant. Ich kenne ihn. Eberhard ist ein herzensguter Mensch."

Der Offizier schnaufte durch, dachte nach. „Letztendlich hat er Recht. Ich trage schließlich die Verantwortung für meine Männer."

Der Funker nickte.

Drexler antwortete: „Verstanden. Ende."

Die Lage war schlecht. Sie befanden sich mitten in einem Minengürtel und der Feind konnte jeden Moment auftauchen. Es blieb tatsächlich nichts anderes übrig als zu warten, bis das Tageslicht bessere Sichtverhältnisse brachte.

Das monotone Stöhnen des Schwerverwundeten wurde zur nervlichen Belastungsprobe.

„Ich halte dieses Jammern nicht mehr lange aus", schimpfte einer der Landser.

„Dieses Winseln muss man doch kilometerweit hören", meinte ein anderer.

„Das schon, aber sie können es nicht orten."

„Ich habe ihm schon etwas gegen die Schmerzen gespritzt! Mehr kann ich nicht tun", verteidigte sich der Sanitäter.

Eine halbe Stunde später war das laute Stöhnen zu einem leisen Winseln abgeebbt. Der Sani führte für besondere Fälle etwas Morphium mit. Ein Unterarzt hatte es ihm zukommen lassen.

Oberleutnant Drexler ging zu dem Verletzen und kniete sich ab. Er erkannte Meier, einen mehrfachen Familienvater, der erst kürzlich vom Heimaturlaub zurückgekommen war.

Der Sanitäter sah den Zugführer an.

„Wie sieht es aus?"

„Wenn ich ehrlich sein darf, Herr Oberleutnant, übel! Ich habe getan was ich konnte, aber wenn wir ihn nicht so schnell wie möglich zu einem Arzt bringen, kann ich für nichts garantieren."

Erste Tropfen fielen vom Himmel. Die Landser griffen an ihr Marschgepäck. Als es binnen kürzester Zeit in Strömen goss, waren die Soldaten geschützt in ihre Zeltbahnen gehüllt. Die Zeit schien still zu stehen.

Als nach zwei Stunden das Stöhnen des Verwundeten wieder lauter wurde, ging der Sanitäter zum Zugführer.

„Wir müssen ihn zurück bringen. Er stirbt, Herr Oberleutnant."

Drexler grübelte. Er war mit der Situation mehr als unzufrieden. „Hier liegen überall Minen. Sie sehen nicht, wohin sie treten!"

„Er hat drei Kinder zu Hause."

„Ich weiß. Ich kenne Meier!"

Die Augen des Sanitäters ließen den Blick des Offiziers nicht los, drängten auf eine Antwort.

„Wenn ich Sie und zwei oder drei Mann zurück schicke, laufe ich Gefahr, alle zu verlieren."

„Oder ein Leben zu retten! Das Leben eines Familienvaters."

Wumm

Die Detonation ließ die Köpfe der Soldaten herumfahren. Ein paar Splitter bohrten sich in umliegende Baumstämme. Ein Landser, es war der zugeteilte Pionier, musste austreten und verließ dafür die Igelstellung. Hierbei war er auf eine Mine gelaufen. Leblos lag der Körper auf dem weichen Waldboden. Das Wasser des Regens schwemmte das Blut in die Erde.

„Ironie des Schicksals", flüsterte Unteroffizier Keller zu Großmann. „Er hat selbst etliche Minen verlegt und wurde jetzt Opfer davon."

Drexler stand auf. „Sie sehen doch selbst, wie minenverseucht das Gelände ist. Wenn wir unbehelligt durchkommen möchten, müssen wir bei Tageslicht marschieren."

„Dann ist es zu spät."

Der Oberleutnant überlegte fieberhaft. Er wollte den Tod des Familienvaters nicht verantworten müssen.

„Also gut. Sie, drei Freiwillige und Hönnige! Ihr könnt euch mit dem Tragen abwechseln, der Scharfschütze wird für ausreichend Schutz sorgen."

„Danke!"

„Ich hoffe, ich bereue es nicht", meinte der Oberleutnant ehrlich.
Keller, Großmann und der neue Gefreite, Günther Baar, meldeten sich freiwillig. Gollmann sowie die MG-Schützen I und II, Höpfner und Haßlach blieben beim Zug.
„Sorgen Sie dafür, dass Meier es schafft. Drei Kinder würden ihren Vater behalten. Ich weiß, was das wert ist, denn mein Vater blieb im ersten Krieg im Feld. Ich war gerade mal fünf Jahre alt, als man meiner Mutter die Nachricht überbrachte. Niemals in meinem Leben werde ich diesen Tag vergessen!"
„Herr Oberleutnant, machen Sie sich keine Sorgen", beruhigte Keller. „Wir haben schon andere Dinge geschaukelt."
Der Zugführer war insgeheim froh, dass Jürgen Keller mitging. Der Russlandveteran besaß sowohl die nötige Erfahrung als auch die entsprechende Weitsicht, die kleine Gruppe zurück zu den eigenen Stellungen zu führen.
Wenn nur nicht dieses verdammte Minenfeld wäre. Verflucht!
Die Gedanken des Offiziers wurden jäh durchbrochen.
„Ich glaube, da vorne ist was los. Vorsicht Leute!"
Eine zweite Stimme war zu hören. „Alarm! Sie kommen!"
Drexler griff zur Leuchtpistole, sah Keller an und sagte: „Wenn das Magnesiumlicht erloschen ist, gehen Sie los!"
Der Unteroffizier nickte. Im Wald hallte der Knall der Signalwaffe wider. Das Geschoss zischte steil nach oben, stob auseinander und legte helles, künstliches Licht über die Baumwipfel. Flackernd warf sich der Schein über das Waldgebiet.
Höpfner sah Gestalten und drückte ab. Zwei, drei Gewehre feuerten. Dann erlosch das Licht. Höpfner wechselte sicherheitshalber die Stellung.
Es wurde kein Schuss mehr abgegeben.
„Sie kommen", wurde wiederholt.
Die trügerische Stille hielt an.
„Der Igel steht! Wir werden die Stellung halten. Ihnen wünsche ich viel Glück", waren die knappen Worte, mit denen die kleine Gruppe von ihrem Vorgesetzten verabschiedet wurde.
Keller und Hönnige gingen voraus. Vorsichtig setzten sie die Füße auf den Boden.
Der Verwundete lag auf der zusammenfaltbaren Bahre. Mit jedem Schritt seiner Träger schwankte er leicht hin und her.
Hoffentlich schafft er es, waren Kellers Gedanken.

Was die Soldaten der *275. Infanterie-Division* noch nicht wussten war, dass die Ablösung der ausgebluteten *9. US-Division* bereits erfolgt war. Ihnen gegenüber lag jetzt die kampfkräftige *28. US-Division*. Diese wiederum ahnte nicht, dass ihre Gegner russlanderfahrene Landser waren, die die Härte des Krieges an der Ostfront kennengelernt hatten. Sie gaben keinen Meter Land ohne Kampf preis.

Nachdem die *9. US-Division* seit Kampfbeginn lediglich knappe 2,5 Kilometer Geländegewinn vorweisen konnte, aber hierbei mehr als 4.500 Männer verlor, musste die amerikanische Armee-Führung handeln.
General Eisenhower schickte noch mehr Truppen in den Hürtgenwald. Er wollte mit aller Gewalt durch die nördliche Eifel marschieren.
Erst nach und nach wurde den Alliierten bewusst, dass sie einen großen Fehler begangen hatten. Sie vergaßen in ihren Karten sowohl die Taleinschnitte als auch die Höhen des Geländes zu berücksichtigen. Diese Nachlässigkeit sollte einen hohen Blutzoll fordern.
Mit dem erneuten Angriffsbefehl wurde die größte Niederlage der bisherigen US-Militärgeschichte eingeleitet.

Oberleutnant Drexler war zwar bewusst, dass er seinen Stoßtrupp weit ins Feindgebiet hineingeführt hatte und er rechnete auch mit Feindkontakt, doch der Umstand, dass sie in ein amerikanisches Minenfeld geraten waren, erschwerte die Situation ungemein.
„Es dürfte sich um einen amerikanischen Aufklärungstrupp handeln", meinte einer der Landser. „Sie hätten sonst schon längst zugeschlagen!"
Die Gegner lagen sich abwartend gegenüber.
Drexler hatte den taktischen Befehl zum Einigeln gegeben, da es wenig Sinn machte, im Dunklen durch ein Minenfeld zu marschieren. Die Gefahr, viele Männer zu verlieren, war zu hoch. Bereits jetzt waren ein Toter und ein Schwerverwundeter zu beklagen.
Höpfner lag hinter seiner Waffe und grübelte. Schließlich meinte er zu seinem Schützen II: „Ich weiß nicht, ob ich Keller und die anderen zurück geschickt hätte. Sie fehlen uns im Kampf!"
„Wenn du die Verantwortung gehabt hättest, wie hättest du dich entschieden?"
„Hier bleiben! Ist doch klar!"

„Und was hättest du der Witwe und den Kindern geschrieben?"
Höpfner schwieg.
„Siehst du, keiner möchte solche Briefe schreiben."
„Wir schaffen es auch ohne Keller", kam nun überzeugt. „Ich hoffe nur, dass sie Meier auch durchbringen. Dann hat es sich gelohnt!"

Sie waren geraume Zeit unterwegs, als sie die ersten Schüsse durch den Wald hallen hörten. Das Feuergefecht hatte begonnen.
„Geht weiter", fuhr Keller seine Kameraden an. Er befand sich an der Spitze der Gruppe und bemerkte, dass die Männer hinter ihm stehen geblieben waren.
„Weiter! Wenn wir zu spät kommen, stirbt er", unterstützte der Sanitäter den Unteroffizier verbal und zeigte auf das Minenopfer.
Der Schwerverletzte lag auf einer Bahre. Die Wunde war notdürftig versorgt, doch der Sani wusste, dass der Soldat schnellstens operiert werden musste. „Außerdem habe ich kaum noch Schmerzmittel", bekräftigte er seine Aussage.
Schweigend ging der Trupp weiter. Das feindliche Minenfeld war glücklicherweise nur am Rand gestreift worden und lag nun hinter ihnen. Sie waren in der Nacht weit vorgedrungen. Die Gefahr, einem amerikanischen Stoßtrupp zu begegnen, war deshalb sehr hoch. Noch schützte das Halbdunkel der Dämmerung, doch bald würde es gänzlich hell werden.
Es regnete und war kalt.
„Ich setze mich etwas von der Gruppe ab, dann kann ich euch besser decken", unterbrach der Scharfschütze die monotone Stille, die nur hin und wieder von einem Stöhnen des besinnungslosen Verwundeten durchbrochen wurde. Mit dem Einverständnis des Unteroffiziers verschwand Hönnige im Wald.
Keller wusste, dass dies die einzig richtige Taktik war. Der Scharfschütze besaß sein Vertrauen.
„Hier dürften keine Minen mehr vergraben sein! Achtet aber trotzdem auf den Boden!"
Der fronterfahrene Soldat hatte sich die ganze Zeit nahe der Bäume bewegt. Seine Gedanken kreisten nur um die Minen.
Bei dem dichten Wurzelwerk kommen sie nicht in die Erde, zumindest nicht ohne sichtbare Spuren zu hinterlassen. Hier haben sie garantiert keine Minen vergraben, dachte er.

Es ging weiter. Stumm folgten die Männer. Das Prasseln des Regens schien alles zu übertönen. Lediglich ein sporadisches Stöhnen oder das Klappern eines Ausrüstungsteils waren in unregelmäßigen Abständen zu hören.

Keller hatte sie aus der Todeszone herausgeführt. Das wussten sie. Im Einsatz war dieser Gruppenführer unersetzbar.

„Er hatte Russland überlebt und würde auch die Westfront überleben", erzählten sich die Landser untereinander und hielten sich eng an die Anweisungen des Gruppenführers.

Sie kamen nur langsam voran. Das Wetter verschlechterte sich zusehends. Erste Schneeflocken mischten sich unter den Regen. Der frostige Ostwind verstärkte sich. Kälte fraß sich durch die regennassen Uniformen. Viertelstündlich wechselten sich die Träger ab. Endlich! Der breite Waldweg war erreicht. Keller ließ halten.

„Der Pionier hat gesagt, dass im Bereich des Waldweges von unseren Leuten Sprengfallen zwischen den Bäumen verlegt wurden. Achtet auf Drähte."

„Sollen wir besser warten, bis es ganz hell ist?"

Bevor der Unteroffizier antworten konnte, krachte es. Erst knallte ein einzelner Schuss, dann ratterte ein ganzes Stakkato los.

Hönnige hatte sich ein paar hundert Meter von der kleinen Gruppe abgesetzt. Auch der Scharfschütze hatte die warnenden Worte des Pioniers, der vorm Abrücken auf die Sprengfallen hinwies, nicht vergessen. Peinlich genau achtete der Gefreite auf seinen Weg. Ein Klappern, gefolgt von einem Wortwechsel, ließ ihn inne halten.

Waren das eigene Leute oder ein amerikanischer Stoßtrupp? Er versuchte die Richtung zu orten. Wieder schnappte er Wortfetzen auf. Jetzt war sich der Landser sicher. Es wurde Englisch gesprochen. Der Puls des Scharfschützens erhöhte sich. Geduckt bewegte er sich in Richtung des Weges und suchte dort unter den tief hängenden Ästen einer Tanne Deckung. Zwar hatten die Laubbäume ihre Blätter längst abgeworfen, doch das Grün der Nadelbäume bot immer noch ausreichend Sichtschutz.

Vorteil eines Mischwaldes, dachte er sich dabei.

Vorsichtig lugte er hinter dem dicken Stamm hervor. Seine Hände waren kalt und klamm. Er legte das Gewehr beiseite und rieb die Handflächen aneinander. Dann pustete er warme Atemluft in die zu Fäusten geballten Hände. Routiniert folgte der Griff zur Waffe. Hönnige spürte den Schaft an der Wange. Er lauerte, harrte aus. Oft verglich er sich mit einer Spinne, die in ihrem Netz auf die Opfer wartete. Bewegung! Leise Unterhaltungen. Der Feind tauchte in seinem Blickfeld auf. Sie gingen in loser Formation auf der anderen Seite des Weges am Waldrand entlang. Ein Funkgerät quäkte. Der Scharfschütze versuchte durch die Zieloptik den Spähtruppführer zu erkennen. Die trüben Lichtverhältnisse des kalten, regnerischen Morgens erschwerten das ungemein. Innerlich verfluchte der Soldat das Wetter. Nur schemenhaft waren die amerikanischen Soldaten zu erkennen.

Schneeregen und Dämmerung sind einfach keine guten Voraussetzungen. Verdammt, sie halten direkt auf Keller und die Männer zu. Das geht nicht gut aus.

Dem Gefreiten war schnell klar, dass seine Kameraden direkt auf den Gegner stoßen würden. Zumindest könnte der Feind das Stöhnen des Verletzten hören. Zum Zurückgehen und Warnen war keine Zeit mehr.

Ich muss schießen, um auf die Gefahr aufmerksam zu machen.

Mit dem Gewehr im Anschlag, wartete Hönnige auf den richtigen Zeitpunkt.

Sie fühlen sich sicher. So weit hinten vermuten sie keine Feinde. Oder doch? Ihnen war doch sicherlich über Funk gemeldet worden, dass ein deutscher Stoßtrupp vor ihnen liegt.

Die Amerikaner blieben stehen. Einer von ihnen beobachtete mit einem Feldstecher sowohl den Weg als auch das Waldgebiet. Der deutsche Scharfschütze hatte keine Bedenken, entdeckt zu werden. Er vertraute voll und ganz auf seine Tarnung. Er wusste, dass er mit seiner Umgebung *eins* geworden war. Hönnige hatte sie in der Zieloptik. Gerade als ein GI die Hand hob und offensichtlich seine Leute zum Folgen auffordern wollte, drückte der Scharfschütze ab.

Der Schuss brach. Dumpf hallte das Echo mehrfach durch den Wald. Ziel des Einzelkämpfers war es, den ausgewählten amerikanischen Soldaten durch einen Bauchschuss zu verletzen. Sie sollten sich um ihren Verwundeten kümmern müssen und somit weniger Männer für den Kampf zur Verfügung haben. Ein taktischer Treffer.

Begleitet von den Schmerzensschreien des Getroffenen, wechselte der Gefreite sofort die Stellung. Einige Salven krachten los. Projektile sausten durch das dichte Waldgebiet, fetzten durch Geäst und verloren sich irgendwo im Hürtgenwald, ohne das unsichtbare Ziel zu treffen. Befehle wurden gebrüllt.

Sie würden ihm sicherlich nicht sofort folgen. Ihre Lage war viel zu unklar.
Sie schießen bestimmt noch eine Weile ziellos umher.
Die Amerikaner konnten nicht wissen, wo sein Versteck war. Der Soldat rannte flink zwischen den Bäumen durch. Er musste schnellstens zurück zur Gruppe. Als er im morgendlichen Dämmerlicht eine Markierung an einem Baum erkannte, fiel es ihm gerade noch rechtzeitig ein. *Sprengfalle!*
Er sprang so hoch er nur konnte.
Hoffentlich ist der Draht nur knapp über dem Boden gespannt, war sein einziger Gedanke.
Unsanft landete er auf dem nassen Waldboden und stieß mit dem Knie gegen eine herausstehende Wurzel. Der Schmerz stach heftig, die befürchtete Explosion blieb aus. Er hatte es geschafft. Die Sprengfalle wurde nicht ausgelöst. Die Schüsse hinter ihm verebbten. Der Schmerz am Knie wuchs an.
„Verdammt!", fluchte Hönnige, biss die Zähne zusammen, stand auf und humpelte weiter.
Als der Gefreite das Klacken eines Gewehrschlosses hörte, kündigte er sicherheitshalber sein Kommen an.
„Ich bin´s! Hönnige!"
„Komm rüber!", wurde er aufgefordert.
Der Scharfschütze humpelte seinen Kameraden entgegen.
„Was ist los?", fragte Keller sofort.
„Amis! Ich habe einen von ihnen verwundet. Sie sind auf dem Waldweg. Ich weiß nicht, wie viele", antwortete der aus einem Dorf bei Heilbronn stammende Baden-Württemberger.
„Folgen sie dir?"
„Keine Ahnung."
„Du humpelst. Was ist mit deinem Knie?"
„Aufgeschlagen!"
„Zeig mal her!", forderte der Sanitäter ihn auf.
Die Trage mit dem Schwerverwundeten wurde abgesetzt.
Umständlich zog Hönnige das Hosenbein nach oben. Neben der Kniescheibe war eine hühnereidicke Schwellung entstanden.
„Kannst du das Bein bewegen?"
Der Verletzte schwenkte das Bein hin und her. Sein Gesicht war dabei stark schmerzverzerrt.

„Ich glaube nicht, dass es gebrochen ist, aber neben der Kniescheibe sitzt ein Schleimbeutel. Die Schwellung drückt brutal dagegen und das verursacht unheimliche Schmerzen. Wenn du Pech hast, ist ein Stück vom Knochen abgesplittert. Das ist ähnlich schmerzhaft", erklärte der Sani. „Ich kann dir eine Tablette geben. Das lindert fürs erste die Schmerzen."

„Her damit!"

„Ich glaube, sie kommen", warnte der hessische Kamerad.

Wumm

Mitten aus der Detonation war lautes Geschrei zu hören.

„Das war eine der Sprengfallen, von der uns der Pionier erzählt hat. Dort bin ich gegen die Baumwurzel geknallt."

„Nach rechts ausweichen! Ich gebe euch Rückendeckung und lenke sie ab", befahl Keller.

„Ich bleibe bei dir", beharrte der Scharfschütze.

„Kommt nicht in Frage! Du kannst nicht weglaufen, wenn es hier eng wird."

„Ich bin für die anderen nur Ballast. Sie kommen nicht schnell genug voran, wenn ich mit dabei bin. Wir können das Leben von Meier nur retten, wenn sie so schnell wie möglich vorwärts kommen. Ich würde sie nur behindern."

Der Unteroffizier sah den Sanitäter an. Dieser blickte erst auf das Minenopfer, dann zu Keller. „Zeitlich drängt es unheimlich. Er muss operiert werden", deutete er auf Meier.

„Haut schon ab!", bekräftigte Hönnige.

Keller nickte. „Also gut! Geht los. Wir kommen schon irgendwie heraus. Geht hier geradeaus und macht dann einen großen Bogen. Großmann, du gehst voraus und achtest auf Minen und Sprengfallen! Wir haben es so weit geschafft. Es wäre eine Katastrophe, wenn wir durch eigene Waffen sterben würden. Du und Baar wechselt euch mit dem Sani beim Tragen ab."

„Alles klar."

Während die Männer mit der Bahre losgingen, suchten sich der Gruppenführer und Hönnige gute Positionen und warteten auf den Feind. Herzklopfen.

Wie viele sind es?

Die nasse Uniform klebte schon regelrecht am Körper. Es war mehr als unangenehm. Lediglich der Schub Adrenalin, der durch ihre Adern raste, ließ sie in diesem Moment die Kälte nicht wahrnehmen.

Als nach einer Viertelstunde immer noch kein Gegner zu sehen war, robbte Keller zu seinem etwa zehn Meter weiter entfernt liegenden Kameraden.
„Scheint, als hätten sie die Nase voll! Es rührt sich nichts."
„Möglich! Sie müssen jetzt den angeschossenen GI und die Opfer der Sprengfalle mitschleppen. Es wird hell und sie wissen nicht, wie stark wir sind."
Er behielt Recht. Der amerikanische Stoßtrupp hatte sich zurückgezogen und war dem Kampf ausgewichen.
Die Regen- und Schneewolken wurden von kräftigen Windböen über das Land gepeitscht. Zunehmend schraubte sich die Windstärke nach oben und erreichte Sturmgeschwindigkeiten. Bäume wiegten sich in den kräftigen Böen, als wären es dünne Sträucher. Das Holz knarzte. Die Landser froren. Zitternd vor Kälte harrten sie weiter aus. Sie mussten sicher sein, dass der Feind nicht zurückkam. Als nach einer halben Stunde immer noch kein Gegner auftauchte, schlich sich der Unteroffizier durch das Unterholz, um die Lage auszukundschaften.
Zwanzig Minuten später stand er neben dem vor Kälte schlotternden Hönnige. „Steh auf! Ich stütze dich. Sie haben sich zurückgezogen. Bei der ausgelösten Sprengfalle liegt kein Gefallener und es wurde kein Grab ausgehoben. Aber es liegt jede Menge Verpackungszeug herum. Fast zu viel für nur einen Mann. Ich schätze, sie haben den oder die armen Teufel notdürftig verbunden und schleppen sie jetzt mit. Die haben genug!"
„Prima", antwortete der Verletzte und stand stöhnend auf. „Ahhrg", schnaufte er aus. „Ich glaube, der Sani hat mir Traubenzucker, anstelle eines Schmerzmittels verabreicht. Das Knie tut höllisch weh", schob der Baden-Württemberger nach und rang sich ein Grinsen ab.
„Du verlierst deinen Humor wohl nie?", bemerkte der Unteroffizier. „Beiß die Zähne zusammen!"
Er half dem Scharfschützen, indem er dessen Gepäck schulterte und das Gewehr nahm.
„Wenn wir zurück sind, legst du ein paar Eisbeutel drauf, dann kannst du morgen schon wieder herumturnen", wollte ihn Keller aufheitern, hängte sich das Scharfschützengewehr um und stützte den stark humpelnden Gefreiten.
„Glaube mir ...", presste dieser hervor, „... wenn wir zurück sind, möchte ich von Eis und Kälte nichts mehr sehen, hören oder spüren."

Sie kamen langsam, aber stetig voran. Ohne weitere Zwischenfälle erreichten sie schließlich ihre Stellungen. Keller brachte den Scharfschützen sofort zu den Sanitätern. Als der Gruppenführer das Sanitätszelt verließ, traf er auf Großmann. Nach der üblichen Begrüßung, wobei jeder mit wenigen Worten den Rückweg zu beschreiben hatte, kam die entscheidende Frage.

„Wie geht es Meier? Kannst du mir schon etwas sagen?"

„Der Arzt meinte, es wäre höchste Zeit gewesen. Meier wird gerade operiert, aber sag mal, wo ist der Scharfschütze?"

„Keine Sorge. Hönnige wird auch gerade verarztet."

Zwei Stunden später kehrte auch Oberleutnant Drexler mit dem restlichen Zug zurück. Das Gesicht des Offiziers wirkte versteinert. Er war sichtlich angespannt. Sie hatten vier Mann verloren, zwei waren leicht verwundet.

„... und dann haben sich die Amis auf einmal zurückgezogen", erzählte Höpfner und griff nach dem Becher mit heißem Tee. Im Kanonenofen loderte wärmendes Feuer. Ringsum waren die nassen Uniformteile zum Trocknen aufgehängt.

„Es liegt wieder etwas in der Luft. Ich rieche es förmlich. Die Amis haben neue Kräfte an die Front gebracht und im Wald wimmelt es von Stoßtrupps. Ich sage, sie greifen an."

„Nicht bei diesem Sauwetter!"

Jürgen Keller legte den öligen Lappen zur Seite und betrachtete den Verschluss seiner Maschinenpistole. „Fertig! Was gibt's heute eigentlich zu essen? Weiß jemand, was die Gulaschkanone ausspuckt?"

„Das, was es seit Tagen gibt. Entweder Sauerkraut oder Grünkohl."

„Genau das Richtige für mich. Ich liebe Hausmannskost."

Am nächsten Tag kam Oberfeldwebel Radomski vorbei. Er hielt den Kübel an und stieg aus. Das Zuschlagen der Fahrertür klang blechern. Im Nu waren die schwarz glänzenden Knobelbecher verdreckt, doch das schien den Spieß nicht zu stören. Er pfiff die Melodie von Lale Andersens *Lili Marleen* und stapfte zu Oberleutnant Drexlers Unterkunft.

Privatarchiv des Autors, PA-H-111- ein Unterstand nach Wintereinbruch

Kellers Gruppe kam in diesem Moment vom Essen zurück.

„Ich sehe Radomski zum ersten Mal hier vorne und er weiß genau, wo unser Chef sein Lager aufgeschlagen hat. Wie gibt es das?", wunderte sich Haßlach.

„Ganz einfach", erklärte Obergefreiter Gollmann. „Wenn du genau hinguckst, wirst du sofort erkennen, dass der Funkkraftwagen vorm Haus steht."

„Mich würde eher interessieren, was Radomski hier möchte."

Der Spieß war im Haus verschwunden.

„Das kriege ich raus. Geht ihr schon mal zur Unterkunft, ich komme nach", sagte Unteroffizier Keller und ging in Richtung des Kübelwagens weg. Das requirierte Haus, in dem Oberleutnant Drexler sich und den Zugtrupp einquartiert hatte, unterschied sich nicht von den anderen Gebäuden und war tatsächlich nur durch den Funkkraftwagen mit dessen langen Antennen als Quartier des Zugführers zu erkennen.

Keller klopfte, wartete auf eine Antwort und trat ein. Ein Nachrichtenmann kam ihm entgegen, grüßte und ging nach draußen. Ein Melder folgte. Keller ging durch den Flur des ehemaligen Wohnhauses. Die laute Stimme von Radomski war nicht zu überhören. Als Keller im Türrahmen stand, bat ihn Drexler herein.

„Es gibt Neuigkeiten", klärte der Offizier seinen Gruppenführer sofort auf.

Radomski nickte Keller grüßend zu. „Für euch habe ich etwas dabei", schob der Spieß schnell ein.

„Oberfeldwebel Radomski hat mir gerade eine Nachricht überbracht. Ich soll mich unverzüglich beim Bataillon melden. Es wird wohl darauf hinauslaufen, dass ich das Kommando des Zuges auf Feldwebel Gießenmeier übertrage, da ich die Führung der Kompanie übernehme."

„Und Hauptmann Retzer?"

„Er wird das Bataillon führen. Man hat ihn zum Major befördert und zeitgleich in den Bataillonsstab berufen."

Pause.

Der Offizier sah seinen Unterführer skeptisch an. „Was führt Sie eigentlich hierher? Haben Sie ein Anliegen?"

„Wissen Sie schon, wie es um Meier steht?", erkundigte sich der Unteroffizier und sprach seinen Vorgesetzten damit ausweichend auf das Minenopfer an. Er konnte schlecht seine Neugier bezüglich Radomskis Besuchs als Grund angeben.

„Ich war heute Vormittag bei ihm. Es geht ihm den Umständen entsprechend gut. Danach habe ich mit Stabsarzt Dr. Pfeiffer gesprochen. Die Operation ist gut verlaufen. Allerdings war alles sehr knapp. Ihm wurde durch das schnelle Handeln tatsächlich das Leben gerettet. Sobald Meier transportfähig ist, wird er in ein Krankenhaus verlegt."

Keller war sichtlich erleichtert.

„Hönnige ist auch schon wieder fit. Er hat 'nen Streckverband bekommen und sitzt beim Waffenunteroffizier. Zwei, drei Tage soll er sich komplett schonen. Neben dem dicken Knie quält ihn zusätzlich ein kräftiger Schnupfen."

Die Haustür wurde geöffnet. Feldwebel Gießenmeier und der Melder kamen herein.

„Dann gehe ich mal zu meiner Gruppe und überbringe die neuen Nachrichten."

„Moment", bat ihn Radomski zu warten. „Ich habe für euch Marketenderware und Feldpost dabei."

Keller wartete vor der Tür. Er zückte seine Zigaretten, zündete sich eine an und stand rauchend neben Radomskis Kübelwagen.

Der Spieß kam etwa zehn Minuten später hinzu und gab dem Unteroffizier die Sachen. Keller nahm sie gern entgegen. „Das wird für gute Laune sorgen. Die letzte Zeit war doch sehr anstrengend."

„Ich weiß, Jürgen. Ich habe mich mit den anderen Hauptfeldwebeln getroffen, als wir die Verlustlisten abgaben. Die gesamte Division ist stark dezimiert worden."

Radomski meinte damit die Oberfeldwebel mit Kolbenringen an den Feldblusenärmeln, die sie als Spieße der Kompanien erkenntlich machten. Sie führten zwar die Bezeichnung *Hauptfeldwebel*, der vermeintliche Dienstrang war aber lediglich eine Dienststellung.

„Liegen wir deshalb im Bereitschaftsraum?"

Die Mutter der Kompanie, wie der Spieß auch genannt wurde, sah sich um. Als er feststellte, dass sie allein waren, sprach er weiter. „Ich habe mitbekommen, dass hier in der Nähe eine Großübung stattfindet. Mindestens drei Divisionen, darunter eine Panzer-Division, liegen direkt hinter uns. Das lässt doch hoffen. Ich verwette meinen gesamten Jahressold, wenn da nicht etwas ganz Dickes in der Luft liegt."

„Dein Wort in Gottes Ohr."

Sie verabschiedeten sich. Keller brachte Post und die willkommene Marketenderware zu seiner Gruppe. Es gab Drops und Scho-ka-kola. In der Unterkunft herrschte beste Stimmung und die Strapazen des letzten Stoßtrupps waren verdrängt. Sie saßen beisammen und tranken den letzten Whiskey. In der Stube war kein Sitzplatz mehr frei. Der Dunst von blauem Zigarettenqualm schwebte in Form einer dicken, stets wabernden Wolke über ihnen.

„Lasst uns ein paar Lieder schmettern", schlug Gollmann vor und stimmte an. „Es zittern die morschen Knochen … die Welt vor dem roten Krieg … wir haben den Schrecken gebrochen … für uns war´s ein großer Sieg …"

Jetzt stimmten alle mit ein.

„… Wir werden weiter marschieren … wenn alles in Scherben fällt … denn heute da hört uns Deutschland … und morgen die ganze Welt."

Nachdem alle vier Strophen des *Baumann-Liedes* gesungen waren, trällerte Haßlach sofort weiter. „Wir sind die alten Landser … kennen die halbe Welt … von Nord nach Süd, von Ost nach West … reisen wir ohne Geld …"

Das Singen und Lachen lockte nach und nach den ganzen Zug an. Die Bude war brechend voll und jeder Soldat zauberte irgendwoher Schwarzbestände. Als später am Abend einer der Kameraden eine Trompete auspackte und damit den *Florentiner Marsch* schmetterte, war alles perfekt.

Es sollte für lange Zeit das letzte unbeschwerte Beisammensein bleiben. Bereits zwei Tage später bebte die Erde. Es war Allerheiligen. Morgens, kurz vor 8 Uhr, ging es los. Unteroffizier Keller wollte gerade den Dienstplan bekanntgeben, als die amerikanische Artillerie die deutschen Stellungen mit tausenden von Granaten eindeckte. Auch der Bereitstellungsraum blieb nicht verschont, wenn auch nicht so schlimm betroffen wie die HKL selbst.

Melder rasten umher. Feldtelefone schrillten.

„Jawohl, Herr General", bestätigte der Bataillonskommandeur den Befehl. „Wir rücken sofort ab!"

„Alaaaaarm!", wurde gebrüllt.

Stahlhelme auf und festzurren. Waffen an den Mann.

Sitzt das Koppel? Brotbeutel nicht vergessen.

„Habt ihr die Zeltbahn dabei?", wurde gefragt.

Hektik! Dazwischen immer wieder das Heulen der Granaten und Krachen der Einschläge. Es ging wieder nach vorn. Der Feind griff an. Diesmal mit Artillerievorbereitung.

Oberleutnant Drexler saß in seinem Kübelwagen und wurde aufgrund der rasanten Fahrt hin und her geschleudert. Trotzdem versuchte er die Karte zu studieren. Nach einer Stunde war der Höllenzauber am Himmel beendet. Über Funk wurde die neueste Lage durchgegeben. Amerikanische Verbände stürmten massiv gegen die vordersten Linien.

Die *28. US-Division der Pennsylvania National Garde* schickte ihre Regimenter in den Kampf.
Das *109. US-Regiment* stürmte Richtung Hürtgen, das *112. US-Regiment* über Vossenack zu den Höhen von Kommerscheid und das *110. US-Regiment* gegen den Ochsenkopf und die dortige Bunkerlinie.
Oberleutnant Drexlers Ziel war Vossenack. Er sollte die in der Ortschaft befindlichen Truppen mit seiner Kompanie unterstützen. Das restliche Bataillon war im Umfeld eingesetzt.
Auf dem Vormarsch zum Einsatzort rechneten sie bereits mit dem Schlimmsten, doch außer ein paar wenigen Granaten, die links und rechts ihrer Strecke einschlugen, blieb die Kompanie bis dahin weitgehend unbehelligt.
Als sie das Eifeldorf erreichten, bemerkten die deutschen Soldaten die Auswirkungen des Artillerieangriffs. Sanitätsfahrzeuge rollten ihnen entgegen. Rauch stieg auf. Kaum ein Haus war verschont geblieben. Fast alle wiesen Treffer auf. Ein paar Häuser brannten. Kameraden rannten durch die mit Trümmern übersäten Straßen. Sie hatten ein höllisches Stahlgewitter überlebt. Befehle wurden geschmettert. Panzerjäger auf einer Selbstfahrlafette, gefolgt von einer Protze mit angehängter Pak, preschten vorbei.
„Sie werden über die Hauptstraße kommen und weiter nach Schmidt stürmen!"
„Die Straße liegt im Bereich unserer Acht-Acht!"
„Aus diesem Grund werden sie einen anderen Nachschubweg suchen und der einzige in Frage kommende Nachschubweg dorthin ist befestigter Waldweg über die Kallschlucht", sagte der frisch gebackene Kompanieführer beim letzten Antreten.
Das Kartenlesen hatte sich gelohnt. Es musste einfach so sein. Sein militärischer Sachverstand ließ keine andere Alternative zu.
„Das ist steil und eng. Dort kommt kein Panzer hoch!"
„Ich hoffe es! Wir müssen Aufklärer dorthin schicken, um es heraus zu bekommen! Besetzt die Häuser!"
Die Kompanie schwärmte aus. Im gleichen Moment war das Dröhnen schwerer Motoren zu hören. Erste Panzergranaten schwirrten durch die Luft, senkten sich ab und detonierten krachend.
Wumm
Drexler beobachtete die Shermans, die von der Hauptstraße kommend auf die große Wiesenfläche vor dem Dorf fuhren und sich dort verteilten, um auf breiter Front anzugreifen.

Wumm
Immer mehr Explosionen zerrissen die Luft. Die meisten Einschläge musste das brennende Dorf hinnehmen, doch auch auf der Wiese vor der Ortschaft hatte es ordentlich gekracht. Durch das Fernglas konnte Drexler erkennen, dass die vordersten zwei US-Panzer auf Minen gefahren waren. Gesprengte Ketten. Manövrierunfähig standen die beiden Kolosse da. Die schweren Rollen hatten sich tief ins Erdreich geschoben.

„Unsere Pioniere haben die Wiese vermint", triumphierte er, dann zog er den Kopf ein, da eine Panzergranate in der Nähe seiner Stellung detonierte.

Infanterie folgte den Panzern. Maschinengewehre ratterten los. Granatwerfer feuerten.

Die Bedienmannschaften der Panzerabwehrkanonen suchten ihre Ziele. Der Kampf um Vossenack hatte begonnen.

Unteroffizier Keller rannte geduckt durch die Straßen, sprang über ein paar Trümmer hinweg und presste sich gegen die Wand eines weiß getünchten Hauses.

Geschafft!

Großmann und Baar befanden sich dicht hinter ihm. Keller ging bis zum Hausende und lugte ums Eck. Seine linke Hand schnellte nach oben. Er winkte seine Männer zu sich heran und rannte los. Sein Ziel war das auf der anderen Straßenseite zusammengeschossene Haus.

„In der Ruine finden wir beste Deckung. Hier müssen sie vorbei, wenn sie in die Dorfmitte vorstoßen möchten", brüllte er, um den Kampflärm zu übertönen.

Immer wieder detonierten Granaten um sie herum. Während Höpfner und Haßlach als letzte die Straße überquerten, pfiffen Projektile aus Gewehrsalven um ihre Köpfe. Beide brachten sich hinter dem Zaun der Hausruine in Deckung. Haßlach verlor beim Aufprall auf dem Boden einen Munitionskasten. Dieser knallte gegen einen großen Stein und sprang auf.

„Mist", plärrte der Schütze II des MG 42 und sammelte den Gurt ein.

„Das Maschinengewehr zu mir!", donnerte Kellers Stimme zu ihnen hinüber. Großmann und Baar feuerten die ersten Schüsse ab.

„Der Ami kommt!"

Schnell war Höpfner bei Keller. Eine Granate hatte neben einem Fenster ein großes Loch in die Hauswand gesprengt. Der Gefreite setzte das Zweibein seiner Waffe auf die Mauer. Das MG war schussbereit. Haßlach kam heftig schnaufend dazu. Höpfner presste den Kolben in die Schulter und ließ seinen Blick über das Visier gleiten. Sie kamen im Pulk. Er krümmte den rechten Zeigefinger. Das Rattern begann. Mündungsfeuer blitzte auf. Patronenhülsen wurden ausgeworfen. Der Gurt wurde von Haßlach mit beiden Händen gehalten, damit er glatt durchlief und keine Hemmung entstand. Der Schütze I feuerte mitten in die Reihen der Angreifer. Einige rissen getroffen die Hände nach oben, ein oder zwei sackten sofort tödlich getroffen zusammen. Es war, als rannten sie gegen eine unsichtbare, stählerne Wand.

„Sie gehen in Deckung", stellte der Unteroffizier fest, der die Wirkung des MG beobachtet hatte. „Bleib drauf!"

Das feindliche Feuer verstärkte sich. Höpfners MG hatte den Angriff an die Flanke gestoppt. Das freie Feld vor ihnen sowie die ins Dorf führende Landstraße lagen genau im Schussfeld des Maschinengewehrs. Es gab an dieser Seite kein Vorbeikommen, ohne gesehen zu werden. Immer wieder jagte der Russlandveteran dem Feind seine Salven entgegen, dann detonierten die ersten Granaten am Haus. Steinsplitter und Staub wurden hochgewirbelt. Instinktiv zog Höpfner das Maschinengewehr ins Hausinnere.

„Sie haben uns ausgemacht und schicken die Blechdosen!"

Panik war in Haßlachs Augen zu erkennen. „Sollen wir abhauen?"

Kettengerassel gefolgt von trockenen Abschüssen der Panzerkanonen bestätigte die Vermutung.

Wumm

Krachend bohrten sich die Granaten in die Hauswand und rissen weitere Löcher.

„Ahh", hallte ein Todesschrei durch die Zimmer.

Einer der neu zugeteilten Soldaten lag blutüberströmt unter Mauerresten. Jede Hilfe kam zu spät.

„Verdammt, mich hat´s erwischt", brüllte auch Baar auf.

Der Hesse hatte einen Streifschuss an der Wange abbekommen. Das Gesicht war binnen kürzester Zeit vollkommen blutverschmiert.

Keller kümmerte sich sofort um seinen Kameraden. „Halb so wild", versuchte er Baar zu beruhigen und hielt ein Taschentuch an die Wunde. „Ist nur ´ne blöde Stelle für einen Verband."

„Danke!"

„Wir müssen raus hier!"

Schnell sammelte sich die Gruppe und schlüpfte nach hinten, aus der vom Feind nicht einsehbaren Hausseite, durch ein Fenster in den Garten. Wieder begann ein Spießrutenlaufen. Geduckt hetzten sie zum Zaun, sprangen darüber, während Höpfner mit dem MG davor liegen blieb und in Stellung ging. „Ich gebe euch Deckung! Haut ab!"

Haßlach nahm seinen Platz neben dem Schützen I ein.

Drei kleinere Detonationen waren aus dem Haus zu hören. „Sie sind dort. Das waren Handgranaten", meinte Höpfner. „Gleich werden sie ums Eck kommen!"

Sie kamen mit geballter Kraft. Auf der Straße rollten die Panzer in Reihe hintereinander auf sie zu, während die ersten amerikanischen Soldaten an der Hausruine auftauchten. Ungeachtet der Panzergefahr, drückte Höpfner ab. Zeitgleich bellten auch die ersten Schnellfeuergewehre der GI´s auf.

Haßlach glaubte das Herausschleudern der Hülsen in Zeitlupe zu verfolgen. Er hatte Angst, fürchterliche Angst, die ihm weiche, schlottrige Knie bescherte. Der Gegner war übermächtig, die Panzer kamen immer näher und er fühlte sich hilflos. Als nächstes begannen seine Hände zu zittern.

„Es ist soweit! Los, hoch mit dir! Auf! Weg hier!", brüllte der Schütze I, sprang auf und riss Haßlach mit. Doch kaum hatten auch sie den Zaun übersprungen und ein paar Meter zurückgelegt, mussten sie sich wieder auf den Boden werfen. Eine Maschinengewehrsalve strich knapp über ihre Köpfe hinweg.

Oberleutnant Drexler sah, wie sich zwei Shermans, gefolgt von Infanterie um ein Haus herum schoben. Dann erst bemerkte er die Gruppe flüchtender Landser. Ein MG schien den Rückzug abzudecken. Die Shermans eröffneten mit ihren Bord-MG das Feuer. Hastig blickte sich der Kompanieführer um. Nur zwanzig Meter von ihm entfernt stand eine Protze.

„Wo eine Protze steht, ist die Pak nicht weit weg", rief er aus und rannte zum Protzenfahrzeug. Der Offizier hatte Glück. Die Pak stand tatsächlich nicht weit weg. Schnell war auf das Ziel gezeigt. Die Kanone wurde gedreht, eine Panzergranate geladen.

Der Richtschütze visierte an.

„Fertig!"

„Feuer!"

Wumm
Während die Pak-Bedienmannschaft Ohrenstöpsel trug, hielt sich Drexler mit den Händen die Ohren zu.

„Knallt sie ab", rief er und rannte zurück zu seiner Ausgangsstellung, wo schon sein Nachrichtenmann auf ihn wartete.

Keller verharrte. Er ging in Deckung und feuerte in Richtung der Verfolger bis sein Magazin leer war. Schnell lud er nach. Höpfner und Haßlach saßen fest. Ein Sherman rollte auf sie zu. Die amerikanische Infanterie hielt im Moment die Köpfe unten, aber der verfluchte Panzer schoss unaufhörlich. Dann krachte es. Die erste Granate war über den Panzer hinweg geflogen und detonierte in der Hauswand. Schreie!

Sie musste direkt bei den in Deckung liegenden GI's eingeschlagen sein.

Eine weitere Detonation folgte.

Wumm

Diesmal krachte eine Granate dicht beim Panzer in den Boden. Steinchen und Metallsplitter trommelten gegen den Stahl. Die Wucht der Explosion ließ krachend die Kette reißen. Der Sherman rollte noch einen Meter weiter, bremste ab und blieb notgedrungen stehen. Das Rohr wurde mit dem Turm geschwenkt. Der zweite Stahlkoloss hatte ebenfalls angehalten und feuerte bereits auf die hilfreiche Pak.

Wumm

„Treffer!", brüllte Keller, als nach einer lauten Explosion eine Stichflamme aus dem manövrierunfähigen US-Panzer schoss und anschließend dichter, schwarzer Qualm in den Himmel stob.

„Lauft", schmetterte die Stimme des Unteroffiziers los. „Lauft!"

Die MG-Schützen sprangen daraufhin auf und liefen so schnell sie konnten zu ihren Kameraden.

Mit geballter Macht drückten die US-amerikanischen Streitkräfte nach Vossenack ein. Es wurde um jedes Haus gerungen. Abgeschossene US-Panzer blockierten die Straßen. Beißender Qualm lag in der Luft. Zeitweise war vom Rauch brennender Hausruinen die Sicht völlig genommen. Oft erkannte man den Gegner erst, wenn er direkt vor einem stand. Heftige Nahkämpfe waren die Folge. Die Feuergefechte rissen nie ab.

Trotz der Übermacht, konnte bis zum Abend ein Teil der Ortschaft von den deutschen Truppen gehalten werden. Die Lage war allerdings mehr als katastrophal.

„Wir brauchen dringend Unterstützung! Die einzige Selbstfahrlafette, die hier war, ist zerstört! Wenn kein Entsatz kommt, müssen wir Vossenack spätestens morgen räumen", plärrte Oberleutnant Drexler in das Funkgerät.

Sie waren abgekämpft, müde, ausgelaugt. Beinah hätte Drexler den Befehl zum Rückzug erteilt, doch glücklicherweise hatte der Gegner bei Anbruch der Nacht die Kämpfe eingestellt.

Unteroffizier Keller lag mit seiner Gruppe in einer der Ruinen. Sie hatten halbwegs ein Dach überm Kopf und gute Deckung. Baars Wunde an der Wange wurde gerade vom Sanitäter verarztet. Der Soldat mit der Rotkreuz-Binde am Oberarm kroch von Stellung zu Stellung und rannte von Ruine zu Ruine. Vor wenigen Minuten war er bei ihnen angekommen. Zufrieden schloss er den Sanitätskoffer.

„Gut, dass du die Wunde gesäubert hast, ...", sagte er abschließend, „... denn bei dem Dreck hier hättest du dir schnell 'ne Entzündung eingefangen und damit ist nicht zu spaßen."

Der leicht verwundete Hesse grinste, wobei er den Mundwinkel an der gesunden Wangenseite weiter zurückzog als den anderen. „So was habe ich mir schon gedacht und das beste Taschentuch versaut, das mir meine Bärbel mitgegeben hat."

„Sonst noch jemand hier, dem ich etwas Gutes tun kann?"

„Schau dir mal meine Hand an", raunte Haßlach und kam rüber gerutscht. „Bei einem Laufwechsel am MG habe ich den Asbestlappen falsch gehalten und mir die Flosse verbrannt. Das hat scheußlich wehgetan."

„Zeig mal her."

Der Sani ließ den fahlen Lichtstrahl seiner Taschenlampe über die Hand gleiten. Zwei große Brandblasen, deren Oberschicht schon zerfetzt war, stachen sofort ins Auge. Das rosa Fleisch darunter schimmerte deutlich hervor. Den MG-Schützen II musste jede Berührung schmerzen.

„Wann ist das passiert?"

„Schon länger her. Irgendwann mal tagsüber. Habe es im Gefecht nicht so gespürt."

„Dafür tut es jetzt umso mehr weh, stimmt´s?"

Haßlach nickte verhohlen.

„Brauchst dich nicht zu schämen, Kamerad. Du hast gut durchgehalten."

Keller hatte das Gespräch mitbekommen und klopfte dem jungen Landser auf die Schulter. „Prima gemacht!"

Stolz, dass der hoch dekorierte Unteroffizier mit seiner Leistung zufrieden war, ließ er sich behandeln.

Fünf Minuten später packte der Sani endgültig zusammen. „Ich habe Brandsalbe drauf geschmiert. Pass auf, dass du den Verband nicht verlierst. Morgen komme ich wieder vorbei und sehe mir die Wunde nochmal an. Brauchst du 'ne Schmerztablette?"

„Nein, ich glaube nicht."

„Gut, dann ziehe ich mal weiter."

Baar klopfte dem Sani auf die Schulter. „Pass auf, dass du nicht versehentlich in 'ne Ruine rennst, wo der Ami sitzt!"

„Kaum ist die Backe verarztet, kommen schon die ersten dummen Sprüche", lachte der Sanitätssoldat aus.

„War ernst gemeint. Bei dem Verhau dort draußen verliert man leicht den Überblick."

„Weißt du, wo Feldwebel Gießenmeier oder Oberleutnant Drexler sitzen?", wollte Keller in Erfahrung bringen.

„Gießenmeier? Ich glaube, den hat's erwischt. Drexler ist gar nicht weit von hier. Einfach die Straße runter und die nächste Querstraße rein. Von dort komme ich gerade."

„Danke."

„Dann bis morgen, und passt auf euch auf!" verabschiedete sich der Sanitäter und verschwand im Dunkel der Nacht.

„Wie sieht die Lage aus?", rief Keller Großmann zu, der im ersten Stock des zusammengeschossenen Hauses lag und gute Sicht hatte.

„Alles ruhig. Ab und zu sieht man Tarnlicht. Ich glaube, sie holen ihre Verwundeten ab."

„Dann werden sie frühestens morgen bei Tageslicht wieder angreifen", war sich der Unteroffizier sicher. „Ich gehe mal zum Kompanieführer. Gollmann, du übernimmst so lange das Kommando. An eurer Stelle würde ich was mampfen und mir anschließend 'ne halbwegs gemütliche Ecke zum Pennen suchen", schlug Keller vor, dann verließ auch er die Ruine.

Als der Kübelwagen angehalten hatte, löste Major Retzer den Lederriemen seines Stahlhelms. Er sprang aus dem geländegängigen Militärkraftwagen und ging eilig in das requirierte Anwesen, in dem der Regimentsstab untergebracht war.

„Herr Oberst", begann er ohne Umschweife, nachdem ihn sein Kommandeur begrüßt hatte. „Die Lage ist katastrophal. Der Feind bricht mit ..."

Der Regimentskommandeur hob die Hand. „Moment!", sagte er und winkte Retzer zu sich. „Kommen Sie her."

Der Major ging direkt zum Schreibtisch seines Vorgesetzten.

„Sehen Sie mal auf die Karte. Mit den anderen Bataillonskommandeuren habe ich telefoniert. Da Sie mit ihrer Einheit in unmittelbarer Nähe liegen, dachte ich, wir sprechen persönlich miteinander, zudem ich noch zur Übernahme des Bataillons mit gleichzeitiger Beförderung gratulieren wollte."

„Danke!"

Major Retzer schlug die Hacken zusammen.

„Nun", begann der ranghohe Wehrmachtsoffizier zu berichten, „vor wenigen Minuten hatte ich eine Lagebesprechung. Ich kann Sie beruhigen. Der Amerikaner hat sich für seine Offensive einen äußerst ungünstigen Zeitpunkt ausgesucht. Bereits vor Stunden hatte ich einen Anruf vom Divisions-Kommandeur. Feldmarschall Model hat General von Manteuffel mit einem groß angelegten Manöver beauftragt, welches hier in der Nähe stattfindet. Mir wurde mitgeteilt, dass sich bereits zwei Divisionen auf dem Weg hierher befinden. Zusätzlich, als dritte Einheit, kommt noch die Windhund-Division."

„Die *116. Panzer-Division*?", fragte Retzer sofort nach.

„Richtig! Sie haben schon den Marschbefehl erhalten."

„Hoffentlich kommen sie noch rechtzeitig. Meine Männer wurden schwer angeschlagen. Vossenack kann ohne Unterstützung nicht mehr lange gehalten werden."

„Die amerikanischen Regimenter haben ihre Ziele nicht erreicht. Am Ochsenkopf wurden sie abgewiesen. Vossenack konnte gehalten werden. Zwar sind Teile des *112. US-Regiments* vorbeimarschiert, um nach Kommerscheid und Schmidt zu gelangen, doch auch sie schafften die Vorgaben nicht und mussten sich notgedrungen zurückziehen. Ein drittes amerikanisches Regiment wurde durch unsere Minengürtel aufgehalten. Wenn wir jetzt nur noch so lange aushalten, bis unsere Verstärkung eintrifft, können wir es schaffen!"

Retzer war erleichtert.

Es begann wieder zu regnen. Keller fluchte innerlich, als er die Straße entlang ging. Alles wirkte kalt und gespenstisch. Zwei Kameraden trugen einen Gefallenen auf einer Bahre zurück. Ein immer noch brennendes Panzerwrack spendete orange-rotes Licht. Jeder Atemzug in der Nähe von brennendem Öl stach in den Lungenflügeln.

„Unteroffizier Keller! Sie kommen wie gerufen", freute sich Oberleutnant Drexler. „Gießenmeier ist gefallen. Sie werden den Zug übernehmen."

„Ich?", stieß der Russlandveteran perplex heraus.

„Genau das sagte ich."

„Zu Befehl", schob Keller nach, als der einen fragenden Blick in Drexlers Augen erkannte.

„Ich habe bereits beim Bataillon Verstärkung angefordert. Hoffen wir, dass wir sie auch bekommen. Sie gehen mit ihrem Zug hier in Stellung."

Der Finger des Offiziers lag auf einer Karte. Keller wurde in die aktuelle Lage eingewiesen. Der Kompanieführer ließ jedes Haus, jede Ruine und jeden Trümmerhaufen, der auch nur einigermaßen gut zu verteidigen war, besetzen. Er wollte das Dorf halten. Zur Not bis zum letzten Mann. Der Krieg hatte nun auch mit seinen Bodentruppen die Heimat erreicht. Der Feind befand sich in Deutschland. Hier sollte jeder Meter Boden bis zum Letzten verteidigt werden."

Der Regen hatte nicht nachgelassen. Nebelfelder waren hinzugekommen. Wie kleine Himmelsdecken hatten sie sich über das Land gelegt und schienen die Herbstkälte am Boden festschnüren zu wollen.

Obergefreiter Gollmann streckte sich. Er hatte die letzte Wache übernommen und vor einer Stunde den Posten im Obergeschoss bezogen. Es wurde hell, doch aufgrund des Nebels war nur wenig bis gar nichts zu erkennen.

„Verfluchter Dauerregen, scheiß Nebel", schimpfte der Landser.

Nach und nach wachten sie auf. Das Frühstück fiel karg aus. Wasser oder kalter Tee aus der Feldflasche, Kommissbrot von gestern und je nach Vorrat, Dosenwurst, Käse oder Marmelade. Die Gesichter der Soldaten wirkten matt. Sie waren schmutzig und bei den meisten mit Bartstoppeln übersät.

„Ich kann sie zwar nicht sehen, aber die Motorengeräusche sind trotz des Mistwetters zu hören", rief Gollmann seinen Kameraden zu.

Das Tackern eines Maschinengewehrs und das Rauschen von Granaten leiteten einen weiteren Angriff der Alliierten ein.

„Alle auf Posten", plärrte Keller.
Höpfner konnte nichts erkennen. Er sah vor sich nur Regenwasser und Nebelfelder, doch es war ihm egal. Der Schütze I zog den Abzug durch und jagte immer wieder kurze Salven in die weiße Wolkenwand. Es beruhigte sein Gewissen.

Alle Scharfschützen des Bataillons hatten sich versammelt. Major Retzer, der wusste wie wichtig diese spezielle Waffengattung war, wollte seine Einzelkämpfer gezielt einsetzen. Schnell war die Lage an der Front erklärt, die Angriffsziele der US-amerikanischen Streitkräfte erörtert.

„In Vossenack wird um jedes Haus gekämpft. Kommerscheid und Schmidt sind zwischenzeitlich gefallen. Entsatz ist unterwegs und zum Teil schon eingetroffen. Meine Herren, die Amerikaner haben an diesem Frontabschnitt nur einen einzigen Nachschubweg. Dieser führt durch die Kallschlucht steil nach oben. Sie haben dort mächtige Probleme. Wir werden ihnen noch mehr davon bereiten."

Der Major sah in die Augen der Männer.

„Ich setze auf Sie! Schon *Hermann der Cherusker* nutzte den Wald, um gegen die Legionen des römischen Kaisers zu kämpfen. Er siegte gegen Varus und dessen militärischer Übermacht. Auch wir werden den Wald ausnutzen. Baumschützen richten immensen Schaden an. Gehen Sie dort raus in den Wald, verteilen Sie sich am Nachschubweg und zermürben sie den Feind."

Diese Worte hatte Jörg Hönnige immer noch im Kopf, als er bei Nebel und Regen losgezogen war. Der erfolgreiche Scharfschütze hatte diesmal für fünf Tage Verpflegung erhalten. Schnell trennten sich die Wege der Einzelkämpfer. Allein zog der Baden-Württemberger durch das Gehölz, immer auf der Hut jederzeit auf den Feind zu treffen. Obwohl der Gefreite nicht im Schussfeld der Artillerie lag, bedurfte es doch einer gewissen Zeit, sich an das schier unaufhörliche Donnern der verschiedenen Geschütze zu gewöhnen.

Er war in seinem Element. Allein im Niemandsland und auf der Jagd. An seinen Sturz erinnerte nur noch ein großer blauer Fleck am Knie. Die Schwellung war längst zurückgegangen, der Schnupfen hatte sich verflüchtigt. Die befürchtete starke Erkältung mit Fieberschüben und Halsschmerzen war ausgeblieben.

Gott sei Dank.

Der Tank war voll, die Marschroute klar. Das Sturmgeschütz von Wachtmeister Georg Lannert rollte durch die Nacht. Die Besatzung war eingespielt und aufgrund ihrer Erfolge bereits ausgezeichnet worden. Johann Eck steuerte den Stahlkoloss und konzentrierte sich auf die Strecke, während der Ladeschütze und Funker, Thomas Kleimann mit dem Richtschützen, Arno Pferch, heftig darüber diskutierte, ob die Wehrübung bei Gut Schlenderhahn wichtig war oder nicht.

„Haltet mal die Klappe", moserte Eck. „Es ist ekelhaftes Wetter und ich sehe keine drei Meter weit. Wenn ich unser Sturmgeschütz nicht in den Graben setzen soll, brauche ich Ruhe!"

Für einige Minuten hielten sich die anderen daran, dann hatte Kleimann eine Frage. „Wo geht´s denn genau hin?"

„An den Westwall", antwortete Wachtmeister Lannert. „Die Amis wollen die Rurtalsperre einnehmen und das werden wir verhindern!"

„Da haben die Kameraden vom Westwall aber riesiges Glück, dass wir gerade in der Nähe sind."

„Ich würde sagen, es war riesiges Glück, dass wir bei der Übung auch unseren Munitions-Tross dabei hatten. Wir rücken sozusagen wie bestellt komplett kampfbereit an!"

Das Gespräch verstummte wieder. Eine gute halbe Stunde später besserte sich die Wetterlage ein wenig.

„Endlich lässt der Regen mal nach. Es ist grausam, bei so einem Wetter und nur mit Tarnlicht zu fahren", schimpfte Eck und beschleunigte das Sturmgeschütz III, welches mit einer 7,5 cm Kanone und einem MG 34 ausgestattet war.

Der Maybachmotor hatte sechs Vorwärts- und einen Rückwärtsgang. Mit seinen 310 Litern Tankinhalt konnte das Sturmgeschütz mit einer Höchstgeschwindigkeit von max. 44 km/h, je nach Gelände, zwischen 90 und 165 km Wegstrecke zurücklegen.

Als Nachrichtenmittel war ein 10 Watt starkes UKW Funkgerät eingebaut. Allerdings konnten nur die Fahrzeuge vom Zugführer aufwärts senden und empfangen. Alle anderen Sturmgeschütze konnten lediglich Nachrichten empfangen.

Die Gegend wurde immer hügeliger. Der Regen setzte wieder ein. Diesmal prasselte es so stark, dass die Geschwindigkeit auf Schritttempo verringert worden war. Das anfängliche Trommeln des Wassers auf den Außenstahl des Panzerfahrzeugs war zum Stakkato geworden, dessen monotoner Takt die Besatzung eindösen ließ.

Eck war damit ganz zufrieden. Wenn es im Panzerwagen ruhig war, konnte er sich besser aufs Fahren konzentrieren. Der Sturmgeschützfahrer liebte es, den schweren Stahlkoloss zu lenken. Das Rasseln der Ketten und das Brummen des Motors waren seine Welt. Leise pfiff er das Panzerlied. Erst als die Strecke immer unwegsamer wurde und Kleimann mit dem Kopf gegen das Funkgerät knallte, wachten alle durch seinen Schmerzschrei auf.

„Aua! Was bist du nur für ein mieser Kieskutscher?", mokierte er sich.

Eck nahm es gelassen. Lannert gähnte laut und aus dem Funkgerät knarzte blechern die Stimme des Zugführers.

„1. Zug, Position Falkennest ansteuern!"

Eck, der vor der Abfahrt mit Lannert die Strecke besprochen hatte, bat um kurze Hilfe. „Georg, kannst du nochmal auf die Karte sehen! Wir sind das erste Fahrzeug und ich möchte mich nicht blamieren."

„Falkennest ist auf dem Höhenrücken Brandenberg-Bergstein."

Das Kettenfahrzeug schwenkte nach weiteren 500 Metern ein, der restliche Zug folgte.

Langsam verflüchtigte sich die Nebelwand, was die Sicht in Vossenack einigermaßen verbesserte. Im ganzen Ort wurde gekämpft. Gruppen- oder zugweise liefen Soldaten durch die Straßen, lieferten sich unerbittliche Feuergefechte und stürmten Haus für Haus. Ein gnadenloser Kampf war ausgebrochen.

Gollmann sah die Spitze des Helmes eines US-Soldaten hinter der steinernen Mauer auftauchen. Dann noch einen. Mit jedem Schritt wippten sie wie umgedrehte Becher auf und ab. Die Männer schlichen an der Mauer entlang.

„Sie kommen von rechts", warnte er seine Kameraden, deutete auf die Helme und Höpfner schwenkte den Lauf des MG 42 herum.

Auf Befehl sprangen die US-Soldaten über die Mauer oder rannten seitlich um diese herum. Ziel war das Haus, in dem sich die Landser eingenistet hatten. Binnen Sekunden war ein heftiges Feuergefecht ausgebrochen. Leiber fingen die Projektile der Gewehre auf, zuckten zusammen und fielen nieder.

Baar schoss den Karabiner leer und führte einen neuen Ladestreifen ein. Das Bücken rettete ihm das Leben. Vor dem Fenster, aus dem er schoss, detonierte eine Handgranate. Die Splitter wurden zum Teil durch die Fensteröffnung geschleudert und bohrten sich knackend und kratzend in Wände und die Decke.

„Sie sind schon bis auf Handgranatenwurfweite rangekommen!"

Baar schnellte nach oben und sah, wie ein US-Soldat aufgestanden war, um zur Hauswand zu rennen. Er bekam von seinen Kameraden Feuerschutz. Etliche Schnellfeuergewehre jagten ihre Kugeln aus den Rohren. Die Projektile klatschten gegen die Hauswand und schlugen gegen Fensterrahmen, an denen sie Holzspreißel herausfetzten.

Ungeachtet des feindlichen Kugelhagels legte der Hesse an, zielte kurz und drückte ab. Der Angreifer fiel getroffen zu Boden, Baar ging sofort in Deckung. Instinktiv zog er eine Stielhandgranate aus dem Koppel und schraubte den Verschlussdeckel ab. Ein schneller Blick aus dem Fenster. Drei oder vier Amerikaner hetzten nun auf das Haus zu. Sie schossen, ohne genau zu zielen. Der deutsche Soldat zog die Sicherheitsschnur, zählte kurz ab und schleuderte die Handgranate aus dem Fenster. Dazu brüllte er zur Warnung seiner Kameraden laut: „Achtung! Handgranate!"

Wumm

Sofort nach der Explosion war er wieder schussbereit.

„Unteroffizier Keller", kreischte der Nachrichtenmann, als er versuchte den Kampflärm zu übertönen. „Wir haben den Befehl zum Rückzug erhalten. Vossenack muss vorerst geräumt werden. Die beiden anderen Züge sind bereits aus der Ortschaft gedrückt worden!"

„Funke durch, dass wir Sperrfeuer benötigen!"

Während der Nachrichter an den Knöpfen seines Funkgeräts hantierte, wandte sich der Unteroffizier sofort dem MG-Schützen zu. „Höpfner, du nimmst die Straße unter Beschuss, ihr zieht euch langsam zurück, ich muss zu den anderen beiden Gruppen und ihnen sagen, dass wir uns zurückziehen!"

Kaum ausgesprochen, lief Keller aus dem Haus und rannte geduckt, ungeachtet ob Höpfner bereits die Straße unter Feuer nahm.

„Der ist wahnsinnig", schrie Haßlach und öffnete eine neue Munitionskiste.

„Das ist eben Jürgen!"

Wumm

Das angeforderte Sperrfeuer kam schneller als erwartet. Zwischen den Reihen der US-Soldaten detonierten drei kurz hintereinander abgefeuerte Sprenggranaten.

„Raus", rief der Nachrichtenmann. „Die Pak hat nur noch fünf Sprenggranaten. Sie geben uns Deckung!"
Nach und nach zogen sich die Landser zurück. Auch Unteroffizier Kellers Zug hatte es geschafft, sich vom Feind abzusetzen.
Völlig entkräftet kamen sie bei der restlichen Kompanie an. Keller war stehen geblieben, drehte sich noch einmal um und warf einen Blick auf das sterbende Vossensack. Im Hintergrund glaubte er eine kleine Panzerkolonne zu erkennen, die in Richtung Kallschlucht fuhr.

Sie waren nicht zu überhören. Hönnige wunderte sich, dass er so weit vordringen konnte, ohne auf einen Gegner zu stoßen.
Der Wald lässt es zu. Er ist zu undurchsichtig. Man kann keine klare Frontlinie ziehen, war sein Rückschluss.
Er bewegte sich seit einer knappen Stunde äußerst vorsichtig.
Sie müssen Außenposten haben, dessen war sich der Scharfschütze sicher, als er sich in dichtes Grün von nachsprießenden Fichten zurückzog, um sich auszuruhen. Er zog eine Dose Scho-ka-kola aus der Tasche und biss ein Stück der koffeinhaltigen Schokolade ab.
Das gibt Energie, die ich bald brauchen werde, dachte er und gönnte sich noch ein zweites Stück. Während er aß, beobachtete der Gefreite genau die Gegend und hörte auf alle Geräusche. Schließlich war er sicher, dass er gänzlich allein war. Er zündete sich gewohnheitsgemäß nach dem Essen eine Zigarette an. Danach packte er zusammen, kroch aus dem Dickicht und setzte seinen Weg fort. Mittels eines Kompasses orientierte sich Hönnige und erreichte gegen Abend sein Ziel. Er befand sich nun direkt an der amerikanischen Nachschublinie.
Das Gelände vor ihm war steil abschüssig. Seiner Karte nach musste er sich direkt an der Kallschlucht befinden. Es war an der Zeit, ein Nachtlager zu suchen. Bald würde es dunkel sein.

Der Scharfschütze durchstreifte die nähere Umgebung. Eine natürliche Senke zwischen zwei Baumriesen schien ihm als Lagerplatz geeignet. Vor ihm war der Wald, hinter ihm der Abhang. Von dort würde kein Gegner kommen, dessen war sich der routinierte Einzelkämpfer sicher.
Der Platz ist ideal.
Hönnige schnallte Rucksack und Zeltbahn ab. Mit wenigen geübten Handgriffen war die Zeltbahn mit Flecktarnmuster als Dach gespannt. Er hatte einen halbwegs trockenen und gut windgeschützten Platz

gefunden. Nichtsdestotrotz legte der Gefreite noch zusätzlich Laub und ein paar Tannenzweige um sein Lager herum, bis eine kleine Sichtschutzmauer aufgetürmt war, sodass man ihn nicht erkennen konnte. Gegen die Nachtkälte sammelte er noch mehr Laub zusammen, mit dem er sich zusätzlich bedecken konnte.

Morgen beginnt mein Krieg, waren seine letzten Gedanken, dann schlief er ein.

Frühmorgens, noch bevor die Sonne vollends aufgegangen war, stand er auf. Nach einem kargen Frühstück packte er das Nötigste zusammen und verließ das Lager. Er wollte den Platz weiterhin nutzen und ging geschätzte drei bis vier Kilometer weg. Von der Ferne drang das Grollen der Artillerie an seine Ohren. Innehalten. Kein Pfeifen, kein Heulen! Glück. Er befand sich nicht im Schussfeld.

Schließlich erreichte er sein angestrebtes Ziel. Es war der Waldweg nach Schmidt und Kommerscheid. Die Nachschublinie der US-Armee.

Seine Tarnung war perfekt. Tannenzweige steckten im Maschendraht, der über den Stahlhelm gezogen war. Dazu trug er Tarnfleckuniform. Jetzt galt es eine Taktik zu finden. Er durfte nicht zu nah ran, musste aber einen strategisch günstigen Platz finden. Hönnige ging weiter nach oben. Trotz des kalten Wetters rann Schweiß von seiner Stirn. Schließlich erreichte er eine geniale Örtlichkeit. Von hier aus konnte der Scharfschütze den Weg an drei Stellen gut einsehen. Alle drei Örtlichkeiten befanden sich in akzeptabler Reichweite seiner Waffe.

Bereits jetzt herrschte reger Betrieb auf dem relativ gut ausgebauten Weg. Jeeps fuhren nach oben. Die geländegängigen Militärkraftwagen erklommen, trotz des vom Regen aufgeweichten Bodens, problemlos die Anhöhe. Lastwagen oder gar Panzer kamen dagegen nur schwerlich voran. Pioniere rackerten wie wild.

In den nächsten fünfzehn Minuten testete der Gefreite mehrere Positionen. Er legte sich in Schussposition und blickte durch die Optik.

Perfekt!

Die frühen Nebelfelder hatten sich längst gelichtet, zurück blieb die Kälte der Nacht. Es war eisig kalt, aber die Sicht war frei. Nur das zählte für ihn.

Drei hervorragende Positionen.

Aus der ersten Stellung konnten mindestens zwei Schüsse abgegeben werden. Hönnige kontrollierte noch einmal Munition und Gewehr, dann bezog er die erste Stellung und legte an. Der Schaft lag an seiner Wange, durch die Zieloptik beobachtete er den Feind. Der Jäger war auf der Suche nach einem lohnenden Ziel. Es wuselte nur so von Soldaten. Mann für Mann, Fahrzeug um Fahrzeug wanderten unbewusst durch das Fadenkreuz. Irgendwann blieb Jörg Hönnige an einer Person hängen. Er sah den GI nur von hinten. Der Amerikaner fuchtelte mit den Händen herum. Er schien Anweisungen zu geben. Jedenfalls ließen zwei Pioniere eine Holzbohle fallen und rannten los. Offensichtlich mussten sie Helferdienste leisten, weil eines der Fahrzeuge im Matsch herumrutschte.

Hönnige entschied sich für den Schuss. Luft anhalten, Druckpunkt suchen, rechten Zeigefinger durchziehen. Der Schuss krachte, das Ziel brach zusammen. Jetzt wuselte es nicht nur an einem Fleck, nun glich der Geländeabschnitt vor ihm einem Ameisenhügel, in den man mit einem Holzstock hinein gestochert hatte. Niemand wusste, woher der Schuss gekommen war. Ein paar GI´s ballerten Salven in den Wald, doch niemand schoss annähernd in die Richtung des Scharfschützen.

Soll ich die Stellung schon wechseln? Nein! Erst nach dem zweiten Schuss.

Er blieb in Stellung und beobachtet die Szene durch die Optik. Sie suchten ihn. Ein Offizier stand in seinem Jeep und hielt ein Fernglas an die Augen.

Ich habe dich zuerst gesehen.

Der Schuss krachte, der Amerikaner brach zusammen und das Scharfschützengewehr wurde augenblicklich zurückgezogen. Stellungswechsel. Hönnige hetzte zur nächsten ausgesuchten Position. Wieder in Stellung bemerkte der Gefreite, dass der amerikanische Nachschub stockte. Sie mieden die freien Flächen. Garantiert schickten sie ein oder zwei Gruppen los, die nach ihm suchen sollten. Jetzt im Moment hatte er gerade einen Sergeant im Visier, als ihm etwas auffiel. Zwischen all den Lastwagen, Panzern und Jeeps, die sich den schmalen Weg hochkämpften, fuhr auch ein Tanklastwagen. Sofort zog der deutsche Einzelkämpfer die Waffe zurück. Er kramte aus seiner Jackentasche eines der Explosivgeschosse heraus und lud es. Dann legte er wieder an. Sie standen still. Alles hatte den Charakter eines Übungsschießens. Hönniges Schuss auf den Tanklastwagen löste eine gewaltige Explosion aus. Der daraus entstandene Feuerball schoss sogar für einen Moment über die Baumwipfel. Dunkler Rauch stieg nach oben. Instinktiv verzichtete der Scharfschütze auf einen vorher eingeplanten vierten Schuss. Er musste weg. Langsam kroch er nach hinten. Als er sich im Schutz des Waldes sicher fühlte, stand er auf und rannte los.

Der Nachschub!

Immer wieder kreisten seine Gedanken um die Kallschlucht. Hönnige entschied sich zur Truppe zurück zu gehen und seine Entdeckung mitzuteilen. Wenn auf seiner Position zwei oder drei schwere MG und ein paar Granatwerfer stünden, könnten sie den kompletten Nachschub des Gegners aufhalten. Er musste so schnell wie möglich zu Major Retzer. Wie besessen hetzte er durch den Wald, erreichte irgendwann atemlos die eigenen Linien und traf auf einen Zug, der sich gerade für ein Stoßtruppunternehmen fertig machte. Der Baden-Württemberger war so sehr außer Atem, dass er dreimal ansetzen musste, bevor ihn der Leutnant des Infanterie-Zuges verstand.

Der Nachrichtenmann setzte sich mit Major Retzer in Verbindung und dieser schickte einen Kübelwagen vor, um Hönnige abholen zu lassen.

Der Leutnant wartete ab, bis das Funkgespräch beendet war, dann suchte er mit Hönnige das Gespräch. „Ist schon klar, dass Sie über Funk nichts gesagt haben. Der Feind könnte mithören. Allerdings muss ich jetzt mit meinen Männern dort raus. Gibt es etwas, das ich wissen müsste?"

„Nein …", schüttelte der Scharfschütze den Kopf. „… außer, Sie gehen bis zur Kallschlucht."

„So weit vorn waren Sie?"

„Ja."

Respektvoll beäugte der Offizier den Gefreiten. „Und was ist dort?"

„Der Nachschubweg der Amerikaner."

„Sie sind auf dem ganzen Weg dorthin und zurück auf keinen Feind gestoßen?"

Wieder Kopfschütteln.

„Es kann aber sein, dass jetzt ein paar GI´s dort in Stellung gegangen sind. Ich habe einen Tanklastwagen hochgejagt. Sie werden mich suchen."

„Danke für die Warnung!"

Der Leutnant hob den Arm.

„Vorwärts!"

Nachdem Hönnige zur Ruhe gekommen war, tat er das, was er am liebsten machte. Er rauchte. Erst nach der dritten Zigarette tauchte der Kübelwagen auf.

„Bist du der Scharfschütze, den ich holen soll?", plärrte der Fahrer laut heraus, um das Motorengeräusch zu übertönen.

Der Einzelkämpfer nickte und stieg ein.

„Ziemlich laut!"

„Der Auspuff ist im A…, ähh ist defekt und die Werkstattkompanie hat keinen Ersatz, also muss es so gehen."

Sie rumpelten über die Wege. Hönnige fiel auf, dass die Uniformhose und die Knobelbecher des Fahrers stark verschmutzt waren. „Stecken geblieben?", deutete er auf die Stiefel.

„Ja. Das ist vielleicht ein Mistwetter. Alles ist matschig! Es gibt Stellen, da kommst du einfach nicht durch. Vorhin bin ich in ´ner Kurve hängen geblieben, deshalb hat´s auch ein bisschen gedauert. Gott sei Dank sind Pioniere vorbei gekommen. Sie haben mir ein paar Holzbohlen untergelegt und angeschoben. Im Nu war ich wieder frei."

Als der Fahrer die Holzbohlen erwähnte, fiel dem Scharfschützen sein erster Abschuss ein. Sofort verdrängte er den Gedanken.

Es ist Krieg. Es sind deine Gegner. Sie töten dich und deine Kameraden, wenn du nicht schneller bist!

Sie kamen an der Stelle vorbei, die der Mann hinterm Lenkrad zuvor beschrieben hatte. Der Fahrer fuhr langsam auf die Holzbohlen auf und passierte die Gefahrenstelle problemlos. Kurz darauf sahen sie die Pioniere, die zurück zu den Unterkünften marschierten. Noch einmal hob der Soldat im Kübelwagen zum Dank die Hand und winkte.

Am Bataillonsgefechtsstand angekommen, stieg Hönnige aus. Sein ungepflegtes Äußeres ließ ihn wild aussehen. Das Scharfschützengewehr, dessen Lauf mit Leinen und Grünzeug umwickelt war, wirkte wie magnetisch auf Schreibstubenhengste. Teils ehrfürchtig, teils ablehnend, wurde der Gefreite angestarrt. Er blieb vor einem Feldwebel stehen, der gerade ein Telefonat führte. Nachdem er aufgelegt hatte, sah er auf. „Da sind Sie ja. Der Herr Major wartet schon."

Wachtmeister Lannert schlug die Luke auf und stellte sich in die Öffnung. Die kalte Morgenluft ließ den Sturmgeschützführer sofort hellwach werden. Eisig klatschte der Wind ins Gesicht und vertrieb jegliche Art von Müdigkeit.

„Von hier aus hat man eine wunderbare Aussicht", sagte er zu seinen Kameraden und schnaufte tief ein.

Das schwere Kettenfahrzeug ruckelte um eine Kurve.

„Ist verdammt eng hier! Ich hoffe du weißt, wie du zu fahren hast", rief er dem Fahrer zu.

Johann Eck, dessen Augen leicht gerötet waren, nahm etwas Gas weg und beschleunigte sogleich wieder, als die Kurve umfahren war.

„Da fahr ich dir blind herum!"

„Du bist und bleibst ein alter Angeber", lachte der Wachtmeister. Er war mit Eck mehr als zufrieden. Lannert war sich sicher, einen der besten Sturmgeschützfahrer an Bord zu haben, die es in der Wehrmacht gab.

Endlich hatten sie ihr Ziel erreicht. Der Kübelwagen des Batterieführers blieb stehen. Oberleutnant Haitzer stieg aus. Mit einem Wink deutete er an, wo sich Lannert postieren sollte. Letzte Anweisungen folgten. Eine knappe Stunde später war die komplette Batterie einsatzbereit.

„Unser Zug hat den besten Platz", meinte Kleimann, der sich mit den anderen Kameraden die Beine vertrat.

Pferch, der einzige Raucher der Besatzung, steckte sich sofort einen Glimmstängel an. „Endlich", sagte er nach dem ersten Lungenzug erleichtert und stieß den blauen Dunst genussvoll aus. „Ich fühlte mich ohne meine morgendliche Zigarette einfach nicht wohl."

„Wo ist eigentlich Eck?", fragte Kleimann.

„Keine Ahnung. Ich dachte, er ist mit Lannert zur Besprechung gegangen?"

„So ein Quatsch. Das wäre das erste Mal."

„Dann wird er im Wald seine Morgentoilette erledigen. Hat er den Spaten dabei?"

Noch während sie grübelten, kam der Fahrer zurück. In seiner Hand hielt er seine geöffnete Feldflasche. Heller Dampf stieg aus der Öffnung nach oben.

„Tja, das ist der Vorteil, wenn man weiß, wo sich der Batterie-Tross aufhält", jubilierte er. „Wie wäre es mit einem warmen Kaffee?"

„Frischer Kaffee? Immer gern!"

„Naja, ich sagte warmer Kaffee, nicht frischer Kaffee!"

Die Bakelit-Trinkbecher wurden gefüllt. Das Heißgetränk tat gut. Die Wärme zauberte ein wohliges Gefühl in die ausgelaugten Körper der Sturmgeschützbesatzung. Motorenlärm war zu hören. Die Munitionslastwagen kamen. Ein Lkw hielt an. Ein älterer Obergefreiter sprang aus dem Führerhaus. „Auf geht´s!", plärrte er mit derbem bayerischen Dialekt. „Der Anhänger ist für euch", schob er nach und kuppelte den Munitionsanhänger ab.

Gleichzeitig kam Lannert zurück. Er trug immer noch die Einheitsfeldmütze. Über seiner Feldbluse hatte der Wachtmeister die Tarnbluse gezogen. Er ging auf seine Kameraden zu, blieb vor ihnen stehen und stützte den rechten Ellbogen ein bisschen auf der Pistolentasche seiner 08 ab. „Wie ich sehe, ist die Munition schon da. Es geht bald los", sagte er ohne Umschweife.

Der Obergefreite stieg wieder in seinen Lastwagen. „Den Anhänger hole ich nachher wieder ab", murmelte er kaum verständlich und fuhr weiter.

„Das Wichtigste zuerst", fing Lannert zu berichten an. „Wir bekommen ein warmes Frühstück. Es gibt heute Rühreier mit Speck!"

„Die meinen es wirklich gut mit uns", freute sich Kleimann.

„Ich kann es gar nicht glauben", meinte Pferch und warf den Stummel seiner Zigarette auf den Boden. Die Glut zischte auf der feuchten Erde und binnen weniger Sekunden hörte der Zigarettenstummel auf zu qualmen.

„Das habe ich schon gewusst. Als ich den Kaffee geholt habe, war die Gulaschkanone schon in Betrieb", grinste Eck.

„Und wie geht's dann weiter? Das war doch nicht alles?"

„Nein! Seht ihr dort unten das Dorf?"

Alle drei lugten an Lannert vorbei ins Tal.

„Das ist Vossenack. Der Amerikaner hat unsere Männer dort raus gedrängt und hält die Ortschaft seither besetzt. Wir werden ihnen einheizen. Danach stürmt die Infanterie vor und wirft die GI´s wieder raus!"

Neunzig Minuten später saßen sie mit gefüllten Bäuchen auf Position. Die Feldmützen waren den Stahlhelmen gewichen. Eine knisternde Spannung lag unsichtbar in der Luft. Das Sturmgeschütz war feuerbereit. Lannert stand in der Luke und suchte mit dem Feldstecher die Gegend ab. Kleimann hatte den Kopfhörer auf und achtete auf den entscheidenden Funkspruch. Zudem hatte der Ladeschütze bereits die Munition im Blickfeld.

Die zweite Batterie donnerte schon los.

„Jetzt", bestätigte der Funker. „Feuer frei", schob er sofort nach.

„Feuer!", wiederholte Pferch und schoss die erste Granate ab. Metallisches Klicken, gefolgt von einem dumpf wahrnehmbaren Schlag. Das Stahlgehäuse vibrierte leicht. Kleimann wuchtete die nächste Granate ins Rohr und knallte den Verschluss zu. Pferch sah durch die

Optik, korrigierte etwas und rief warnend: „Feuer!", bevor er die nächste Granate hinaus jagte. Der obligatorische Blick durch die Optik folgte. Er lag im Ziel. Jetzt war er zufrieden. Richtschütze und Ladeschütze fingen an wie besessen zu arbeiten. Schuss, laden, Schuss, laden. Scheinbar wahllos feuerte die ganze Batterie ihre Granaten auf Vossenack ab und hüllte die US-amerikanischen Besatzer des Ortes mit tödlichem Stahlgewitter ein. Gnadenlos nutzte die Sturmgeschütz-Batterie ihre vorteilhafte Stellung aus. Granaten um Granaten verließen die 7,5 cm Rohre der Sturmgeschütze. Über Vossenack ergoss sich ein gigantisches Höllenfeuer, welches Straßen, Gebäude und jegliches Leben, das sich ihm in den Weg stellte, erbarmungslos zerstörte und auslöschte.

Die I./2. lag im Bereitstellungsraum. Der Dauerregen der letzten Tage und Wochen zeigte Wirkung. Matsch, wohin man nur blickte. Die Erde war bis zum Bersten vollgesogen und schien überzulaufen. Es gab so gut wie keine Stellung und kein Schützenloch, das nicht unter Wasser stand. In den Unterkünften brannten die Kanonenöfen. Nahezu jeder Platz um den Ofen herum war mit Kleidungsstücken verhangen, die zum Trocknen aufgehängt wurden. Längst hatten die mit extremen Witterungsbedingungen erfahrenen Landser ihre Winterkleidung heraus gekramt.

„… und vor allem musst du aufpassen, dass du dir keinen Grabenfuß holst", erklärte Gollmann dem jungen Haßlach.

„Grabenfuß?", er verdrehte die Augen und sah den Russlandveteranen fragend an.

„Du weißt nicht, was ein Grabenfuß ist?"

„Woher denn?"

„Also, ich weiß es von meinem alten Herrn! Mein Vater hat mich davor gewarnt, bevor ich zum Barras kam. Er hat erzählt, dass in Verdun etlichen Kameraden deswegen die Füße amputiert werden mussten", mischte sich Großmann ein.

„Spannt mich nicht länger auf die Folter!"

Gollmann zog seine Schnupftabakdose aus der Hosentasche, klopfte einmal damit auf den klobigen Holztisch und streute anschließend eine Prise auf seinen linken Handrücken. Seine Nase wanderte über den braunen Tabaksberg und schniefte alles ein. Der erfahrene Soldat schob die Schnupftabaksdose zurück in die Hosentasche, zog ein Taschentuch heraus, schnäuzte sich und setzte einen ernsten Blick auf. „Wenn du ständig im Wasser stehst, deine

Knobelbecher durchweicht sind wie ein nasser Lappen und deine Füße permanent nass sind, wird die Haut ganz weich. Du reibst sie automatisch ab, bis nur noch rohes Fleisch rausschaut. Die ganze Sache entzündet sich, weil du ja keinen trockenen Platz findest. Der Fuß wird schwarz, stirbt dir förmlich ab und muss abgenommen werden. Das ist ein Grabenfuß!"

Haßlach wurde kreidebleich. „Ist ja ekelhaft", stieß er angewidert aus. „Ihr wollt mich jetzt aber auf den Arm nehmen, oder?"

„Nein, Kamerad! Das tun sie nicht", klärte Keller auf. „Aus diesem Grund haben unsere Pioniere weitgehend Holzbohlen verlegt, die als Wege dienen und auch in den Schützenlöchern und –gräben wurden Ablaufrinnen gezogen und Holzbretter verbaut. Wir haben nicht nur aus dem 14/18er Krieg gelernt, sondern auch in Russland unsere Erfahrungen gemacht. Dort hatten wir Matschwetter bis zum Erbrechen, gefolgt von den eisigsten Wintern, die du dir nur vorstellen kannst. Wer keinen Grabenfuß bekam, dem froren die Zehen ab!"

Die Tür flog auf. Günter Baar kam herein und stöhnte laut. „Es ist saukalt. Wenn das so weitergeht, bekommen wir in den nächsten Tagen den ersten Schnee."

Er trug an der Wange nur noch ein Pflaster, die Wunde heilte sehr gut.

„Mach die Tür zu", moserte Gollmann. „Es zieht kalt rein!"

„Du regst dich wegen dem kleinen Luftzug auf? Ich habe gerade einen Melder gesehen, der stieg stocksteif von seinem Motorrad ab. Außerdem war der arme Kerl von oben bis unten verdreckt. Ein lebender Matschklumpen", lachte der Hesse laut.

Es klopfte.

„Herein!"

Ein Nachrichter stand im Türrahmen. „Eine Nachricht vom Bataillon, Herr Oberleutnant", sagte der Nachrichtenmann. Er wirkte sehr aufgeregt.

Drexler setzte den Becher mit Tee ab und stand auf. „Was gibt es denn? Wann ist der Funkspruch rein gekommen?"

„Kein Funkspruch! Ein Melder! Er ist gerade vorgefahren."

„Was?"

Stimmen vor dem Haus. Die Tür ging auf und ein vollkommen verschmutzter Kradmelder stand im Flur. Er schob sich am Nachrichtenmann vorbei, betrat ungeniert die Stube des neuen

Kompanie-Chefs, grüßte schlotternd und zog einen Brief aus seiner Meldetasche. „Direkt von Major Retzer, Herr Oberleutnant!"
„Danke."
Der Offizier nahm die Meldung entgegen, riss den Umschlag auf und las. Er setzte sich wieder hin und las die Meldung ein zweites Mal.
„Radomski", rief er nach dem Spieß.
Poltern, schwere Schritte. „Bin schon hier."
„Lassen Sie alle Zugführer zu mir kommen. Es geht wieder los."
„Zu Befehl, Herr Oberleutnant."
Dreißig Minuten später hatten sich die Zugführer der Kompanie eingefunden. Auch Keller, der noch immer diese Stellung vertretungsweise innehatte, war dabei.
„Vossenack wird wieder eingenommen", kam der Offizier ohne Umschweife auf den Kernpunkt.
Stumme Gesichter. Viele von ihnen waren alte Hasen und wussten, was auf sie zukam.
„Allerdings wird der Gegner diesmal weich geschossen. Morgen früh wird sich über Vossenack ein Granatenhagel ergießen. Unsere Panzer und Sturmgeschütze erledigen das. Anschließend nehmen wir das Dorf wieder ein."
„Nur wir?"
„Nein, Feldwebel Graf. Die erste Kompanie unterstützt uns. Ebenso Teilkräfte der schweren Kompanie."
„Einzelheiten gibt es später. Ich selbst muss sofort zur Lagebesprechung. Ich habe Sie nur vorinformiert, damit Sie Ihre Züge darauf einstellen können. Die Männer sollen sich kampfbereit machen." Er wandte sich dem Spieß zu. „Radomski, kümmern Sie sich um eine anständige Mahlzeit und um gute Verpflegung für die Brotbeutel. Wir wissen nicht, was uns erwartet!"
„Der Küchenbulle hat Eintopf auf dem Plan stehen, Herr Oberleutnant!"
„Dann soll er zusehen, dass ordentlich Fleisch oder Wurst reinkommt!"
„Zu Befehl!"

Sie lagen vor dem Dorf und warteten. Auf dem gegenüber liegenden Höhenrücken blitzte und krachte es pausenlos. Noch immer ergoss sich von dort aus das Todesfeuer der Panzer und Sturmgeschütze.

Die Nerven waren angespannt. Jeder Einzelne versuchte die Situation auf seine Weise zu meistern. Großmann redete pausenlos. Höpfner und Haßlach beobachteten ununterbrochen die Straße. Unteroffizier Keller dachte an gar nichts. Er versuchte es zumindest. Schlagartig kehrt Stille ein. Der Beschuss war zu Ende. Jetzt waren sie an der Reihe. Oberleutnant Drexler sprang auf.

„Angriiiiiffff", schrie er aus Leibeskräften und stürmte vor. Der Offizier riss seine Männer förmlich mit.

„Auf, auf! Vorwärts", brüllte Keller und stürmte los.

Über Vossenack lag eine wabernde Glocke aus Pulverdampf. Es roch nach Schmauch und Verbranntem. Das amerikanische Abwehrfeuer war anfangs äußerst gering. Die US-Soldaten mussten scheinbar erst begreifen, dass das Bombardement der Granaten vorüber war und ein anderer Gegner auf sie zuraste. Erst nach und nach verstärkte sich das Feuer.

Der linke Angriffsflügel wurde jäh durch das Sperrfeuer eines schweren Maschinengewehrs gestoppt.

„Wir haben schwere Waffen gegen uns! Wir sitzen fest!"

Die Granatwerfergruppe sollte das Problem lösen und rückte nach. Kaum in Stellung, war das gefürchtete „Ploppen" zu hören. Binnen weniger Minuten wirbelten Sprenggranaten durch die Luft.

„Sie heizen dem Ami ein. Das sMG feuert nicht mehr. Vorwääääärts!"

Es ging weiter.

Keller erreichte mit seinem Zug das erste Anwesen der Ortschaft. Es war scheinbar nicht besetzt. Ein Wink mit dem Arm genügte und eine seiner drei Gruppen stürmte ins Haus, während der restliche Zug absicherte.

„Frei", wurde vom Gruppenführer gemeldet.

Es ging weiter. Von der Rückseite, über die Gärten, näherten sie sich dem nächsten Haus. Ein paar Projektile surrten an Keller vorbei. Der Unteroffizier duckte sich und lief im Zickzack seinem Zug voraus. Hinter ihm ein Schmerzschrei. Keller schoss aus der Hüfte eine Salve ab. Er sah kein Ziel, aber es tat gut, das Feuer wenigstens zu erwidern.

„Sperrfeuer", forderte er.

Höpfner und Haßlach brachten das Maschinengewehr in Stellung. Schnell visierte der Schütze 1 sein Ziel an und drückte ab.

Rrrrrt

Leere Patronenhülsen wurden ausgeworfen. Das Rattern des Maschinengewehrs war für Keller das Signal zum Weiterlaufen. Höpfner nahm sich Fenster für Fenster vor. Immer wieder jagte er kurze Salven hinaus, um seinen Kameraden Feuerschutz zu gewährleisten und den Gegner in Deckung zu halten.

Der Kampflärm erhöhte sich. Amerikanische Artillerie feuerte und beharkte den deutschen Rückraum.

Huuuit ... Wumm

Immer wieder schlugen Granaten zwischen die Reihen der heranstürmenden Landser ein.

Keller presste sich an die Hauswand. Gollmann, Baar und ein paar weitere Männer hatten es ebenfalls geschafft. Die anderen lagen immer noch in Deckung und erwiderten das Feuer der Verteidiger.

„Mindestens einer von ihnen ist im ersten Stock. Außerdem habe ich zwei Gewehrläufe beim Fenster dort vorn gesehen", sagte er seinem Nebenmann.

„Wie gehen wir vor?"

„Wir hauen ´ne Handgranate rein, dann stürmen wir das Haus!"

Gollmann nickte und gab den Befehl weiter.

Höpfner hatte gerade das Fenster im ersten Stock unter Beschuss genommen, als Keller sich von der Hauswand löste. Geduckt, sich immer dicht am Gemäuer haltend, schlich er langsam auf das Fenster zu. Er ließ seine Maschinenpistole an der Seite baumeln und zog mit der linken Hand eine Stielhandgranate aus dem Koppel. Schnell schraubte er den Verschlussdeckel ab, zog die Sicherungsschnur, wartete kurz und schleuderte den Sprengkörper ins Fenster über ihm. Ducken. Er glaubte das Poltern des Sprengkörpers auf dem Fußboden zu hören. Zwei Warnrufe in englischer Sprache wurden ausgestoßen, dann folgte eine Explosion.

Wumm

Der Unteroffizier wartete kurz ab. Schließlich stellte er sich auf und winkte die anderen zu sich. Nachdem ein Kamerad Gollmann ein Zeichen gab, platzierte er sich mit dem Rücken an die Wand und hielt die beiden Hände verschränkt. Räuberleiter. Unteroffizier Keller stieg erst auf die Handinnenflächen, dann auf die Schultern des Obergefreiten. Er hielt den Lauf seiner MP durch das Fenster und drückte vorsichtshalber ab. Anschließend schwang er sich in den Raum. Sofort folgten Baar und die anderen. Als letzter kletterte Gollmann in den Raum. Die Leiber zweier GI´s lagen zerfetzt am Boden. Blut und

Knochensplitter hafteten an Wänden und dem Boden. Ein Bild des Schreckens.

Schnelle Schritte im Flur. Von oben wurde immer noch geschossen. Ein Befehl war zu hören. Eine Eierhandgranate kullerte die Treppe hinunter und blieb im Flur liegen. Die Landser erkannten die Gefahr und pressten sich in ihrem Zimmer an die Wand.

Wumm

Nach der Detonation zögerten sie keine Sekunde. Sie stürmten in den Flur des Hauses bis zur Treppe und rannten nach oben. Ein GI legte auf sie an. Er wurde durch eine Maschinenpistolensalve nach hinten geschleudert und prallte gegen eine Tür, die dadurch aufgestoßen wurde. Am Fenster des Zimmers stand ein amerikanischer Soldat und schoss auf die Straße. Als die Tür aufflog und er die Gefahr in seinem Rücken bemerkte, drehte er sich blitzschnell um. Drei Projektile aus Höpfners MG schlugen in die Seite des Soldaten. Er brach sofort zusammen.

Die Landser stürmten schlagartig in jeden Raum.

„Frei", rief einer der Männer.

„Hier auch!"

„Wir haben alle Räume durch."

Keller schwitzte. Sein Blick fiel auf die toten US-Amerikaner. Der Unteroffizier wischte sich mit dem Ärmel den Schweiß von der Stirn. Langsam ging er zum Fenster und riskierte vorsichtig einen Blick auf die Straße. „Holt die anderen Jungs!"

Der restliche Zug kam zum Gebäude. Von dem Fenster im ersten Stock des Anwesens stellte Unteroffizier Keller fest, dass immer wieder die Haubitzen der US-Artillerie in die Reihen seiner Kameraden hieben.

„Die schießen sehr genau! Das ist kein Glück! Sie müssen hier irgendwo einen Ari-Beobachter sitzen haben", schmetterte er zornig.

„Im Waldrand auf einem Baum?"

„Ein hohes Haus", kamen die Vorschläge.

„Im Kirchturm", sagte einer aus der anderen Gruppe.

„Das ist es. Wir müssen zum Kirchturm", entschied Keller. „Alle raus hier!"

Der Zug des Unteroffiziers verließ das Haus und rückte im Schutz von Häusern und Ruinen immer weiter vor. Sie entdeckten den Kompanieführer.

„Wartet hier", meinte Keller zu den Männern und hetzte geduckt zu seinem Vorgesetzten.

Dieser hockte hinter einer vollkommen zusammengeschossenen Hauswand und plärrte dem Funker zu, was derjenige zum Bataillonsgefechtsstand melden sollte. Keller hockte sich neben den Offizier, keuchte und deutete zum Kirchturm. Schnell war vom Artilleriebeobachter berichtet.

Drexler nickte. „Ich hatte genau den gleichen Gedankengang und bin im Moment zur Kirche unterwegs. Sie übernehmen mit ihrem Zug die Flankendeckung. Wenn wir es bis zum Kirchenschiff schaffen, haben wir ihn, zumindest wenn er dort oben sitzen sollte."

„Wo sonst, Herr Oberleutnant. Der Kirchturm ist das höchste Gebäude und hat den Angriff der Sturmgeschütze überstanden."

Drexler hatte nicht mehr zugehört. Er kontrollierte seine Maschinenpistole und hob die Hand. „Vorwärts."

Gewehr- und Maschinengewehrfeuer knallten durch die Dorfstraßen. Immer wieder detonierten Handgranaten. Manche Häuser waren frei, manche mussten im Nahkampf genommen werden. Erbitterte Kämpfe. Blanker Stahl in den Händen beider Kontrahenten. Etliche Uniformen waren blutbesudelt. Die Rufe nach Sanitätern wurden auf beiden Seiten laut. Sterbende kauerten wimmernd in Ecken. Der Teufel hatte die Pforten zur Hölle weit aufgestoßen.

Oberleutnant Drexler und Unteroffizier Kellers Zug erreichten das Kirchenschiff.

„Wir gehen rein", befahl Drexler ohne durchzuatmen und rannte zielstrebig zum Kirchentor.

Ein junger Gefreiter drängte sich vor den Offizier, öffnete das schwere Holztor der Eingangspforte und brach im Kugelhagel eines amerikanischen Schnellfeuergewehrs zusammen. Das Holztor schwenkte zurück. Instinktiv schwang sich der Kompanieführer zur Seite. Einschläge waren zu hören. Holzspreißel fetzten aus der Eichentür. Für ein paar Schrecksekunden war der Oberleutnant wie gelähmt. Schließlich fing er sich wieder. „Vorsicht! MG!", brüllte er warnend.

Gollmann, der neben Drexler stand, suchte händeringend nach Höpfner. Als er den MG-Schützen entdeckte, machte er erst durch Winken auf sich aufmerksam und zeigte dann wild gestikulierend auf den hinteren Teil des Kirchenschiffs. „Sie schießen heraus. Du musst durch die Fenster ballern!"

Höpfner verstand. Er stellte das Zweibein auf die Kirchenmauer und spürte den Schaft an der Wange. Haßlach war ebenfalls bereit.

Immer wieder jagte der Schütze I seine Salven durch die ohnehin schon zerborstenen Scheiben der Kirchenfenster. Ein paar Kugeln klatschten gegen das Gemäuer und pfiffen als gefährliche Querschläger weiter. Die meisten Projektile fanden jedoch ihr Ziel und surrten durch die Fensteröffnungen ins Innere des Gotteshauses. Gleichzeitig zog Gollmann eine der schweren Holztüren zur Seite und Baar schleuderte zwei Handgranaten in die Kirche.

Wumm

Unmittelbar nach der Explosion riss Gollmann die Holztür wieder auf und die ersten Landser des Zuges stürmten ins Gebäude. Ein Projektil pfiff an der Wange des Obergefreiten vorbei. Er spürte den heißen Luftzug und sprang hinter eine Holzbank. Ein Kamerad brach tödlich getroffen im Eingangsbereich zusammen. Schnell wurde klar, dass der Feind vom Portal aus nach unten schoss.

Gollmann legte an und eröffnete das Feuer. Er hielt einfach auf die aufblitzenden Mündungsfeuer. Immer mehr Landser drangen in die Kirche ein. Baar rannte den Mittelgang entlang, schaffte es fast bis zum Portal und schleuderte eine Handgranate nach oben.

Wumm

Schreie. Ein Schwerverwundeter stürzte über das Geländer und blieb stöhnend mit verrenkten Beinen vor Baar liegen.

„Ergebt euch, give up", brüllte Oberleutnant Drexler erst in deutscher, dann in englischer Sprache.

Laut hallte die Stimme des Offiziers durch das Gotteshaus.

Eine Maschinenpistolensalve war die Antwort. Keller hatte zwischenzeitlich mit drei weiteren Männern den Seitenaufgang erreicht. Langsam schritt er die Treppe nach oben. Eine hölzerne Tür versperrte den Zugang zum Portal. Er stieß sie mit einem kräftigen Tritt auf und blickte auf das Portal. Erschrocken sah ihn ein US-Amerikaner an. Der GI blutete im Gesicht und an der Schulter. Als er den Lauf seiner MP auf Keller herumschwenkte, drückte der Unteroffizier ab. Mehrere Kugeln bohrten sich in die Brust des amerikanischen Lieutenants. Er wurde zurückgeschleudert und blieb in einer Blutlache liegen.

„Nix schießen", rief jemand. „Don´t fire!"

Das Feuergefecht verstummte allmählich.

„Feuer einstellen!", brüllte Keller, woraufhin alle Waffen schwiegen.

Hinter der Orgel tauchten zwei Hände auf, die in die Luft gestreckt wurden. Ein junger Soldat, den Keller auf knappe zwanzig Jahre schätzte, ergab sich.

„Einer kommt mit, die anderen bleiben da", befahl der Unteroffizier und wollte weiter zum Glockenturm. Dann hörte er schon die Worte von Oberleutnant Drexler.

„Sie hatten Recht, Keller. Auf dem Kirchturm befand sich tatsächlich ein Artillerie-Beobachter."

Auch dieser hatte seine ausweglose Situation erkannt und sich ergeben. Mit erhobenen Händen war er heruntergekommen, während Gollmann ganz nach oben ging. Der Obergefreite fand die Ausrüstung des Ari-Beobachters.

Der Nachrichtenmann der Kompanie rannte zu Drexler. „Eine Meldung von der zweiten Kompanie. Hauptmann Fuchs sitzt fest. Aus Richtung Kommerscheid strömen immer mehr amerikanische Infanteristen nach Vossenack. Sie kommen über die Kallschlucht! Wir müssen eine Abwehrlinie aufbauen!"

„Er soll sich zurückziehen und hierher kommen. Zur Kirche!"

Höpfners Maschinengewehr ratterte wieder los.

„Sie kommen zurück!"

Der Druck wuchs erneut an. Verstärkt durch herbeigeführte Reserven, bekamen die Angehörigen der *28. US-Division* wieder Rückhalt. Die von Schmidt und Kommerscheid zurückströmenden US-Soldaten wurden sofort nach hinten gebracht. Ihre Blicke waren leer, stumm und angsterfüllt. In ihren Augen war das Grauen zu erahnen, durch das sie gegangen waren. Die GI´s standen zu Hauf unter Schock.

Hauptmann Fuchs kam im Schutz einiger Nebelhandgranaten mit nur noch knapp zwanzig Landsern zurück in die Ortschaft. Sie kämpften sich bis zur Friedhofsmauer vor und verschanzten sich dort sowie in den Ruinen des daneben befindlichen Straßenzugs.

Die Situation war schrecklich. Vossenack war ein Ort der Verwüstung. Brennende Wracks, zerstörte Häuser. Dichter Qualm schwebte über den Trümmern. Tote und Verwundete, wohin man blickte. Sanitäter rannten mit Tragen durch die Straßen und kämpften sich beharrlich durch und über den Schutt. Hinzu kamen die widrigen Wetterumstände. Eine eingetroffene Kaltfront umhüllte sie. Der Himmel spuckte erst Schneeregen aus, der sich nach und nach gänzlich in dicke Schneeflocken verwandelte.

„Luken dicht", kam der Befehl an die Sturmgeschütze, als sie vor den Dörfern Kommerscheid und Schmidt auftauchten.

„Die Panzergrenadiere sind da! Der Angriffsbefehl wird in Kürze erfolgen", teilte der Bordfunker Thomas Kleimann mit.

Knisternd und blechern klang die Stimme über Funk, als die neueste Nachricht nachgeschoben wurde. „… und hier noch eine letzte Meldung aus Vossenack. Unsere Kameraden sind in die Ortschaft eingedrungen!"

„Hurra!"

„Angriff!"

Das Kettenrasseln nahm zu. Der Fahrer gab Vollgas und lenkte das Sturmgeschütz in Position. Durch die Zieloptik sah der Richtschütze beim Gegner immer wieder an der gleichen Stelle ein Aufblitzen.

„Ich glaube, ich habe ein Infanteriegeschütz entdeckt. Wahrscheinlich in der Größenordnung, wie ´ne Pak", machte er den Kommandanten des Fahrzeugs, Wachtmeister Lannert, aufmerksam.

„Schussweite?"

„Ist eingestellt!"

„Feuer!"

Die Kanone knallte.

Klack …. Womm

Rückstoß auffangen.

Am Rohr blitzte Mündungsfeuer, Pulverschmauch waberte mit der Windrichtung.

Nachladen. Der Verschluss schnellte zu.

„Noch einen!"

Klack, kam abermals das metallene Klicken, das dem Abschuss vorausging. Wieder dröhnte die Kanone und beutelte das Sturmgeschütz durch.

„Treffer", freute sich Pferch, der Richtschütze.

Doch auch der Gegner feuerte permanent Granaten auf sie ab. Immer öfter schrammten Splitter an die Außenwand des Sturmgeschützes.

„Rechts anziehen. Ein Sherman-Panzer", kam die Warnung.

Sie befanden sich immer noch auf der freien Fläche vor der Ortschaft. Das Kampfgetöse hatte eine ohrenbetäubende Lautstärke angenommen. Die schweren Ketten drehten sich und hievten den

Stahlkoloss herum. Eine Granate schlug in nächster Nähe ein, schleuderte Splitter und Erde hoch.

„Ich sehe nichts ... jetzt ... ich habe ihn ... Feuer!"

Klack ... Womm

Vom Abschuss zum Einschlag dauerte es nur einen Augenschlag.

Wumm

Die Zusammenarbeit zwischen Lade- und Richtschützen funktionierte reibungslos. Der Verschluss klickte ein, die nächste Granate wurde abgefeuert.

Wo schlägt sie ein?

Wieder kratzten Splitter am Stahlmantel und schlugen aufgewirbelte Steine gegen das Metall.

Der nächste Einschlag könnte tödlich für sie enden.

„Pferch, du verdammter Himmelhund! Schieß ihn endlich ab", brüllte Eck nervös.

„Treffer! Er brennt", jubilierte Pferch.

Schweißperlen rollten über Stirn und Wangen des Richtschützen. Die Luft war stickig. Seit mehr als zwei Stunden saßen sie in ihrem Stahlkäfig.

„Vorsicht! Panzer auf ein Uhr!"

Eck gab alles. Er drückte aufs Gaspedal und zog am Steuerknüppel. Die Ketten fraßen sich in die Erde. Ruckelnd wendete der Kampfwagen und das Rohr spuckte erneut seine tödliche Fracht aus. Nach drei weiteren Schüssen war der Sherman ausgeschaltet.

Es ging weiter. Lannert hing am Scherenfernrohr. Die Häuser tauchten im Sichtfeld auf.

Waren die Grenadiere noch da?

Sie gaben den nötigen Schutz vor feindlichen Panzerknackern, die sich im toten Winkel an die Sturmgeschütze anschlichen und Sprengkörper anbrachten.

Wumm

Eine gewaltige Detonation war zu hören.

„Um Gottes Willen", stieß der Sturmgeschützführer aus, der aus dem Sichtspalt das neben ihm stattfindende Inferno erkannt hatte. „Es hat Willi erwischt."

Der unmittelbar neben ihnen fahrende Panzerkampfwagen brannte lichterloh. Eck holte alles aus dem Motor und raste ins Dorf. Das Gefecht war hart. Immer wieder jagten sie ihre Granaten aus der Kanone, kämpften sich Haus um Haus, Straße für Straße vor.

Plötzlich krachte es rechts. Etwas Hartes schlug laut gegen den Stahlmantel, schepperte und dröhnte bedrohlich. Das Blut gefror der Besatzung in den Adern. So musste es klingen, wenn die feindliche Granate einen Volltreffer landet und das Geschoss die tödliche Explosion auslöst. Der gewaltige Knall blieb aus. Das Sturmgeschütz ruckelte allerdings schwerfällig. Eck schimpfe wie ein Berserker. „Wir sind manövrierunfähig. Uns hat´s die rechte Kette zerrissen!"

Aufatmen. Der Treffer hatte nur die Kette zerfetzt, die tödliche Explosion war ausgeblieben. Glück im Unglück.

Ein Rundumblick durchs Scherenfernrohr. Qualm, brennende Fahrzeugwracks aller Art. Zerstörte Häuser. Lannert sah auch zwei tote Pferde auf der Straße liegen. Doch das Schrecklichste waren die vielen Leichen und die verletzten Soldaten. Hilfe suchend plärrten sie nach Sanitätern, nach ihren Müttern oder nach Gott.

„Überall liegen Gefallene und Verwundete herum", hauchte er kaum verständlich aus. Der Wachtmeister sah das wahre Gesicht des Krieges.

Er schlug die Luke auf und kroch aus dem Sturmgeschütz. Sofort wurde sicherheitshalber das MG 34 besetzt, doch es musste kein Schuss abgegeben werden. Zusehends verebbte der Kampflärm. Der Feind hatte sich zurückgezogen.

Sankas rollten unaufhörlich von den Verwundetensammelstellen zu den Truppenverbandsplätzen. Sanitäter liefen rastlos umher. Sie verbanden, verabreichten Schmerzmittel und spendeten Trost.

Johann Eck hatte dafür keinen Blick. Ihn interessierte nur die gerissene Kette. Fluchend stand er neben dem Sturmgeschütz und begutachtete den Schaden.

„Und jetzt fängt es auch noch zu schneien an! Verfluchter Mist!"

„Schlimm?", kam die Frage von Lannert.

Eck schnaufte ein paarmal durch, dann schüttelte er den Kopf. „Nein! Das kriegen wir wieder in Griff."

„Glück gehabt!"

„Dann steigt mal aus und packt mit an!"

Auch die Orte Schmidt und Kommerscheid konnten zurückerobert werden, doch der Preis dafür war hoch, denn sie wurden verbissen verteidigt. Sowohl auf amerikanischer als auch auf deutscher Seite mussten enorme Verluste hingenommen werden.

Die Lage spitzte sich erneut zu. Oberleutnant Drexler wirkte angespannt. „Zu Befehl, Herr Major", bestätigte der Offizier den Funkspruch. Anschließend wandte er sich Hauptmann Fuchs zu. „Wir müssen die Stellung halten! Unsere Jungs haben Schmidt und Kommerscheid schon eingenommen. Die Amis ziehen sich zwar über das Kalltal zurück, kämpfen aber wie verbissen."

„Das habe ich selbst bitter zu spüren bekommen. Wir befanden uns genau an der dortigen Schneise in Stellung! Mehr als die Hälfte meiner Männer liegt jetzt in den Trümmern! Die Amerikaner waren uns weit überlegen."

„Wir sollen die Stellung halten", wiederholte Drexler.

„Ich werde ...", weiter kam Hauptmann Fuchs nicht. Sein Körper zuckte unter der Salve eines amerikanischen MG's auf. Das Gesicht des Offiziers bekam eine seltsam wächserne Farbe. Mit weit aufgerissenen Augen brach er röchelnd zusammen.

„Sie stürmen wieder auf die Kirche zu", brüllte jemand.

Unteroffizier Keller befürchtete das Schlimmste.

Wie heißt die Formulierung zur Verleihung der Nahkampfspange? Man muss das Weiße im Auge des Gegners gesehen haben.

Er schloss für einen kurzen Moment die Augen und schnaufte kräftig durch. „Jetzt könnt ihr zeigen, ob ihr Soldaten seid", sagte er zu seinen Nebenleuten. „Ich höre die Nahkampfspangen wachsen. Sie sprießen schneller aus der Erde, als ihr euch vorstellen könnt. Haltet euch bereit!"

Keller prüfte sein Magazin und legte den Spaten zurecht.

„Wer hat noch Handgranaten?"

„Ich", meldete sich Gollmann, rutschte zum Fenster und riskierte einen Blick nach draußen.

Das letzte intakte Stück der Glasscheibe zerbarst. Das Projektil eines amerikanischen Schützen verfehlte den Obergefreiten nur um wenige Zentimeter. Gollmann warf sich sofort herum, klebte förmlich an der Wand und war schlagartig leichenblass geworden. Er schnaufte ein paarmal tief durch, dann entsicherte er die Stielhandgranate und warf sie hinaus. Sofort nach der Detonation schob er den Lauf seiner Waffe aus dem Fenster und feuerte.

Immer wieder rannten US-Infanteristen auf die dünne HKL in Vossenack an. Eines der heftigsten umkämpften Gebäude war die Kirche. Es dämmerte bereits, als das Gotteshaus wieder aufgegeben werden musste.

„Herr Oberleutnant, wir sind zu schwach. Wir können uns nicht lange halten. Außerdem haben wir kaum noch Munition. Was ist mit Entsatz?", plärrte Unteroffizier Keller seinem Kompanieführer zu.

Drexler lag einige Meter weg und lud nach. „Ich weiß! Ich habe schon längst über Funk Kontakt zum Bataillonsgefechtsstand aufgenommen und warte immer noch auf die Antwort."

Vom Portal aus meldete sich Gollmann, „Sie versuchen uns zu umgehen und die Straße am Ortsausgang dicht zu machen", warnte er und wies auf das Vorrücken der amerikanischen Infanteristen hin. Er konnte es von seiner erhöhten Position aus gut beobachten. „In ein paar Minuten ist alles dicht. Bereits jetzt kommen unsere Sanis nicht mehr unbehelligt durch", setzte er nach.

Die Lage war mehr als brenzlig.

Der Nachrichtenmann fühlte sich unwohl. Ihm setzten der Gestank von Pulverschmauch, das Stöhnen der Verwundeten und der Anblick der Leichen zu. Er nahm den Kopfhörer ab. Sein Gesichtsausdruck entspannte sich ein wenig. Er wirkte für einen Sekundenbruchteil erleichtert, als er die letzte Meldung weitergeben wollte. „Der Bataillonsgefechtsstand ...", sagte er. Mehr brachte er nicht heraus. Die Gesamtsituation überforderte den jungen Soldaten. Er musste sich übergeben.

Drexler ging an das Funkgerät. „Hier spricht Oberleutnant Drexler."

Wumm

Der Offizier duckte sich, als eine Handgranate in unmittelbarer Nähe der Kirche krepierte und neben Splittern auch Erde und kleine Steine durch die Luft wirbelten.

„Verstanden! Rückzug! Ende!"

Er legte den Kopfhörer ab. „Rückzug!", brüllte er laut.

„Der 1. Zug übernimmt die Deckung! Das MG vom zweiten Zug unterstützt! Der Rest setzt sich in fünfzehn Minuten ab. Das Zeichen wird eine grüne Leuchtkugel sein! Weitersagen!"

Der Absetzbefehl wurde durchgesagt. Als exakt 15 Minuten später grünes Magnesiumlicht in den dunklen Himmel gefeuert wurde, stürmten die Soldaten aus der Kirche und aus ihren Deckungen rund um das Gebäude. Sie folgten Oberleutnant Drexler. Hinter ihnen ratterten Maschinengewehre los.

Sperrfeuer! Wir schaffen es!

Den ersten Zug mitgerechnet waren es noch 65 Männer. Froh einem Kampf auszuweichen, bei dem der Gegner weit überlegen war, hetzten sie durch die angebrochene Nacht. Kurz nach dem Ortsausgang trafen sie auf die Spitzen der anrückenden US-Soldaten, die gerade im Begriff waren, die deutschen Soldaten einzukreisen.

Mit lautem Gerassel prallten die gegnerischen Parteien aufeinander.

„Hurra, vorwärts Kameraden", brüllte jemand und die Landser folgten wie automatisiert dem Rufer.

Gollmann hatte sein Magazin leer geschossen. Er warf geistesgegenwärtig seine Waffe zu Boden, griff zum Kampfmesser, zückte es und stürzte sich auf einen bulligen GI, der gerade einen Deutschen niedergeschossen hatte. Der Amerikaner schwang den Lauf seiner Waffe in Gollmanns Richtung. Ein Schuss krachte. Gleichzeitig rammte der Obergefreite das Messer in die Brust des US-Soldaten. Beide gingen zu Boden. Der Gegner des Russlandveteranen röchelte und spuckte Blut. Gollmann war zur Seite gerollt. Blitzartig wuchtete er seinen Körper nach oben, schnellte vor und die Hand des Landsers griff zum Messer, das immer noch im Oberkörper des Amerikaners steckte. Als er es aus dem Leib des Feindes ziehen wollte, spürte er einen stechenden Schmerz in der rechten Schulter. Der Arm wollte nicht mehr funktionieren.

Was ist das?

Als er zu der schmerzenden Stelle sah, bemerkte er, dass er blutete. „Er hat mich erwischt", entfuhr es Gollmann, dann wurde ihm schwarz vor Augen.

Der brutale Nahkampf forderte tiefste innere Überwindung. Es gab nur ein Ziel für jeden. Überleben! Der Mensch, der in den Uniformen beider Seiten steckte, musste zur reißenden Bestie werden, sonst würde er selbst krepieren. Sie alle standen nicht an der Pforte zur Hölle, sie waren mittendrin.

Keller schwang den Spaten mit voller Wucht auf den Helm des vor ihm stehenden Feindes. Der GI taumelte. Blitzschnell holte der Unteroffizier zu einem zweiten Schlag aus. „Ahhh ...", stieß er dabei aus, als ob er mit dem Schrei seine letzte Kraftreserve mit in den Hieb schwenkte. Diesmal traf er seinen Gegner an dessen rechter Gesichtshälfte. Die scharfkantige Spatenseite drang tief ein und hinterließ eine klaffende Wunde. Weißer Knochen war für Sekundenbruchteile zu sehen, dann schoss Blut heraus. Besinnungslos brach der US-Soldat zusammen. Keller stand keuchend da. Der Krieg widerte ihn in diesem Moment vollends an, doch er hatte den Kampf überlebt. Er war ein Sieger, ohne sich als solcher zu fühlen. Das Gegenteil war eher der Fall. Er fühlte sich verlassen, allein und als Verlierer.

Baar war mit aufgepflanztem Bajonett in den Nahkampf gestürmt. Die letzte Patrone war verschossen, an nachladen nicht zu denken. Gerade eben konnte er einen Angriff abwehren und sich in bessere Position bringen. Der Landser aus Hessen rammte den blanken Stahl in den Bauch seines Kontrahenten. Er hatte dabei so wuchtig zugestoßen, dass die Klinge fast gänzlich in den Körper des GI´s eindrang. Als er sie ruckartig wieder herauszog, blickte er in ein schmerzverzerrtes Gesicht. Der tödlich verwundete amerikanische Soldat presste beide Hände auf die Einstichwunde und ging in die Knie. Röchelnd brach er schließlich zusammen. Diesen Blick sollte der Deutsche niemals wieder vergessen.

Der wuchtig und verbissen geführte Angriff veranlasste die Amerikaner zum Rückzug. Sie waren von der Härte des Kampfes überrascht worden.

„Sie hauen ab", wurde gerufen.

Alle schienen auf das Kommando zum Nachsetzen zu warten, doch Oberleutnant Drexler zögerte. Er blickte in die Gesichter der Überlebenden, betrachtete die Verwundeten und sah anschließend auf die Körper der Gefallenen. Er spürte eine bedrückende Leere in sich.

Zwei gefangene Amerikaner streckten die Hände nach oben. Einer weinte bitterlich, der andere schien unter Schock zu stehen.

„Wie geht es weiter?", schnappte er auf, besann sich und fing sich wieder. „Sammeln", befahl der Kompanieführer mit gewohnt sicherer Stimme.

Sie hatten den Feind geschlagen. Soviel stand fest. Zumindest für den Augenblick war der Weg zu den eigenen Reihen frei.

Keller blickte sich hastig um.

Wo sind meine Männer?

Der Russlandveteran fühlte sich an die Ostfront erinnert. Dort hatten sie sich unter schwerstem Feuer zurückziehen müssen. Er kannte das Gefühl der Hilflosigkeit. Er musste handeln und Struktur in das Chaos bringen. „Kümmert euch um die Gefangenen", ordnete der Zugführer an und zählte seine Leute. Drei fehlten.

Höpfner kam zu Keller. Er stützte sich auf das MG 42. Der Gefreite wirkte müde und abgekämpft. „Gollmann hat´s erwischt. Der Sani ist drüben bei ihm."

Keller spürte einen Riss im Herzen.
Nicht schon wieder einen guten Kameraden verlieren, schoss es ihm durch den Kopf.
„Was ist mit ihm?"
Achselzucken.
Der Unteroffizier rannte los und suchte den verwundeten Freund. Endlich entdeckte er ihn neben einem Landser mit weißer Armbinde und darauf abgebildetem roten Kreuz. Der Samariter im Feld kniete neben Gollmann und hantierte herum. Im Nu war der Unteroffizier bei ihm. „Was ist mit ihm?", schoss es über seine Lippen.
Der Sani sah sich kurz um und presste Zellstoff auf die frei gelegte Wunde. Die Hände des Sanitätssoldaten waren blutig rot. „Hilf mir", forderte er Keller auf.
„Was soll ich machen?"
„Der hier hat ´nen glatten Durchschuss, aber dabei wurde eine Schlagader angeritzt. Er verlor viel Blut und lebt nur noch, weil ich zufällig neben ihm stand, als er zusammensackte. Ich habe die Ader geklammert. Du musst vorn und hinten auf die Wundöffnungen Zellstoff draufdrücken, damit ich den Verband stramm anlegen kann. Dann muss er so schnell wie möglich zum Truppenverbandsplatz!"
Keller kniete sich hin. Gollmann war bewusstlos. Wie gewünscht, presste der Zugführer die Zellstoffe auf Wundein- und -ausgang. Sein besorgter Blick blieb dem Sanitäter nicht verborgen.
„Er war zwischenzeitlich bei Bewusstsein. Ich habe ihm ein Schmerzmittel gegeben. Wie schon gesagt, er hat ziemlich viel Blut verloren."
„Wird er …"
„Keine Ahnung. Ich habe alles getan, was ich kann."
Der Sani stand auf und sah sich um.
„Träger", rief er laut.
Ein Hilfssanitäter kam angelaufen, Gollmann wurde auf die Tragbahre gelegt. Als der Retter ihn gemeinsam mit dem Hilfssanitäter hochheben wollte, bot Keller seine Hilfe an. „Kümmere du dich um die anderen Verwundeten. Ich gehe mit!"
„Alles klar!"
Es kam wieder Hektik auf. Einzelne Schüsse waren zu hören.
„Schneller! Wir müssen zurück, die Amerikaner drängen nach!" befahl Oberleutnant Drexler.

Der erste Zug kam angelaufen. Keuchend blieben ein Feldwebel und ein Leutnant vor dem Kompanieführer stehen. „Der … Rückzug … wäre", haspelte der Leutnant heraus, „… jetzt günstig. Sie sind uns … nicht gefolgt."

Drexler musste nicht lange überlegen. „Sammeln und abrücken!"

„Und die Gefangenen?", fragte jemand nach.

„Wir haben ein schönes Stück Weg vor uns, Herr Oberleutnant", machte der Leutnant den Ranghöheren aufmerksam.

„Gehen Sie mit den Männern los. Ich kümmere mich um die Gefangenen", befahl er und suchte nach Keller. „Unteroffizier Keller", rief er.

„Er trägt Gollmann zurück, Herr Oberleutnant", klärte ihn Höpfner auf, der sich immer noch auf das MG stützte.

„Gut, Höpfner. Dann bekommen Sie von mir den Auftrag, mit ihrer Gruppe die Nachhut zu bilden. Haben Sie Fragen?"

„Nein!"

Drexler wandte sich wieder an den Leutnant. „Ich habe den Rückzug meiner Kompanie befohlen. Gehen Sie zu Hauptmann Fuchs. Ich bleibe vorerst mit der Nachhut hier."

„Verstanden!"

Die Landser zogen sich ins Dunkel zurück. Als sie außer Sicht waren, deutete der Offizier auf die beiden Gefangenen. „Lasst sie laufen. Sie sollen zurück zu ihren Männern gehen!"

„Wie Sie befehlen", grinste Höpfner verlegen.

Das war es, was er an seinem ehemaligen Zugführer so liebte. Er war trotz des Krieges immer noch Mensch geblieben.

Ängstlich standen die gefangenen Amerikaner auf. Die ersten Schritte gingen sie mit zittrigen Knien rückwärts. Dann drehten sie sich um und rannten los. Drexler wartete noch eine Viertelstunde, dann zog sich auch die Nachhut zurück.

Während die *28. US-Division* herbe Verluste einstecken und sich vielerorts zurückziehen musste, blieb Vossenack in amerikanischer Hand.

Der Rückzug der geschlagenen *28. US-Division* ins Kalltal wurde zum Spießrutenlaufen für die amerikanischen Soldaten. Anfangs hieb die deutsche Artillerie schier pausenlos ihre Granaten in den Wald, dann folgte der deutsche Gegenstoß.

Major Retzer nutzte die Feststellung von Hönnige und postierte an der von dem Scharfschützen beschriebenen Örtlichkeit zwei schwere Maschinengewehre und eine Gruppe Werfer.

„Feuer", kam das Kommando von Major Retzer und die Gewehre krachten los. Projektile fatschten in die Bäume. Getroffene GI´s fielen zu Boden. Verwundete riefen nach Hilfe.

Die zurückströmenden US-Einheiten rannten in eine tödliche Falle. Immer wieder ratterten die auf Lafetten aufgesetzten MG 42 los und rissen Löcher in die Reihen der abgekämpften und demoralisierten alliierten Truppe. Die Einschläge der Granatwerfer sorgten schließlich für heilloses Chaos. Fahrzeuge wurden verlassen, qualmende und brennende Wracks blockierten den schmalen Weg und viele GI´s setzten ihre Flucht quer durch den Wald fort. Doch dort wartete kampfbereit die deutsche Infanterie, um dem Feind den endgültigen Todesstoß zu versetzen.

„Flanken dicht machen", hallte der Befehl durch den Wald.

„Mir nach", schmetterte ein Kompanieführer aus und stürmte los. Seine Männer folgten in Keilform.

Mit weit aufgerissenen Augen starrten die flüchtenden Amerikaner auf die laut „Hurra" schreienden Landser.

Der Angriff war ein militärischer Erfolg. Die Ortschaften Schmidt und Kommerscheid wurden befreit. In Vossenack dagegen hielt sich die US-Army. Lediglich ein Teil des Ortes wurde von deutschen Kräften besetzt und die HKL in der Ortschaft entsprechend verschoben. Vossensack wurde zum Inbegriff der Hölle auf Erden und jeder Soldat, der dorthin gesandt wurde, stand Todesängste aus.

Aus Sicht der Landser gelang es in einem Moment das halbe Dorf oder stellenweise auch nur ein paar Häuser zurück zu erobern, um es im Anschluss wieder zu verlieren. Aufgrund hart ausgeführter Gegenschläge musste das hart erkämpfte Areal wieder aufgegeben werden. Auf beiden Seiten kämpfte man verbissen und mit aller Härte. Nahkampf war an der Tagesordnung.

Die Kämpfe im Zeitraum Anfang bis Mitte November 1944 gingen als *Allerseelen-Schlacht* in die Geschichte ein.

Die Verluste auf deutscher Seite waren mit über 3.000 Gefallenen und Verwundeten ein hoher Preis für den errungenen Teilsieg.

Noch bitterer war die Niederlage der *28. US-Division*, die mit 6.200 Soldaten doppelt so viele Verluste zu verzeichnen hatte als ihr Gegner.

Dieser herbe Schlag gegen die US-Army wirkte sich demoralisierend auf die Überlebenden GI`s aus. General Eisenhower hatte sich verkalkuliert und musste unfreiwillig eine kurze Waffenruhe einlegen.

Zu dem militärischen Desaster gesellte sich das schlechte Wetter. Noch im kalendarischen Herbst war der Winter eingezogen. Kälte und Nässe setzten den immer noch in Sommeruniformen kämpfenden US-Soldaten besonders zu. Die witterungsbedingten Erkrankungen schnellten in die Höhe.

Nachdem General Eisenhower die Fronttruppen persönlich besucht und besichtigt hatte, wusste er, dass die ausgeblutete *28. US-Division* unverzüglich herausgelöst werden musste. Sie war nicht mehr im Stande einen weiteren Angriff zu führen.

Während neue US-Einheiten an die Front verlegt wurden, stockte das OKW die *275. Infanterie-Division* lediglich mit ein paar zur Verfügung stehenden Reserven auf.

Obwohl die Landser seit Monaten an der Front eingesetzt waren, nahm man die Einheit nicht zurück. Der Grund hierfür wurde den Soldaten zwar nicht mitgeteilt, allerdings machten immer häufiger einschlägige Gerüchte die Runde.

Fakt war, dass die unter dem Decknamen *„Wacht am Rhein"* geplante Ardennenoffensive nicht gefährdet werden durfte. Die Heeresführung bestand darauf, die bewährten Russlandveteranen im Einsatz zu belassen, da sie bislang dem Gegner Stand hielten.

Trotz der Aufstockung war die Sollstärke der *275. Infanterie-Division* nicht erreicht. Einzig und allein die von den US-Streitkräften vorgegebene Kampfpause konnte zur Erholung genutzt werden.

Mit der *1.*, der *4.* und der *8. US-Division* standen ihnen ab sofort kampferfahrene US-Soldaten gegenüber, die bereits am *D-Day*, der Invasion am 6. Juni 1944, teilgenommen hatten.

Privatarchiv des Autors, PA-H-106-Marsch an die Front

„Ob wir sie richtig verjagt haben?", wollte Haßlach ein paar Tage später wissen. „Seit sie aus Schmidt und Kommerscheid vertrieben wurden, herrscht Ruhe!"

„Erstens sind sie noch da, zweitens ist das die Ruhe vor dem Sturm", nahm ihm Jürgen Keller sofort jegliche Illusion.

Der Unteroffizier stand auf und ging zum Kanonenofen. Er öffnete das Türchen, um zwei Holzscheite nachzulegen.

„Wie meinst du das?"

„Die haben doch Material ohne Ende. Sie werden wieder kommen, darauf kannst du dich verlassen. Vossenack konnten sie ja ohnehin halten."

„Es wird härter werden", zischte Höpfner dazwischen. „Noch mehr Panzer, noch mehr Männer und noch mehr Ari!"

„Glaube ich nicht! Die kommen in dem Gelände mit Panzern nicht durch", konterte Haßlach. „Das haben wir doch gesehen."

„Sie werden kommen", schoss Keller unmissverständlich ab. Er wollte die Diskussion beenden. Aus diesem Grund ließ er keine Widerrede mehr zu. „Und jetzt unterhalten wir uns über andere Dinge, sonst bekommt ihr noch einen Frontkoller!"

„Ich habe gesehen, wie Pioniere mit haufenweise Ausrüstung zur HKL vormarschiert sind."

„Sie werden die Löcher flicken!"

„Welche Löcher?", hakte Großmann nach.

„Minen und so weiter."

„Was sagt ihr zu dem deutschen Arzt, der im Kalltal für Waffenruhe sorgte und Verwundete auf beiden Seiten verarztet hat?", wechselte Keller das Thema, nachdem die Diskussion offensichtlich nicht abflaute.

„War ´ne feine Sache. Die Verwundeten sind doch die ärmsten Schweine, da sie oft stundenlang ohne Hilfe auf dem Schlachtfeld liegen müssen, weil sich ihre Division gerade zurückzieht oder vorstürmt."

„Wenn sie vorstürmt, ziehen die Sanis nach. Ist doch ganz normal."

„Aber bei den Amerikanern soll es drunter und drüber gegangen sein. Ein Latrinengerücht spricht von umherirrenden GI´s, die von unseren Leuten zu ihren eigenen Männern zurückgeführt wurden."

„Du meinst, vor lauter Mitleid?"

„Quatsch! Die hätten sie gefangen genommen", mischte sich jetzt auch Keller ein.

„In Vossenack hatte ich nicht das Gefühl, dass wir uns mit den Amerikanern so gut zu verstehen, dass wir sie am Händchen nehmen und nach Hause bringen", donnerte Höpfner heraus.

„Ach was! Und was haben wir gemacht?"

„Ja gut, wir haben die zwei Gefangenen zurückgeschickt, doch so etwas ist die Ausnahme!"

„Ihr hättet sie sonst umlegen müssen."

„Noch bin ich Soldat, kein Mörder!"

„Dem Arzt wird sicherlich ein Orden verliehen", wechselte Haßlach die Richtung und brachte mit dieser Bemerkung wieder Ruhe in die hitzig gewordene Diskussion.

„Ich kenne da ein Beispiel aus Italien. Bei den Kämpfen an der *Gustav-Linie* hat ein Feldwebel das *Spiegelei* verliehen bekommen, als er einen Waffenstillstand herstellte, nachdem die Amis am Rapido zusammengeschossen wurden. Das stand groß in der Zeitung."

„Wenn wir schon über die Verwundeten sprechen, wie geht's eigentlich Gollmann?", erkundigte sich Baar.

„Müsste ihm besser gehen. Ich werde ihn heute besuchen. Wer kommt mit?"

Die ganze Gruppe meldete sich.

„Prima, dann sag ich noch schnell dem Rest des Zuges Bescheid, dass ich ein paar Stunden weg bin. Nur für den Fall der Fälle. Als Zugführer ist das nicht mehr so einfach wie vorher", erklärte Unteroffizier Keller. "Ich würde vorschlagen, wir gehen nach dem Mittagessen los. Das nehmen wir uns heute einfach mal raus. Die Waffen sind gereinigt und einsatzbereit, sonst steht nichts Besonderes auf dem

Dienstplan. Außerdem ist die Essensausgabe für unsere Einheit auf halb elf angesetzt."
„So früh?"
„Ist egal. Ich hab´ jetzt schon Hunger ohne Ende."

Beim Essenfassen erfuhren sie die nächste Neuigkeit. Keller war auf Radomski, dem Spieß, getroffen und hatte sich zu seinem alten Kameraden von der Ostfront gesetzt.
„Gut, dass ich dich sehe", fing Radomski mit vollem Mund zu sprechen an. „Ich habe da noch ´ne gute Nachricht für Baar. Der ist doch jetzt bei dir, oder?"
Der Unteroffizier nickte. Der Spieß kaute den Bissen fertig und schluckte hinunter. „Ganz schön zäh, das Fleisch", schimpfte er kurz, dann spießte er eine Kartoffel auf. Bevor sie jedoch in seinen Mund wanderte, sprach er weiter.
„Baar ist am 1. November zum Obergefreiten befördert worden. Aufgrund der Kampfhandlungen ist das aber untergegangen. Du kannst ihn später zu mir schicken, dann kriegt er das Schriftliche."
„Da wird sich der Hesse aber freuen."
„Ihr wollt ihm doch sicher nur etwas abluchsen, oder?"
„So eine Beförderung muss doch gefeiert werden", grinste Keller.
Radomski kannte sich aus. Er war schließlich ein alter Hase. Ein Berufssoldat, der schon länger als zehn Jahre die Uniform trug. „Was muss er denn springen lassen?"
„Nur ´ne Kleinigkeit für die Gruppe, mich natürlich eingerechnet", grinste Keller. „Baar wird der Nachfolger von Gollmann und soll die Gruppe führen, solange ich als Reservezugführer fungiere."
„Wie geht es Gollmann eigentlich?"
„Wir besuchen ihn heute Nachmittag. Ich kann dir später sagen, wie es um ihn steht."
„Heute Nachmittag, sagst du?"
„Ja. Passt das nicht?"
„Sogar sehr gut. Wenn ihr vorher bei mir vorbeikommt, müsst ihr nicht zu Fuß latschen. Zumindest hinwärts. Unsere Sanis bekommen gerade Nachschub an Verbandsmaterial geliefert. Der Lkw fährt garantiert zum Feldlazarett zurück. Sicherlich dürft ihr mitfahren. Allerdings müsstet ihr euch beeilen und schon mittags los."
„Prima. Wir sind pünktlich. Wann fährt er denn ab?"
„Ich schätze noch vor 13 Uhr."

Keller sah auf seine Uhr. „Das schaffen wir locker. Und was war das mit Baar und der Feier?"

„Ach ja, ... ha ... ha ...", lachte Radomski, „... ich habe noch ein bisschen Marketenderware gebunkert. Drei Flaschen Wein und eine Flasche Korn. Wenn ihr feiert, kann Baar das Zeug kaufen."

„In Ordnung, aber du machst ihm einen guten Preis."

„Denkst du, ich möchte reich werden?", grinste Radomski.

„Ich weiß noch, wie wir in Russland das eine oder andere Ding gedreht haben. Ich kenne dich", lachte jetzt auch Keller.

„Keine Angst, Jürgen. Er zahlt den ganz normalen Preis."

„Wann sollen wir da sein?"

„Am besten gleich nach dem Essen. Der Alte ist beim Bataillon, dann bin ich allein in der Schreibstube."

„Aus welchem Grund ist er weg?"

Die Miene des Spießes wurde schlagartig ernst.

„Wir hatten eine Menge Verluste, Jürgen."

„Ich weiß. Wir haben allein in Vossenack die halbe Kompanie verloren."

„Das Regiment, ach was ...", machte er eine abfällige Handbewegung, „... die ganze Division besitzt nur noch ein Drittel Kampfkraft. Es ist zwar Verstärkung angerückt, soviel ich mitbekommen habe, aber die Kameraden lösen uns nicht heraus, sondern werden zusätzlich an die HKL geworfen."

„Ich habe schon so etwas befürchtet. In meinem Zug sind zur Hälfte junge Soldaten. Für viele von ihnen war es die erste Feindberührung."

„Dafür haben sie sich aber tapfer gehalten."

Keller grübelte. „Da stimme ich dir zu, jedoch wie lange noch? Heute musste ich schon eine Diskussion im Unterstand beenden. Ich kenne dieses Aufwühlen. Das bringt nichts als Ärger. Wäre kein Schlussstrich gezogen worden, hätte ich am Ende des Tages ein oder zwei Kameraden mit 'nem Frontkoller zum Feldarzt verfrachten können. Wie viele Opfer müssen wir eigentlich noch bringen?"

„So ähnlich habe ich das den Chef auch gefragt."

„Und? Was hat er geantwortet?"

„Wir kämpfen hier nicht um Moskau, Rom oder Paris, wir kämpfen hier um Köln, München und Berlin. Wir stehen auf deutschem Boden."

„Er könnte es zum Propaganda-Minister bringen!"

Hektisch blickte sich Radomski um. „Mensch, bist du bescheuert? Pass bloß auf, was du sagst!", warnte er eindringlich. „Es sind schon Leute wegen weit weniger gefährlichen Bemerkungen vors Kriegsgericht gekommen."

„Wir sind ja unter uns", beschwichtigte Keller. „Abgesehen davon, würde ich gern mal wissen, warum wir nicht in die Etappe können."

„Wir sind so wichtig, weil immer noch die Hälfte unserer Leute kampferprobte Russlandveteranen sind. Soldaten, wie du einer bist. Und Himmelherrgott, wie ich einer bin", donnerte der Spieß jetzt los.

Ein paar Landser vom Nebentisch drehten sich um. Daraufhin senkte der Oberfeldwebel mit den Kolbenringen am Ärmel seine Stimme wieder. Er begann sogar zu flüstern. „Ich habe noch etwas aufgeschnappt."

Der Oberkörper des Berufssoldaten beugte sich über den Tisch. Der Mund war nun ganz nah am Ohr des Unteroffiziers.

„Im Hinterland wird gerade für einen gigantischen Gegenangriff aufgerüstet. Wir müssen die Stellungen nur halten, damit unsere Kameraden sich in Ruhe für eine Offensive vorbereiten können. Es sollen auch jede Menge Tiger-Panzer dabei sein. Du wirst schon sehen, die von allen belächelte Wende kommt. Wir werden die Alliierten wieder ins Meer zurücktreiben. Es wird genauso kommen, wie damals bei Dünkirchen. Nur werden sie diesmal nicht entkommen, sondern für die zerstörten deutschen Städte büßen!"

„Aufmarschgebiet? Woher sollen denn die ganzen Divisionen kommen? Wenn ich mir unseren Nachwuchs ansehe, dann …"

„Denk an meine Worte! Treib deine Leute an! Sie werden dir folgen. Du bist ein Held!"

„Held? So ein Quatsch. Ich kann den ganzen Mist nicht mehr hören. Kannst du dir vorstellen, wie viel Schmerz ich aushalten musste? Es war kein Spaß monatelang im Krankenhaus zu liegen. Ich bin kein Held, ich hatte Glück! Das ist alles. Und für das ganze Leid bekam ich als Dank ein Stück Blech an die Brust geheftet und die Unteroffizierslitzen verpasst."

„Ich weiß, wie lange du weg warst. Es waren fast auf den Tag genau zehn Monate. Und da ist der Unteroffizierslehrgang mit eingerechnet. Das weiß ich ganz genau, Jürgen. Ich bin der Spieß!"

Keller lehnte sich erst zurück, beugte sich dann aber doch wieder vor. „Wann soll denn diese Offensive stattfinden?"

„Ich bin kein Hellseher, aber es kann nicht mehr lange dauern. Haltet durch!"

Der Kompaniefeldwebel machte eine kurze Pause und schnaufte tief ein. „Und weißt du was?", fuhr er schließlich bestens gelaunt fort.

„Nee?"

„Ich lege nachher noch 'ne Stange Zigaretten auf die Marketenderware drauf. Spendiere ich dir und deinem Zug. Du kannst sie so verteilen, wie du es meinst."

In Kellers Gesicht kehrte ein Lächeln zurück. Radomski konnte nichts für die ganze Situation. Er war ein guter Kamerad und schwer in Ordnung. Der Unteroffizier reichte ihm die Hand.

„Abgemacht! Und ich stehe in Kürze mit meiner alten Gruppe vor deiner Schreibstube. Du sorgst mir dafür, dass der Lastwagen nicht ohne uns abfährt."

„Geht klar, altes Haus. Bis gleich!"

Baar bekam seine Beförderungsurkunde ausgehändigt und kaufte die Marketenderware. Unteroffizier Keller erhielt die versprochene Stange *Juno* und zudem stand ein Lkw vor der Tür des Kompaniegefechtsstandes. Das rote Kreuz auf weißem Grund war gut sichtbar an die Türen gemalt worden. Bei dem Lastwagen handelte es sich um ein ausländisches Modell und die Pritsche war leer.

„Sieht gut aus. Wir hätten alle Platz drauf. Wo ist denn der Fahrer?", wollte Höpfner wissen.

Die Gruppe stand vor der Tür, während sich Keller und Baar noch in den Diensträumen des Spießes befanden.

„Wird schon kommen. Keine Angst."

Der Unteroffizier und der soeben zum Obergefreiten beförderte Baar kamen heraus. Begleitet wurden sie von einem älteren Soldaten.

Keller schmunzelte. „Der gute alte Radomski hat nicht übertrieben", stieß er kaum hörbar aus, als er zum Lastwagen ging. Die Zigaretten trug er für alle gut sichtbar in der linken Hand.

Haßlach stieß Großmann in die Seite. Er konnte seine Augen nicht von dem älteren Landser nehmen. „Der ist doch bestimmt schon über vierzig und immer noch einfacher Soldat. Sicherlich hat er was ausgefressen, oder?"

„Nee, Kamerad. Der war bislang zu alt für die Wehrmacht und musste garantiert erst jetzt einrücken. Er ist ja auch nur Kraftfahrer."

„Meinst du?"

„Frag ihn doch, wenn du so neugierig bist!"

„Nun ja, so interessant ist es auch nicht. Eigentlich ist es mir sowieso egal. Es war ja nur so ein Gedanke", winkte Haßlach ab.

Der Fahrer öffnete die Tür. „Dann mal rauf mit euch, Kameraden", sagte er zur herumstehenden Gruppe. „Wenn es kalt wird, macht euch warme Gedanken", schob er witzelnd nach.

Während alle auf die Pritsche kletterten, setzte sich Keller mit ins Fahrerhaus.

„Was ist das für ´ne Karre?", fragte er neugierig.

„Das ist ein Chevrolet. 1,5 Tonnen, Baujahr 1940, um genau zu sein. Warum fragst du?"

„Von den Amis?"

„Nein. Beutefahrzeug von den Holländern. Deren Armee war mit den Dingern ausgerüstet."

Er ließ den Motor an und der Lastwagen ruckelte los. Dunkelblaue Abgaswolken wurden ausgestoßen und blieben im Wind tanzend zurück, bis sie sich schließlich gänzlich aufgelöst hatten.

„Noch ein bisschen mehr Morast und wir würden alle zwanzig Meter stecken bleiben", begann der Fahrer ein Gespräch.

„Die Pioniere haben hier ganz gute Arbeit geleistet, oder wie siehst du das?"

„Kann man wohl sagen. War ´ne gute Sache, die unbefestigten Zufahrten mit Kies aufzuschütten."

„Zumindest im Bereich der Unterstände", bestätigte Keller.

„Da sowieso. Verhindert nasse Füße. Aber ich denke, dass die Aktion bei den Geschützen noch wichtiger war. Die Munitionsfahrer sind dankbar darüber. Hast du eine Ahnung, was die Dinger wiegen?"

„Sicherlich ´ne ganze Menge, aber weißt du, was mich noch mehr wundert?"

„Was denn?"

„Mich wundert´s, dass die Alliierten nicht schon längst ihre Flugzeuge geschickt haben. Die bomben doch sonst alles Mögliche zusammen."

„Du meinst die Fliegerangriffe, die eigentlich gar nicht sattfinden, weil sonst jemand ganz oben Meier heißen würde?", spielte der Lastwagenfahrer auf die entsprechende Aussage Görings an und brachte die Frage sarkastisch rüber.

„Genau die meine ich!"

„Wegen des schlechten Wetters. Das ist doch klar wie Kloßbrühe."

„Es war allerdings nicht jeden Tag fluguntaugliches Wetter."
„Aber wohin sollten sie fliegen? Einfach mal zehn Tonnen Bomben über einem Wald abladen? Hätten sie bestimmt gemacht, wenn ihr Nachschub unerschöpflich wäre. Ist er aber nicht! Ich glaube, die sind am Ende. Sie hätten doch schon längst ein paar Fliegerstaffeln losgeschickt."
„Von der Seite habe ich das noch gar nicht betrachtet."
„Siehst du! Vom alten Bohltmann kannst du noch was lernen!"
„Dein Wort in Gottes Ohr!"
Unteroffizier Keller kramte seine Zigarettenschachtel heraus. „Willst du auch eine?"
„Nee, danke. Ich bin Nichtraucher. Und ich mag es auch nicht, wenn in meinem Führerhaus gequalmt wird. Ich vertrage das nicht so gut!"
„Kein Problem."
Die Zigaretten wanderten zurück in die Feldblusentasche.
„Wie weit ist es denn bis zum Lazarett?"
Der Fahrer runzelte kurz überlegend die Stirn. „Sie haben gute sechs Kilometer von hier ein Feldlazarett eingerichtet. Dort müsste euer Freund eigentlich liegen. Ich kenne die Leute von der Krankenkraftwagen-Kolonne gut. Die meisten Transporte der letzten Tage gingen dorthin."
„Dann wollen wir hoffen, dass Gollmann da ist."
Es war der 16. November 1944. Die Hälfte der Strecke war zurückgelegt, als sich der Himmel verdunkelte. Es fing mit einem fernen Dröhnen an, das immer lauter wurde. Die Männer auf der Pritsche klopften schon auf das Dach des Führerhauses.
„Flugzeuge! Hunderte von Flugzeugen!", brüllten sie.
Bohltmann bremste. Sie standen mitten auf der Straße. Das Dröhnen der Flugzeugmotoren war zwischenzeitlich zu einem anhaltenden Grollen angewachsen. Der Lastwagenfahrer öffnete die Tür und stellte sich in den Türrahmen. Keller machte es ihm nach. Alle starrten nach oben und konnten ihren Blick nicht abwenden, als sie die unzähligen Bomber und Jäger der Alliierten Luftwaffe über sich sahen.
„Wenn man vom Teufel spricht ...", stieß Bohltmann verblüfft aus und fing sich als erster wieder. „Wir müssen weg von der Straße!"
Augenblicklich schwang er sich hinter das Lenkrad und knallte die Tür zu.

„Festhalten!", schrie er so laut er nur konnte nach hinten und gab Gas. „Wir müssen die Kiste von der Straße bringen. Im Wald sind wir sicher!"

Seine kräftigen Arme wirbelten am Lenkrad herum. Der Motor jaulte richtig auf.

Unteroffizier Keller hielt sich mit beiden Händen fest. Er erkannte, dass sich die Flugzeugarmada teilte. Bomben wurden abgeworfen.

„Das Gelände vor uns wird bombardiert! Wir müssen wenden!"

Der Lastwagen schaukelte hin und her. Bohltmann nahm Gas weg und bremste abrupt ab.

„Aua", kamen Schreie von hinten.

Ein paar Soldaten waren durch die scharfe Bremsung nach vorn auf ihre Kameraden geschleudert worden.

Der Fahrer sah einen geeigneten Platz zum Wenden. Er kurbelte das Lenkrad herum und stöhnte dabei wie ein Schwerarbeiter. Rückwärtsgang einlegen, wieder Kurbeln, Gas geben. Detonationen zerrissen die Luft. Die Schatten der Bomber huschten über sie hinweg. Wortlos saß Höpfner auf der Pritsche und beobachtete alles wie gebannt. Sein Mund war weit aufgerissen, doch kein Laut kam über die Lippen. Erst als sich die Bombenschächte öffneten, reagierte er.

„Wir müssen runter von der Kiste. Ab in den Wald!"

Noch während des Wendevorgangs sprang er ab. Auch die anderen Landser zögerten keine weitere Sekunde und folgten Höpfner. Als einige Bomben auf der Straße einschlugen und mit unglaublichem Getöse Löcher in die Fahrbahn rissen, wussten auch Bohltmann und Unteroffizier Keller, dass sie das Fahrzeug verlassen mussten.

„Raus hier!"

Der Fahrer ließ das Lenkrad los und sprang bei laufendem Motor aus der Führerkabine. Auch Keller hechtete vom Lastwagen. Die Landung war dank des vom Regen aufgeweichten Bodens nicht allzu hart. Der Unteroffizier rollte sich ab, sprang auf und sah nach oben. Die Zahl der Flugzeuge schien zuzunehmen.

„Das ist unmöglich", wunderte sich der Landser.

Noch vor kurzem glaubte er, der Feind hätte keine Reserven mehr, und jetzt befand sich die größte Flugzeugflotte über ihm, die er jemals gesehen hatte.

Sie rannten, wie von der Tarantel gestochen, in den Wald, warfen sich zu Boden und hielten die Hände schützend über ihre Köpfe. Die Erde schien zu beben.

Huuuiii ... Wumm
Gedanken überschlugen sich. *Aufatmen, die kam weit entfernt von uns runter.*
Huuuiii ... Wumm
Lieber Gott ... bitte hilf ... nur noch dieses eine Mal!
Immer wieder waren einzelne Bombeneinschläge zu hören. Mal waren sie leiser und weiter weg, mal donnerte es regelrecht in ihrer Nähe. Nach weniger als einer Viertelstunde war der Spuk vorbei. Für einige von ihnen war es wohl die längste Viertelstunde ihres Lebens. Die Bomber flogen eine Schleife und kehrten zu ihren Ausgangsflugplätzen zurück. Nur noch ein paar Jäger zogen ihre Kreise am Himmel.

Kreidebleich und leicht zitternd stand Bohltmann auf. Er ging zu seinem Lastwagen, der immer noch mit laufendem Motor auf dem kleinen Holzlagerplatz neben der Straße stand. Zwanzig Meter weiter vorn lag ein Baum quer über der Fahrbahn.

„Wenn wir gewendet hätten, könnten wir jetzt darunter liegen", presste der Lkw-Fahrer heraus.

Höpfner und die anderen kamen nach und nach aus dem Wald. Keller zündete sich eine Zigarette an. Er entdeckte dicke Rauchschwaden, die nach oben stoben. Wortlos streckte er die Hand aus und deutete an die Stelle.

„Dort liegt Düren", klärte sie Bohltmann auf, der ahnte, welche Frage der Unteroffizier stellen würde.

„So muss es unseren Leuten zu Hause gehen, wenn die Luftangriffe stattfinden. Sie sitzen in den Kellern und sind machtlos", murmelte Baar.

„Ist jemand verletzt?"

Der Gruppenführer zählte durch. Sie waren komplett. Niemand schien ernsthaft verletzt worden zu sein.

„Was war denn das?", fragte Großmann, der immer noch leicht unter Schock zu stehen schien.

„Bomberangriff am Tag! So etwas kann unsere Luftwaffe nicht", wetterte Baar los.

„Ich ahne Schlimmes", meinte Keller und versuchte etwas Ordnung ins Chaos zu bringen. „Kannst du fahren?", fragte er Bohltmann.

„Ja", antwortete dieser mit leicht zittriger Stimme. „Wenn die Straße nach vorn frei ist", schob er nach und zeigte mit der linken Hand auf den quer über der Straße liegenden Baum. „Nach hinten ist die Strecke erst mal dicht. Für den Kawenzmann dort hinten braucht man entweder schweres Gerät oder 'ne Gruppe Pioniere und 'nen halben Tag Zeit."

„Aufsitzen!"

Sie kamen der Aufforderung ihres Unteroffiziers nach. Bohltmann setzte sich hinter das Lenkrad und fuhr los. Immer wieder musste er kleineren und größeren Bombentrichtern ausweichen. Je näher sie an die rückwärtige Stellung kamen, desto hektischer wurde es. Brände waren gelöscht worden. Sanitätskraftwagen fuhren weg, Feldgendarmen regelten den Verkehr. In der Luft lag immer noch der beißende Geruch von Verbranntem.

„Das gefällt mir nicht", sagte Keller.

Vor ihnen stand einer der Kettenhunde und hob den rechten Arm. Als Bohltmann angehalten hatte, kam der Feldgendarm zum Lastwagenfahrer. „Wo wollt ihr hin?"

„Feldlazarett. Ich setze die Kameraden dort ab und lade noch eine Fuhre Nachschubmaterial für das II. Bataillon auf."

Der Militärpolizist sah erst zur Pritsche, dann zu Unteroffizier Keller. Noch bevor er etwas sagen konnte, übernahm der Russlandveteran das Wort.

„Keller, I. Bataillon, 2. Kompanie. Wir haben heute Nachmittag dienstfrei und wollen einen verwundeten Kameraden besuchen. Er soll hier im Feldlazarett liegen."

„Schwerer oder leichter verletzt?"

„Was spielt das für eine Rolle?"

„Die Schwerverletzten sind nach Düren ins Krankenhaus verlegt worden."

„Wo kann ich mich denn erkundigen?"

„Heute gar nicht mehr. Wir müssen erst einmal feststellen, was der Angriff alles vernichtet hat."

Ein zweiter Feldpolizist kam angerannt. Er blieb ganz aufgeregt neben dem Kontrollierenden stehen. „Hans! Der Ami greift an. Wir sollen alle Landser, die dienstfrei haben, sofort zurück zu ihren Einheiten schicken!"

„Ich hab´s geahnt", stieß Keller aus.

„Ihr habt es gehört?" fragte der Feldgendarm nach.

Der Unteroffizier nickte. „Absitzen", ordnete Keller an.

Die Männer sprangen von der Pritsche. Jetzt konnten sie die feindliche Artillerie hören. Der Wind trug die Detonationsgeräusche bis in die Etappe.

„Können wir uns wenigstens noch erkundigen, was mit unserem Kameraden ist?"

„Ich kann im Feldlazarett anrufen, mehr nicht", bot der freundliche Kettenhund an.

„Bitte!"

„Karl ...", sagte er zu dem zweiten Feldgendarm, „... lauf doch zum Feldtelefon und ruf im Lazarett an. Erkundige dich nach einem ..."

„Gollmann. Obergefreiter Eduard Gollmann, I./2", ergänzte Keller.

Bohltmann fuhr an. „Ich muss weiter", verabschiedete er sich.

Nachdem der Lastwagen abgefahren war, warteten die Landser auf die Antwort aus dem Feldlazarett.

„Die Straße ist nicht mehr passierbar. Ein Baum liegt quer drüber. Ungefähr zwei oder drei Kilometer von hier", berichteten sie dem Feldgendarmen.

Dieser notierte sich die Mitteilung. Der andere kam zurück. Er schüttelte den Kopf. „Gollmann ist gestern nach Düren gekommen. Dort antwortet aber keiner. Die Stadt war ebenfalls Ziel der Bomber."

„Danke", antwortete Keller enttäuscht. „Dann gehen wir mal zurück, bevor uns irgendein Offizier erwischt und in eine Sammelstelle verfrachtet."

„Das würde ich euch auch raten", meinte der Feldpolizist.

Die amerikanischen Truppen hatten mit dem größten Luftangriff, der im Zweiten Weltkrieg zur Unterstützung einer Bodenoffensive stattfand, die *Operation „Queen"* begonnen.

Die für den deutschen Nachschub als wichtig erachtete Städte Jülich und Düren wurden zu weit über 90 Prozent zerstört. Mehr als 4.000 Bomber und Jäger waren an dem Angriff beteiligt.

Auch die deutschen Stellungen wurden bombardiert, doch die hervorragende Tarnung sowie gute Befestigungen und schlechte alliierte Aufklärung hielten die Verluste in Grenzen.

Heftiges Artilleriefeuer löste das Bombardement ab. Hier kamen auch neu entwickelte US-amerikanische Raketenwerfer zum Einsatz, die den russischen Stalinorgeln nachempfunden waren.

Wieder lagen die Landser im Trommelfeuer und mussten ein gigantisches Stahlgewitter über sich ergehen lassen, bevor frisch zur HKL verlegte amerikanische Infanterie-Divisionen, unterstützt durch Panzerkräfte, gegen die deutschen Stellungen stürmten.

Als die Gruppe Keller ihre Unterkünfte erreichte, herrschte reges Treiben in der Kompanie. Alarmbereitschaft! Es musste sofort aufgerüstet werden. Kaltverpflegung und Munition wurde ausgegeben. Abmarschbereit standen die Soldaten herum und warteten auf die Befehle ihres Kommandeurs. Sie waren Reserve und würden dorthin verlegt werden wo es am meisten brannte, soviel war sicher.

„Das mit Gollmann gefällt mir gar nicht", äußerte sich Höpfner, der das MG über seiner Schulter trug und beide Arme lässig darüber gelegt hatte.

„Mir auch nicht. Wir haben ja nur einen Bruchteil von dem abgekriegt, was über Düren runter gekommen ist. Wenn das hier vorbei ist, müssen wir uns unbedingt erkundigen, was mit Gollmann ist."

Höpfner nickte. „So sehe ich es auch. Ich hoffe nur, dass es nicht schon wieder nach Vossenack geht."

Oberleutnant Drexler trat vor die Mannschaft. „Wir bleiben in Alarmbereitschaft, rücken aber noch nicht ab. In einer Stunde wird warmes Essen ausgegeben."

Schließlich entspannte sich die Situation etwas. Die Aussicht auf ein warmes Essen gefiel den Landsern.

„Dann verlegen wir nachts", verschaffte sich Keller Luft und sollte Recht behalten.

Oberleutnant Drexler hielt den Hörer des Feldtelefons in der Hand. Er saß an seinem Schreibtisch und blickte auf die vor ihm liegende Landkarte. Gedanklich folgte er bereits den Anweisungen, die er im Moment erhielt.

„Jawohl! Ich habe verstanden", bestätigte er schließlich und legte auf.

Der Offizier schnaufte kräftig durch, griff zu seinem Kaffeebecher und leerte diesen in einem Zug. „Radomski, es geht los!"

Der Kompaniefeldwebel hatte durch die offene Tür das Gespräch bereits in Auszügen mithören können. Er stand auf und betrat das Zimmer seines Vorgesetzten.

„Soll ich antreten lassen?"

Ohne auf die Frage einzugehen, zog Drexler seinen Mantel an und schnallte das Koppel um.

„Der Amerikaner greift mit voller Wucht an. Panzer und frische Infanterie-Einheiten."

Das war Antwort genug.

„Schon wieder frische Kräfte?", stieß Radomski erstaunt aus.

„Es ist bereits die dritte Division, mit der wir es zu tun haben, seit wir hier im Einsatz sind", bestätigte der Kompanieführer. „Sie rücken diesmal in zwei Keilen vor. Ein Angriff wird auf Hürtgen ausgeführt, der andere geht über Vossenack nach Simonskall. Ihr Ziel wird wieder das Dorf Schmidt sein. Unser Ziel heißt Simonskall. Unsere Kameraden vor Ort halten den Weiler noch immer gegen den Feind, der von Vossenack aus die Serpentinenstraße hochdrängt."

Radomskis Gesichtsausdruck verdunkelte sich. „Wenn die Männer hören, dass wir wieder nach Vossenack müssen, wird das keine Freude auslösen."

„Ich weiß, dass dieser Name wie ein Schock wirkt, aber wir sind Soldaten und kämpfen da, wo wir gebraucht werden."

„Die werden sich fragen, warum wieder ausgerechnet unser Haufen dorthin muss."

„Radomski! Wir fragen nicht nach, wir denken nicht! Wir führen Befehle aus!"

„Verstanden, Herr Oberleutnant", bellte der Spieß aus und schlug überzogen die Haken zusammen.

„Ich bin auch nicht begeistert, aber wir kennen das Gelände und vor allem werden wir gebraucht. Wie bereits erwähnt, drängen die Amerikaner von Vossenack kommend nach Simonskall hoch. Unsere Kameraden dort können sich nicht mehr lange halten und brauchen dringend Unterstützung."

„Da befindet sich doch auch ein Sanitätsbunker!"

„Richtig! Er wird gerade geräumt. Wir haben keine Zeit zu verlieren. Radomski, Sie führen den Kompanietrupp", befahl der Offizier dem Oberfeldwebel.

Bei Temperaturen nahe dem Nullpunkt, begann die Verlegung an die Hauptkampflinie. Eisiger Wind war der Begleiter der stumm durch den Wald marschierenden Landser. Sie hatten die Mantelkrägen hochgeschlagen, Schals umgewickelt und Wollmützen weit über die Ohren gezogen. In den Tagen der Kampfpause wurden die Uniformen gewaschen und die geschundenen Körper der Soldaten frisch entlaust. Wer die Möglichkeit hatte, ließ sich die Haare schneiden und Bärte rasieren. Jetzt ging es wieder vorwärts. Niemand wusste, wie lange es dauern würde.

Auf dem Weg zur Front kreisten unterschiedliche Gedanken durch die Köpfe der Männer. Angst war gekoppelt mit Heldenphantasien. Während einige aufgeregt waren und sich mit jedem Schritt ihr Pulsschlag erhöhte, sinnierten andere darüber, wie sie dem Gegner gegenübertraten, ihn zurückwarfen und seine Panzer knackten. Anschließend würde ihnen in Berlin eine Auszeichnung verliehen werden. Direkt aus den Händen des Führers.

Lediglich die Kampferfahrenen unter ihnen hatten kalte Augen. Sie wussten, was auf sie zukommen würde.

Vom Hochplateau aus stiegen die Soldaten über schmale Pfade hinab zu ihren Kameraden. Die Kampfhandlungen schienen gerade abzuflachen. Dennoch herrschte im Kampfraum Hektik. Immer noch wurden Verwundete geborgen und nach hinten gebracht. Sanitäter gingen an ihre Leistungsgrenze und schleppten ihre Kameraden durch den Wald. Nur vereinzelt ratterte hin und wieder ein Maschinengewehr und zog mit Leuchtspurmunition eine helle, zittrige Spur durch die mondhelle Nacht in die Kallschlucht. Meist folgte darauf das künstliche Magnesiumlicht einer Leuchtkugel. Flackernd erhellte es eine Zeit lang Himmel und Erde.

„Warum jagen die immer wieder Leuchtkugeln hoch?", fragte Großmann, als zum dritten Mal innerhalb von zwanzig Minuten künstliches Licht am Himmel flackerte.

„Ich schätze, sie wollen verhindern, dass feindliche Stoßtrupps hinter die Linien sickern", meinte Haßlach.

„Oder einfach nur den Sanis etwas Licht spenden", fuhr Keller dazwischen.

Weit nach Mitternacht erreichten sie ihren Einsatzraum.

Oberleutnant Drexler, der sich an der Spitze der Kompanie befand, ließ halten. „Die Zugführer zu mir!"

Ein Leutnant, ein Feldwebel und Unteroffizier Keller kamen nach vorn. Drexler beleuchtete eine Karte. „Wir sind genau hier", sagte er und legte seinen linken Zeigefinger auf die Landkarte. „Nördlich von uns liegt Vossenack. Hier kommt der Ami mit seinen Panzerkräften entlang", der Finger fuhr auf der Karte umher, „westlich von uns befindet sich Simonskall und östlich die Mestrenger Mühle. Die Kall bildet dazwischen ein natürliches Hindernis. Südöstlich von uns liegt Kommerscheid, dann Schmidt. Dorthin sind gerade Sturmgeschütz-Batterien unterwegs und werden in Bälde eintreffen."

Sturmgeschütze bedeuteten Hoffnung.

Der Offizier sprach weiter. „Das Wiesengelände ist vermint! Hier müssen wir besonders aufpassen, falls wir uns zurückziehen müssten. Unser eigentliches Ziel ist es, den Gegner erst wieder nach Vossenack zurück und anschließend auch dort aus der Ortschaft zu werfen."

„Wo sind die anderen Kompanien eingesetzt?", fragte der Leutnant nach.

„Die schwere Kompanie kontrolliert die Serpentinen, die beiden anderen Kompanien liegen an der rechten Flanke. Unser Kompanietrupp liegt bei Kommerscheid. Dort befindet sich auch der Truppenverbandsplatz. Unsere Sanitätssoldaten sollen ein geeignetes Verwundetennest einrichten. In Simonskall befindet sich ein Sanitätsbunker. Gelingt es uns den Feind zurück zu drängen, können wir diesen benutzen. Soweit alles klar?"

Wieder räusperte sich der Leutnant, um eine weitere Frage zu stellen. „Der Bataillonsgefechtsstand ..."

„... befindet sich ebenfalls in Kommerscheid", ergänzte Drexler.

Die Zugführer übernahmen ihre Kommandos. Die Männer verteilten sich im Gelände. Das Gebiet war dicht bewaldet. Nur ein paar einzelne Pfade, die von Mensch und Tier im Laufe vieler Jahre gelegt und benutzt wurden, durchschnitten das abfallende Gelände. Der Mischwald war licht geworden. Während die Laubbäume kahl in den Himmel ragten, gaben die spärlich vorhandenen grünen Nadelbäume Schutz vor feindlicher Fliegereinsicht. Oben auf dem Hochplateau befanden sich Kommerscheid und Schmidt, unten in der Schlucht floss die eisig kalte Kall.

Höpfner und Haßlach fanden einen genialen Standplatz für ihr MG 42. Die Ausrüstung wurde abgelegt. Außer den beiden Landsern, hatten noch zwei weitere Kameraden Munitionskisten geschleppt.

„Hier haben wir ausgezeichnetes Schussfeld und ausreichend Deckung", freute sich der Gefreite und stellte das Maschinengewehr aufs Zweibein.

Großmann stimmte dem Schützen I zu. „Wenn ich auf dieser Seite noch ein paar dickere Äste oder kleine Stämme schlichte, ist sogar die Wetterseite abgedeckt."

„Na ja, ums Wetter mache ich mir keine Sorgen."

„Es ist aber saukalt."

Keller kam vorbei. „Guter Platz!"

Großmann hatte zwischenzeitlich die Munitionskisten so hingestellt, dass er schnellen Zugriff hatte. Die Ersatzläufe lagen bereit. Ebenso Asbest-Lappen und Werkzeug.

„Danke, Jürgen", antwortete Höpfner.

„Versucht euch ein bisschen einzugraben. Ich weiß, dass es bei dem Wurzelwerk schwer ist. Zudem ist der Boden teilweise auch schon angefroren, aber ihr wisst ja, wie wertvoll ein gutes Schützenloch ist", schlug der stellvertretende Zugführer vor.

Beide MG-Schützen griffen zu ihren Spaten und begannen zu graben.

Nur zwei Stunden später lag die Kompanie von Oberleutnant Drexler in Stellung. Wer konnte, versuchte noch zwei oder drei Stunden Schlaf heraus zu schinden.

Auch der Scharfschütze Jörg Hönnige hatte sich noch einmal hingelegt. Er war zuvor beim Kompanieführer und erkundigte sich, ob Oberleutnant Drexler einen speziellen Auftrag für ihn hatte. Seine Erfahrung sagte ihm jedoch, dass er ganz normal am bevorstehenden Kampfgeschehen teilnehmen würde.

„Sie wissen schon, auf wen oder was Sie anlegen", hatte es lapidar geheißen.

Hönnige stellte erstaunt fest, dass auch der Kompanietrupp weit mit vorgerückt war. Radomski war ihm sogar begegnet. Der Spieß, mit Stahlhelm und Maschinenpistole ausgerüstet, befand sich mitten in der vordersten Linie.

„Wir kämpfen um jeden Meter Land, um jeden Zentimeter Erde", lautete die ausgegebene Devise.

Der Offizier hatte sich nach der letzten Besprechung beim Bataillon mit den anderen Kompanieführern ausgetauscht und über das in Offizierskreisen immer mehr durchsickernde offene Geheimnis der bevorstehenden Offensive gesprochen.

„Wir müssen den Westwall halten! Koste es, was es wolle", hatte Major Retzer gesagt. „Wenn wir aufgeben, liegt die Flanke für das Aufmarschgebiet frei und alles war umsonst."

„Glauben Sie, dass die Offensive Erfolg hat?"

„Ich kenne keine Details, meine Herren, aber so viel mir bekannt ist, steht uns alles zur Verfügung, was man für einen schlagkräftigen Vorstoß benötigt. Ich vermute, dass die Offensive analog des Blitzkrieges ausgehen wird. Der Feind opfert sich auf. Wir haben bereits zwei Divisionen zerschlissen. Sie haben keine Kraft und keine Reserven mehr. Geben Sie alles und die Winteroffensive wird die Alliierten so hart treffen, dass wir Verhandlungen zu einem Separatfrieden bekommen."

„Das wäre nicht schlecht. Wenn ich nur daran denke, dass der Russe ins Reich einmarschiert, wird mir übel", meinte Oberleutnant Drexler und alle stimmten ihm zu.

„Noch haben wir die Kraft dazu, also gehen Sie zu ihren Männern und zeigen Sie, wie ein deutscher Offizier führt, nämlich von vorn!"

Einstimmig erklang ein: „Jawoll, Herr Major!"

Die Kälte dieser Nacht schien ihren Höhepunkt am Morgen erreicht zu haben. Selbst in den dicken Winteruniformen wurde es frostig. Der frisch zum Obergefreiten beförderte Günther Baar war aufgestanden und schlug sich wärmend die Hände um den Brustkorb. Ein dumpfes Grollen, gefolgt von gefahranzeigendem Pfeifen erfüllte schlagartig die Luft. Sofort schrillten sämtliche innere Alarmglocken des Landsers und der Hesse warf sich wieder zu Boden.

„Ari-Angriff", brüllte er so laut er nur konnte, kauerte sich zusammen und harrte der Dinge.

Huuuiiiit ... Wumm

Die ersten Granaten senkten ihre Flugbahn, zischten nach unten und schlugen ein. Glücklicherweise lag die Salve zu kurz. Nur ab und zu krepierte ein verirrtes Artilleriegeschoss gefährlich nahe. Bäume wurden gesplittert, manche fielen krachend und knackend um. Schrapnelle rasten durch die Luft und zerfetzten alles, was sich ihnen in den Weg stellte.

Nach qualvollen Minuten des Hoffens und Bangens wurde das Feuer verlegt. Die schlimmste Befürchtung war eingetreten. Jetzt lagen die Landser im Zentrum des Stahlgewitters und die Granaten detonierten mitten unter den deutschen Soldaten.

Der Kompanieführer bellte regelrecht ins Funkgerät: „Wir liegen exakt im Schussfeld! Ihr müsst die feindlichen VB´s ausschalten! ... Was? ... Sie kommen nicht an!"

Wumm

Köpfe wurden eingezogen. Ein Verletzter schrie vor höllischen Schmerzen so laut er nur konnte. Panische Rufe nach einem Sanitäter peitschten durch die Reihen.

Drexler war überzeugt davon, dass dem Mann am anderen Ende der Funkverbindung die Schreie nicht verborgen geblieben waren.

„Sie hören ja selbst! Wenn nichts geschieht, kann der Amerikaner hier aufrecht durchmarschieren. Und zwar, weil wir alle tot sind! ... Jawoll! ... Gut! ... Verstanden, Ende!"

Wütend legte er das Funkgerät beiseite und zog den Feldstecher hoch. Das Warten begann. Jede Minute glich einer gefühlten Stunde. Wie sollte man die vorgeschobenen US-Artillerie-Beobachter ausschalten?

Huüüt ... Wumm

Keine zehn Minuten später waren die gegenüber liegenden Hügel in künstlichen Nebel gehüllt. Da die alliierten Artilleriebeobachter nicht ausgeschaltet werden konnten, nahm man ihnen die Sicht. Diese taktische Maßnahme rettete viele Landser vor dem Tod durch gezielten Artilleriebeschuss.

Danach rumste es plötzlich gewaltig auf der anderen Seite der Schlucht, beim Feind. Das Echo des gigantischen Einschlages hallte mehrfach wider.

„Was war das?", fragte ein junger Soldat.

„Eisenbahngeschütze! Unser Ari antwortet!"

Ein Maschinengewehr ratterte los. Projektile bohrten sich in Baumstämme und sprengten Rinde weg. Das Fatschen der Geschosse nahm zu. Seitens der Deutschen schwiegen die Waffen. Noch wurde das Infanteriefeuer nicht erwidert, noch gab es keinen Feuerbefehl. Ausharren!

„Sie kommen", wurde leise weitergegeben.

Entlang der gesamten Front entbrannten Kämpfe unter den Infanteristen. An der linken Flanke gab es starke Explosionen.

„In Simonskall kommen sie mit Panzern", flüsterte Höpfner seinem Nebenmann zu.

Er und Haßlach lagen am MG 42 und warteten auf eine günstige Schussgelegenheit. Soldaten in dunkelgrünen Uniformen näherten sich der Kall, dem kleinen Nebenfluss der Rur, den man weitläufig auch als Bach hätte bezeichnen können. Doch nach den heftigen Regenfällen war der Wasserstand des schnell fließenden Gewässers stark angestiegen und bildete ein ernst zu nehmendes Hindernis.

Immer wieder jagten die GI´s scheinbar ziellos Feuerstöße in den bewaldeten Bereich, während sie am Ufer des Gewässers in Stellung gingen.

„Erst auf mein Kommando feuern", ließ der Kompanieführer wiederholt weitergeben.

Durch die Körper der lauernden Verteidiger wurde Adrenalin gejagt. Noch schwiegen ihre Waffen. Der Feind ahnte, nein er wusste, dass sie hier waren. Was musste in den Köpfen der US-Soldaten vorgehen?

Ein zweites amerikanisches Maschinengewehr wurde aufgebaut. Es sollte den US-Pionieren, die mit Brückenbaumaterial zum Ufer des etwas über zwei Meter breiten reißenden Bachs liefen, Feuerschutz geben.

Wo bleibt der Feuerbefehl?

Viele Landser stellten sich diese Frage. Dann war es endlich soweit. Das nervenzerfetzende Warten hatte ein Ende. Laut hallte das erlösende Kommando durch die Schlucht.

„Feuer!"

Höpfner hatte das feindliche MG-Nest anvisiert und zog den Abzugshebel nach hinten. Die schwere Infanteriewaffe jagte ihre Geschosse hinaus. Der Rückstoß wurde mit der Schulter aufgefangen. Höpfner drückte den Kolben fest an Wange und Schulter. Ständig korrigierte er die Schussrichtung und gab Feuerstoß um Feuerstoß ab.

Haßlach ließ den Munitionsgurt über seine Hände gleiten. Immer wieder lugte er über seine Deckung. Das amerikanische Browning-MG lag auf dem Boden, daneben die Schützen. Sie starben den Heldentod. Höpfner hatte den Lauf der Waffe geschwenkt. Pioniere trugen einen hölzernen Steg zum reißenden Bach. Projektil um Projektil verließ den Lauf. Einer der US-Pioniere fiel getroffen nieder. Sofort packte ein anderer GI dessen Ende des Stegs, doch auch dieser Soldat wurde Opfer des MG-Schützen.

Wumm

Granaten detonierten am Hang. Gefährlich sausten Schrapnelle und Holzsplitter durch die Luft. Keller zog den Kopf ein. Ein junger Soldat aus der dritten Gruppe konnte dem Tod nicht ausweichen. Genau in dem Moment, als er seinen Karabiner repetierte, riss ihm ein Granatsplitter die Halsschlagader auf. Das Blut spritze schwallartig aus der Wunde. Augenblicklich ließ der Soldat die Schusswaffe los und griff mit beiden Händen an seinen Hals. Mit weit aufgerissenen Augen sah er zu Unteroffizier Keller hinüber. Der Verwundete wollte um Hilfe schreien, doch außer einem Gurgeln kam kein Laut aus seinem Mund. Mit jedem Herzschlag wurde das Blut aus dem Körper gepumpt. Keller griff noch zu seinem Verbandspäckchen, doch als er es in der Hand hielt, lag der Landser bereits mit wächsernem Gesichtsausdruck sterbend neben ihm. Der Unteroffizier wusste, dass er nichts mehr tun konnte.

Mit glasigem Blick, in dem Wut, Verzweiflung und Überlebenswillen lagen, sah er zur Kall hinunter. Den amerikanischen Pionieren war es zwischenzeitlich gelungen, zwei Stege über dem etwa zwei bis drei Meter breiten Bach zu legen. Unter den darüber laufenden Soldatenstiefeln bogen sich die schweren Bohlen durch und federten nach oben. Keller sah, wie ein US-Amerikaner ausrutschte und in den Bach fiel. Der GI hatte Mühe wieder aufzustehen und zum Ufer zu waten. Als er endlich das trockene Land erreichte, griff er sich an die Brust und fiel rückwärts wieder zurück ins Wasser. Eine gut zu erkennende Blutspur hinter sich herziehend, trieb der Körper weg.

Immer mehr amerikanische Soldaten überquerten die Kall und nahmen den Hügel unter Feuer. Das Gefecht war in vollem Gang. Haßlach öffnete eine neue Munitionskiste.

„Laufwechsel", plärrte Höpfner und zog das Maschinengewehr zurück.

Haßlach griff mit den Asbestlappen an das heiße Rohr. Binnen kürzester Zeit waren der Ersatzlauf und ein neuer Gurt eingelegt. Keine Minute zu spät war der Schütze I wieder feuerbereit. Diesmal nahm er einen der Stege unter Beschuss. Zwei GI`s fielen getroffen ins Wasser. Projektile bohrten sich in das Holz. Unverzüglich sprangen die restlichen, auf dem Übergang befindlichen, Soldaten ins Wasser. Sie zogen das kalte, reißende Nass dem sicheren Tod vor.

Wumm

Erde und Holzsplitter bedeckten die deutschen MG-Schützen. Eine Wurfgranate war unweit ihrer Stellung eingeschlagen.

Wumm

Die nächste Granate krepierte in ihrer Nähe.

„Sie haben uns", schrie Haßlach panisch. „Wir müssen die Stellung wechseln!"

Höpfner schien ihn nicht zu hören. Immer wieder feuerte er auf die Angreifer. Dann detonierte eine Granate so dicht am MG-Nest, dass der Schütze I von einigen Splittern gestreift wurde.

„Aua! Verdammt", stieß er aus und griff sich an die Wange.

Blut floss langsam in seinen Kragenausschnitt. Instinktiv fuhr die Hand des Gefreiten wiederholt an die Verletzung. Dann betrachtete er die blutig rote Handfläche. Er sah zu Haßlach, der offensichtlich mit ihm redete, doch Höpfner verstand nur dumpfe Wortfetzen. Sein linkes Ohr war taub, aber er spürte keinen Schmerz. Er sah, wie Haßlach zwei Munitionskästen packte und sich sprungbereit machte. Ein letzter

Blickkontakt, dann sprang der Schütze II auf und lief nach hinten weg. Höpfner überlegte nicht lange, schnappte das MG und folgte seinem zweiten Mann. Etwa dreißig Meter weiter ließen sie sich wieder zu Boden fallen. Sofort brachte der Schütze I seine Waffe wieder in Stellung.

„Sani", hörte er Haßlachs gedämpfte Stimme. „Sanitäter", wurde wiederholt. Zusätzlich winkte er.

Der Samariter des Feldes kam angerannt. Geduckt und immer wieder hinter Bäumen Schutz suchend, näherte er sich den beiden MG-Schützen. Dauernd pfiffen todbringende Projektile durch die Luft. Der Brustkorb des Sanitäters hob und senkte sich schnell. Er wartete eine günstige Gelegenheit ab, schnellte hoch und legte die letzten fünfzehn Meter am Stück zurück. Bei Haßlach und Höpfner angekommen, plumpste er zu Boden und schnappte kräftig nach Luft. Dann öffnete er eine seiner beiden mitgeführten Sanitätstaschen, griff mit der linken Hand an Höpfners Kinn und meinte, immer noch sichtlich außer Atem: „Dreh ... deinen ... Kopf zu mir!"

Der Schütze I wandte seinen Kopf leicht nach links. Ein prüfender Blick folgte.

„Sind nur drei kleine Fleischwunden, nichts Schlimmes!"

„Was?", der MG-Schütze war auf dem linken Ohr immer noch leicht taub.

„Nicht so schlimm", wiederholte der Sani und tupfte die Wunden ab. Er holte eine Pinzette aus seiner Tasche und zog einen kleinen Splitter aus der Wange.

„Aua", schrie Höpfner kurz auf.

„Der war noch drin, alles andere sind Schnittwunden! Hier ...", reichte er ihm den kleinen Splitter, „... kannst als Andenken aufheben."

Der Gefreite nahm den Splitter, betrachtete ihn kurz und warf ihn auf die Erde.

„Ich pinsle dir Jodtinktur drauf, damit sich die Wunde nicht entzündet. Mit einem Pflaster werden wir nicht weit kommen, dafür ist die Splitterwunde zu groß. Ich muss eine Kompresse drauflegen und sie mit einem Verband befestigen."

Höpfner sah den Sanitäter fragend an.

„Sieht übel aus, hilft aber nichts. Wenn du Glück hast, verheilt es so, wenn du Pech hast, musst du die Wangenverletzung nähen lassen."

Höpfner nickte. Er hatte ohnehin nur die Hälfte verstanden.

Als der Sanitäter fertig war, fühlte sich der MG-Schütze wie ein Schwerverwundeter. „Mit dem weißen Teil auf dem Kopf erkennt man mich doch sofort", presste er zwischen den Zähnen hervor.

„Wenn es dir nicht gefällt, kannst du gleich zum Truppenverbandsplatz gehen. Dort ist der Arzt!"

Haßlach klopfte ihm auf die Schulter. „Beeil dich! Eine zweite Welle rückt an!"

Der Sani sprang auf und lief zum nächsten Verwundeten. Höpfner legte sich indessen wieder hinter das Maschinengewehr, presste den Kolben gegen die Schulter, visierte an und zog den Abzug durch.

Oberleutnant Drexler wechselte das Magazin seiner MP 40. „Hönnige", rief er nach dem Scharfschützen.

Der Gefreite lag nicht weit weg in Stellung und kroch zu seinem Kompanieführer. „Herr Oberleutnant?"

„Suchen Sie sich einen guten Platz und nehmen Sie die Offiziere und Unteroffiziere ins Visier. Wenn die Amerikaner kopflos sind, werden sie sich zurückziehen!"

„Zu Befehl", stieß der Scharfschütze aus und kroch davon.

Hönnige sah sich im Gelände um. Er sprang auf und rannte zu einer umgestürzten Buche. Dort warf er sich in Deckung und robbte am Boden bis zu dem ehemaligen Wipfel des Baumes. Der Gefreite lugte durch das Geäst und hatte gute Sicht zur Kall sowie auf den Hang. Zudem war er in dem Astgewirr nur schwer für den Gegner zu erkennen. Er legte an. Durch die Zieloptik betrachtete er die Gesichter der GI´s. Schnell schloss er die Augen. Er musste sofort aufkeimende Gedanken verdrängen.

Das ist der Feind! Mach die Augen auf.

Durch das Zielfernrohr blickend, schwenkte er den Lauf des Scharfschützengewehrs herum. Ein Sergeant winkte seine Gruppe zu sich und gab taktische Zeichen. Der Zeigefinger hatte den Abzugshahn bereits bis zum Druckpunkt gezogen und krümmte sich für den Schuss. Der amerikanische Unteroffizier sackte tödlich getroffen zusammen.

Der Lauf der Waffe wanderte weiter. Am Ufer der Kall wurde ein Offizier behandelt. Ein Sanitäter legte am Bein des Verwundeten einen Druckverband an, während der Offizier einem neben ihm knienden Funker Anweisungen gab. Hönnige schnaufte kurz durch, hielt die Luft an und drückte ab. Der Schuss knallte und vermischte sich mit dem normalen Kampfgetöse. Zufrieden stellte der Scharfschütze fest, dass das Funkgerät zerstört war. Sanitäter, Funker und Offizier lagen am Boden und machten sich so klein wie möglich, um keine Zielfläche zu bieten. Kurz darauf warfen sie sich verdutzte Blicke zu.

Weiter!

Sanis trugen Verwundete nach hinten. Zwei GI´s schleppten einen scheinbar besinnungslosen Kameraden hinterher. Ein Dritter baute sich vor ihnen auf. Sie setzten den Verletzten ab und schienen zu diskutieren. Der Dritte fuchtelte wild mit den Armen herum. Hönnige schoss ihm in den Rücken.

Dann geriet ein Offizier ins Fadenkreuz des Jägers. Der Scharfschütze erkannte die beiden weißen Striche auf dem Helm des Soldaten.

Ein Captain! Du kommst mir gerade recht, raste es durch seinen Kopf.

Er hatte ihn im Visier. Gerade als Hönnige abdrücken wollte, verschwand der Captain hinter einem Baum. Der Jagdinstinkt war erwacht. Wo würde er wieder auftauchen?

Da ist er wieder!

Er sah die rechte Seite seines Zieles. Immer wieder schwenkte der Offizier vor und hinter den Baum. Eine MG-Garbe wirbelte in der Nähe des Gegners vorbei. Der Captain und seine Begleiter blieben hinter ihrer Deckung. Sie lagen hinter Bäumen auf der Erde. Hönnige sah nur ihre Beine. Er wusste, dass der Soldat in der Mitte der Offizier war. Der Scharfschütze zielte auf das Knie und drückte ab. Zuckende Bewegungen. Das Ziel wand sich vor Schmerzen.

Treffer.

Seine Nebenmänner riefen nach einem Sanitäter. Der Captain rollte zur Seite. Hönnige konnte ihn jetzt sehen. Das Gesicht des Amerikaners war schmerzverzerrt. Der nächste Schuss würde ihn erlösen.

Wumm

Eine Granate schlug nächst der Scharfschützenstellung ein. Ein Splitterregen aus Blättern, Erde, Holzstückchen und Metall wirbelte umher. Kopf einziehen, in Deckung bleiben, keine Zielfläche bieten. Nur Sekunden später spürte Hönnige wieder das Holz des Gewehrschafts an der Wange. Ein Blick durch die Zieloptik.

Er ist fort!

Schwenken.

Nichts. Sie haben ihn schon weggebracht.

Als nächstes rückte ein MG-Nest ins Fadenkreuz des Einzelkämpfers. Er drückte ab. Vorbei. Der Schütze I hatte sich im letzten Moment bewegt. Ein zweiter Schuss folgte umgehend. Zu hastig. Das Projektil streifte lediglich den Stahlhelm des Amerikaners. Der aufmerksame US-Soldat hatte bei der zweiten Schussabgabe das Mündungsfeuer gesehen und somit die Stellung des Scharfschützen entdeckt. Er schwenkte das MG herum und jagte ein paar Salven auf die umgestürzte Buche, hinter der Hönnige lag.

Projektile pfiffen über ihn hinweg und zerfetzten Geäst.

Deckung! Sie haben mich!

Die erste Salve lag zu hoch, die zweite zu weit rechts. Der Scharfschütze wollte sich gerade zurückziehen, als die dritte Salve losratterte. Diesmal schlugen die Projektile genau vor, neben und über ihm ein. Hönnige spürte einen stechenden, höllischen Schmerz an der Seite. Er presste sich so dicht an den Boden, wie es nur möglich war. Zentimeter um Zentimeter kroch er zurück. Er bewegte sich im Schneckentempo.

Nur nicht auffallen! Verflucht tut das weh. Dieser höllische Schmerz.

Der Baden-Württemberger nahm seine ganze Kraft zusammen. Als er sich endlich außer Sicht des MG-Schützen wägte, schleppte er sich schwerfällig weg. Schon kurz darauf merkte er, wie seine Kräfte schwanden und parallel hierzu der Schmerz immer unerträglicher wurde. Hönnige entdeckte ein Schützenloch, steuerte darauf zu und plumpste mit letzter Kraft hinein. Gänsehaut überzog seinen Körper, als er auf zwei verwesende Leichen blickte. Es waren GI´s, die schon seit den ersten schweren Kämpfen um Schmidt und Vossenack hier liegen mussten. Der Krieg zeigte wieder einmal sein grausames Gesicht. Hönnige kauerte nur wenige Zentimeter von den Toten entfernt. Verwesungsgeruch kroch in seine Nase. Es half nichts. Er musste diese Situation überstehen. Der Einzelkämpfer schloss die Augen und sammelte sich für einen Moment. Ein Blick an die Seite. Blut. Beim genaueren Hinsehen stellte er fest, dass er eine Ein- und eine Austrittswunde hatte.

Ein Durchschuss, atmete er auf und lehnte sich zurück. *Man muss keine Kugel rausoperieren.*

Er atmete tief durch.

Dieser verfluchte Gestank.

In diesem Moment wurde dem Mittzwanziger der Irrsinn des Krieges klar. Die Bilder vor seinen Augen verschwammen. Hönnige löste das Koppel und schlüpfte aus seinem übergestreiften Tarnhemd. Dann kramte er in seiner Tasche nach Verbandszeug. Er legte eine kurze Pause ein, um neue Kraft zu sammeln. Danach öffnete er den Mantel und zog ihn aus. Mühsam legte er so lange Stück für Stück seiner Kleidung ab, bis der Oberkörper frei lag. Als er zum wiederholten Mal den linken Arm hob, biss er die Zähne zusammen, um dem Schmerz zu widerstehen. Endlich lag die Wunde frei. Zitternd vor Schwäche und Kälte, legte er Kompressen auf die Verletzung und wickelte anschließend notdürftig einen Verband um den Oberkörper. Noch einmal volle Konzentration. Das lose Ende des Verbandes stopfte er einfach in die Hose. Plötzlich bekam er Angst. Wenn die beiden toten US-Soldaten hier nicht gefunden wurden, könnte man ihn auch nicht finden.

Ich möchte nicht so elendig verrecken!

Mit letzter Kraft zog sich der Einzelkämpfer wieder an. Zwei Versuche, den wärmenden Mantel zuzuknöpfen, scheiterten. Dann kroch Hönnige aus dem Schützenloch.

Wo sind meine Kameraden?

Irgendwann wurde es schwarz vor seinen Augen und er brach besinnungslos zusammen.

Als Oberleutnant Drexler feststellte, dass seine Kompanie die Stellung nicht mehr lange halten konnte, forderte er über Funk Verstärkung an, doch die Reserve war schon anderweitig im Einsatz. Der Feind war auf der ganzen Frontlänge überlegen.

„Was?", plärrte der Offizier ins Funkgerät, „Simonskall wurde aufgegeben? Dann sitzt uns der Ami bereits im Rücken! ... Zur Mestrenger Mühle? ... Bitte wiederholen! ... Verstanden! Wir ziehen uns zur Mestrenger Mühle zurück! Ende!"

Der Kompanieführer gab den Befehl sofort an seine Männer weiter und teilte den Sammelpunkt mit.

„Der erste Zug deckt den Rückzug ab. Das MG des dritten Zuges unterstützt. Vom ersten und dritten Zug wird jeweils eine Gruppe die Sanitäter unterstützen. Da der Feind hinter uns durchgebrochen ist und auf Kommerscheid sowie Schmidt stürmt, dürfte der Weg zum Truppenverbandsplatz nicht mehr passierbar sein. Wir nehmen daher unsere Verwundeten, sofern sie transportfähig sind, mit."

Nach und nach setzte sich die Kompanie ab. Sie hatten sich tapfer geschlagen.

Die Mestrenger Mühle lag nordwestlich von Kommerscheid und Schmidt. Vorposten wurden eingeteilt. Drexler meldete seinen neuen

Standort und gab die Truppenstärke bekannt. Bis zur Erteilung weiterer Befehle sollte er sich einigeln.

Zur Überraschung aller tauchte am Abend auch Radomski mit dem Kompanietrupp auf. Sie waren ebenfalls in kurze Gefechte verwickelt gewesen, konnten sich aber bis zur Mühle durchschlagen.

„Einen alten Haudegen wie mich kann so schnell nichts aufhalten", tönte der Spieß und begrüßte seine Kameraden, trotz der fatalen Lage mit einem breiten Grinsen.

Der Kompanie-Chef war erleichtert, dass Radomski den Kompanietrupp hierher geführt hat. Er begrüßte sie und gab sofort Anweisungen. „Die Vorposten wechseln alle drei Stunden. Ruht euch aus und kümmert euch um eure Waffen. Radomski, schön, dass Sie es geschafft haben, sich bis zu uns durchzuschlagen. Bitte sorgen Sie dafür, dass Munition an die Männer ausgegeben wird. Wir verschanzen uns hier und halten die Igelstellung bis neue Befehle erteilt werden, aber das ist ja für uns nichts Neues, Kameraden!"

Jemand rüttelte an ihm. Sofort waren die Schmerzen wieder präsent.

Wo bin ich?

Nur langsam kam Hönnige zu sich. Eine Gruppe amerikanischer Soldaten stand um ihn herum. Ein GI, der eine Rotkreuzbinde trug, sah sich die Wunde an. Ein Sergeant durchsuchte die Taschen des Deutschen. Dem verwundeten Scharfschützen wurde es wechselweise warm und kalt. Er hatte Fieber. Der Sergeant fand das Zippo-Sturmfeuerzeug, das Hönnige von dem verwundeten GI geschenkt bekommen hatte. Dieser Soldat hieß Brian Lordson und war Angehöriger der *9. US-Division.*

Sie denken sicherlich, ich hätte ihn getötet und anschließend die Taschen geplündert. Wie sage ich ihnen wohl am besten, dass ich kein Fledderer bin?

Zaghaft versuchte der verletzte Landser zu sprechen, doch er war zu schwach und stammelte nur zusammenhaltlose Bruchteile von Worten.

Das Feuerzeug wanderte in die Tasche des grimmig dreinblickenden US-Soldaten. Wütend stieß er dabei ein paar Sätze aus, die Hönnige nicht verstand. Der Sanitäter hingegen schien davon unbeeindruckt zu bleiben und behandelte den Deutschen weiter. Der Scharfschütze bekam schließlich eine Spritze und sackte weg.

Als er wieder zu sich kam, lag er auf einem Feldbett in einem beheizten Zelt. Sein Oberkörper war frei, in seinem Arm steckte eine Infusionsnadel. Der Soldat versuchte sich zu erinnern.

Was war passiert?

Noch einmal sah er die Situation vor sich. Er lag unter der Buche. Salven klatschten ein. Rückzug nach MG-Beschuss. Ein Treffer. Dann suchte er Schutz in einem Schützenloch, in dem zwei halb verweste Leichen lagen. Er hatte sich 'ne Kugel eingefangen. Durchschuss. Ein feindlicher Sani hatte ihn behandelt.

„Aufgewacht?", fragte eine Stimme in gebrochenem Deutsch.

Hönnige blickte auf einen amerikanischen Arzt.

„Sie hatten viel Blut verloren. Wir dachten schon, Sie schaffen es nicht, doch Sie sind ein zäher Bursche."

„Danke", krächzte der Patient. Er hatte einen sehr trockenen Hals.

„Hier …", sagte der Militärarzt und reichte ihm das Zippo-Feuerzeug, „… es gehört Ihnen. Der Sergeant, der es bei Ihnen fand, forschte nach. Gestern hat er mich darüber informiert, dass PFC Brian Lordson von der *9. US-Division* lebt. Er hat mit ihm gesprochen und erfahren, dass Sie ihm geholfen haben."

Hönnige nickte.

„Für Sie ist der Krieg vorbei. Sobald Sie wieder gesund sind, kommen Sie in ein Gefangenenlager und werden nach dem Krieg nach Hause zurückkehren."

Der Arzt ging.

Der Scharfschütze öffnete das Feuerzeug und ließ den Deckel zuschnappen.

Zip-po

Gedanken kreisten.

Ob es mir das Leben rettete?

Er wusste es nicht. Es war vorbei. Er würde überleben und nach Hause zurückkehren. Nie wieder anschleichen, zielen und schießen. Aus und Ende!

Hönnige schloss die Augen und war dankbar. Als er an sein Elternhaus dachte und im Gedanken die Bilder seiner Familie vor ihm auftauchten, rannen Tränen der Freude über seine Wangen. In diesem Moment ahnte der Baden-Württemberger noch nicht, dass es noch zwei lange Jahre dauern würde, bis er endlich wieder seine Eltern in seine Arme schließen konnte.

Die Sturmgeschütze waren kampfbereit. Getarnt unter dichtem Grün von Tannenzweigen stand die Batterie, zu der auch Wachtmeister Lannerts Geschütz gehörte, am Waldrand und wartete auf den Feind.

Lannert spähte durch die Kommandantenluke. Noch war nichts zu erkennen. Eine unheimliche Stille lag in der Luft. Sie wussten, dass der Feind anrollte. Es war schon längst über Funk durchgegeben worden. Die Stunden und Minuten des Wartens zerrten an den Nerven.

Wie wird der Kampf diesmal ausgehen? Wie stark ist der Gegner?

Fragen, auf die es im Moment keine Antwort gab. Hoffen und beten war alles, was sie noch tun konnten.

Erst war nur ein leises Summen zu hören, welches kontinuierlich zu einem Brummen, dann zu einem Dröhnen anwuchs. Motorenlärm. Die US-amerikanischen Panzer näherten sich unweigerlich dem Hochplateau vor Schmidt.

Wumm

Es knallte.

„Sie kommen wieder über die verminte Wiese", sagte der Sturmartillerist zu seiner Mannschaft. „Haben die Amis gedacht, unsere Pioniere legen kein zweites Mal Minen aus?"

Wumm

Wieder detonierten Minen. Der Wachtmeister klemmte sich hinter das Scherenfernrohr. „Warum brauchen sie so lange?"

Wumm

Endlich sah er die Silhouetten der Panzer. „Sie sind da! Und jetzt weiß ich auch, warum die Minen hochfetzen und der Ami so langsam vorankommt!"

„Mach´s nicht so spannend! Was ist los?"

„Sie haben ein paar *Sherman Crabs* an der Spitze fahren."

„Minenräumer", stieß Eck aus.

„Feuern erst auf Kommando! Der Befehl kam gerade durch", teilte Kleimann, der Bordfunker und Ladeschütze, mit.

„Kannst du erkennen, was sonst noch auf uns zurollt?", erkundigte sich der Richtschütze, Arno Pferch.

„Ich sehe hauptsächlich Staub und Abgaswolken. Mindestens drei oder vier Crabs fahren vorne an der Spitze und machen den Weg frei."

Die aus schweren Ketten bestehenden Minenflegel der Räumpanzer wuchteten um die Achse und stießen hart auf die Erde. Sie gruben sich tief und schwer genug in den Boden, um die T-Minen zur Explosion zu bringen.

Die *Sherman Crabs* wurden den britischen *Scorpions* nachempfunden, die auf der Basis der *Matilda-Kampfpanzer* gebaut wurden. Der entscheidende Vorteil der *Sherman Crabs* war, dass die an zwei langen Querstreben angebrachte Dreschflegelwalze keinen eigenen Motor benötigte, wie das bei den heckangetriebenen *Matildas* der Fall war. Das am Bug des amerikanischen Panzers befindliche Kettentreibrad trieb die Trommel der Dreschflegel an. Zudem wurde dem Panzer, im Gegensatz zu den britischen Vorbildern, der Turm mit gesamter Bewaffnung belassen.

Sowohl die 75-mm-Bordkanone mit bis zu 97 mitgeführten Schuss als auch das 7,62-mm-Koaxial-MG mit 4750 Schuss waren während des Räumvorgangs einsatzbereit.

„Ich sehe sie. Jetzt wird's langsam brenzlig", klagte der Richtschütze. „Ich habe einen im Visier! Wann kommt denn endlich das verfluchte Feuerkommando?"

„Ruhig bleiben, Arno! Der Chef weiß schon, was er macht!"

Unheimliche Stille herrschte im Inneren des Sturmgeschützes. Trotz der Novemberkälte rannen Schweißtropfen von den Stirnen der Sturmartilleristen.

Wumm

Feindliche Panzerkanonen feuerten und jagten ihre Granaten aus den Rohren.

Kleimann versicherte sich zum wiederholten Mal, ob das Funkgerät richtig eingestellt war.

Die Erlösung des Nervenkrieges erfolgte durch den Abschuss der Kanone des Chef-Geschützes und dem gleichzeitig von Kleimann ausgerufenen: „Feuer frei!"

Der Schuss knallte. Sofort schob der Ladeschütze die nächste Panzergranate nach. Der Verschluss schnellte zu. Abschuss.

„Treffer", verkündete Lannert stolz.

Im selben Augenblick krachte dicht neben dem Sturmgeschütz eine feindliche Granate in die Erde. Splitter und Steine schlugen gegen die Seitenpanzerung.

„Entfernung 1200 – 1 Uhr", brüllte Lannert.

Dieser Winkel war mit der Kanone gerade noch erreichbar, ohne das Sturmgeschütz zu wenden. Im Scherenfernrohr erkannte der Wachtmeister bereits das nächste Aufblitzen beim amerikanischen Panzer.

Wumm

Der Richtschütze arbeitete genau und ließ sich lieber ein paar Sekunden mehr Zeit. Für die anderen Insassen war das Nervenzerreißen pur. „Ich habe ihn!"
Klack
Abschuss.
„Mist! Die Granate ist im falschen Winkel aufgekommen und abgeprallt!"
Mit einem Mal wurde es extrem hektisch. Wieder schlug eine Panzergranate in Geschütznähe ein. Diesmal trommelte es noch stärker gegen die Außenwand des Stahlkolosses.
„Feuer!"
Das trockene Klacken vorm Abschuss der Granate ertönte.
Zündung, schoss es durch Lannerts Kopf.
Das Rohr spie den Sprengkörper aus. Das Geschoss wirbelte dem Ziel entgegen, schlug auf und entlud seine tödliche Wirkung.
Wumm
Donnernd explodierte der Sherman. Eine Stichflamme schoss in den Himmel empor. Dunkler Rauch von brennendem Öl folgte nach. Diesmal hatte der Richtschütze einen Volltreffer gelandet.
„Sprenggranaten! US-Infanterie greift an!"
Maschinengewehre ratterten los.
Rrrrrt ... rrrrrrrrrrrt
Beim Ladeschützen bildeten sich Schweißringe unter den Achseln. Die Luft im Sturmgeschütz wurde warm und stickig. Der Verschluss knallte zu.
„Fertig!"
„Feuer!"
Die ersten drei Sprenggranaten wurden in schneller Folge abgefeuert, wuchteten mitten in die heranstürmende feindliche Infanterie und rissen blutige Löcher in die Angriffsreihen.
Menschenleiber wirbelten durch die Luft. Zerfetzte Arme und Beine landeten auf der Erde. Bei manchen Soldaten ragten blutige Knochenenden an den Stellen hervor, wo sich gerade eben noch ihre Gliedmaßen befanden.
Eine gewaltige Explosion ließ das Sturmgeschütz wackeln. Ein brennender Baum krachte nur knapp neben dem Panzerfahrzeug auf den Boden.
„Unser Nebenmann hat einen Volltreffer abbekommen!"

„Die Stellung ist entdeckt! Der Angriffsbefehl wurde soeben erteilt", gab der Funker bekannt.

Der Motor heulte auf. Der Fahrer gab Gas und das Sturmgeschütz setzte sich in Bewegung.

„Entfernung 900 – 3 Uhr! Panzer!"

Kleimann, der schon eine Sprenggranate in der Hand hielt, wuchtete diese zurück und griff blitzschnell nach einer Panzergranate. Der Verschluss schnellte zu.

Abschuss.

„Noch eine!"

Wieder zischte die Granate durch waberndes Mündungsfeuer aus dem Rohr. Der nächste Kampf um Leben und Tod hatte begonnen.

Weitere Geschosse wurden abgefeuert. Drei Schüsse später brannte der Feindpanzer.

„Links halten! Sprenggranaten!"

Johann Eck, der Fahrer, bremste und das Stahlungetüm blieb abrupt stehen. Unmittelbar vor ihnen waren drei Sherman aufgetaucht. Pferch realisierte die Situation sofort, richtete das Rohr ein und feuerte. Die Sprenggranate schlug vor dem mittleren US-Panzer ein. Abermals schnellte der Verschluss zu. Diesmal befand sich wieder eine Panzergranate im Rohr.

Wumm

Volltreffer am Turmkranz.

Jetzt feuerten die beiden anderen Shermans ihre Kanonen ab. Eck schlug augenblicklich hart rechts ein und gab Vollgas. Die schweren Ketten ruckelten und schoben den Stahlkasten herum. Der Luftdruck, den die Detonationen der Panzergranaten ausgelöst hatten, war deutlich zu spüren. Splitter kratzten laut über den Stahl. Das Sturmgeschütz wurde nur knapp verfehlt.

Etwas explodierte. Lannert schwenkte panisch das Scherenfernrohr herum. Dichter Qualm verhüllte die Sicht auf die amerikanischen Kampfpanzer. Der Geschützführer atmete auf, als er seine Sturmgeschütz-Kameraden entdeckte. Sie gaben massiven Feuerschutz. Schuss um Schuss wurde abgefeuert. Endlich ertönte die erlösende dritte gewaltige Detonation.

Die Flanke konnte gehalten werden. Der Angriff war abgewehrt. Landser sprangen auf und jubelten, als sich die Amerikaner zurückzogen.

„Männer, wir brauchen Munition. Zurück zur Ausgabestelle."

Eck wendete und folgte dem Kettenfahrzeug, das vor ihm fuhr. Der Anschluss an die Batterie hatte geklappt.

Soldaten rannten an ihnen vorbei und verstärkten die ersten Reihen. Lannert öffnete die Luke. Frische Luft kroch mit dem Fahrtwind ins Innere des Sturmgeschützes. Aufatmen.

„So eng wie heute war es noch nie", sagte der Kommandant zu seinen Kameraden.

„Meine Feldbluse ist ganz durchgeschwitzt", lachte Kleimann.

Die Munitionslastwagen warteten schon auf die Geschütze. Granaten wurden eingeladen. Keine Zeit für eine Pause. Der Batterieführer machte Druck.

„Aufsitzen", hallte schließlich das Kommando durch die Reihen. „Vor Kommerscheid stehen Panzer! Wir müssen die Feuerwehr spielen und die Kameraden von der Infanterie raushauen!"

Lannert schloss die Luke. Jeder war auf seinem Platz. Wieder herrschte angespannte Stimmung im Stahlkasten. Eck folgte dem Geschütz des Zugführers, welches durch seine Antennen gut erkennbar war.

Als sie sich dem Kampfraum näherten, schrammten immer wieder Projektile von Infanteriewaffen über die Stahlwand. Zudem begann es zu regnen. Der Fahrer fluchte. „Wenn das so weitergeht, werden wir vor Kommerscheid im Matsch stecken bleiben! Außerdem ist die Sicht ziemlich be…"

„Bleib ruhig, Johann! Der Ami hat das gleiche Wetter", maulte Pferch zurück.

„Streitet nicht! Seid ihr fertig? Wie es aussieht, sind wir da."

Die Sturmgeschütze verteilten sich im Gelände. Granaten detonierten überall um sie herum. Eck preschte an einer Infanteriestellung vorbei. Im Augenwinkel erkannte er, wie ein Offizier seine Männer instruierte. Sie machten sich für einen Gegenstoß fertig.

„Unsere Jungs wollten den Ami zurückstoßen", presste er schnell heraus.

Ein krachendes Geräusch ließ den Sturmartilleristen das Blut in den Adern gefrieren.

„Uns hat eine Granate getroffen, die abgeprallt sein muss", donnerte Lannert.

„Wer hat gefeuert? Wo steht der Feind?"

Das Scherenfernrohr drehte sich.

„11 Uhr – 700!"

Eck bremste und lenkte. Das Heck des Stahlkolosses schob sich herum. Das tonnenschwere Gefährt rutschte in der aufgeweichten Erde in die gewünschte Position. Der Richtschütze visierte an.

„Feuer!"

Gleichzeitig mit dem Abschuss hörten sie einen lauten Knall. Das Sturmgeschütz wurde durchgeschüttelt. Etwas Hartes knallte gegen die Außenwand. Eck fing sich als erster. „Uns hat´s erwischt. Die linke Kette ist getroffen."

Er spielte mit den Schalthebeln. „Wir sind manövrierunfähig", schob er nach.

Beißender Geruch drang in den Innenraum.

„Feuer! Wir brennen!"

Lannert stieß die Luke auf.

„Ich habe ihn im Visier", beharrte Pferch und feuerte erneut.

„Vorbei", warnte Lannert. „Alles raus! Raus hier! Schnell, bevor uns alles um die Ohren fliegt!"

Der Wachtmeister stieg aus und kniete sich neben der Luke ab. Er half Kleimann, der als nächstes aus dem getroffenen Fahrzeug ausstieg. Vom Heck stieg dunkler Rauch auf. Kleine Stichflammen waren zu sehen. Regen prasselte unablässig auf sie herab.

Wumm

Unmittelbar vor dem Sturmgeschütz schlug eine weitere Granate in den Boden. Lannert spürte einen Druck im Rücken. Stechender Schmerz raubte ihm den Atem. Er wurde nach vorn geschleudert.

„Beiß die Zähne zusammen", hörte er seine Kameraden sagen, dann packten ihn Kleimann und Eck unter den Armen und sprangen auf den Boden. Sie rissen Lannert mit.

„Ahhh", brüllte der Verwundete.

Die Hölle machte erneut ihre Pforten auf. Lannert spürte seine Kraft schwinden. Alles verschwamm. Er fühlte die Ohnmacht kommen. Plötzlich war alles dunkel und still.

„Weg hier", stieß Pferch aus und übernahm die Spitze.

Die beiden anderen zogen Lannert mit. Die Erde bebte. Ein hektischer Blick über die Schulter.

„Infanterie greift an!"

Nur eine Minute später erhielt das Sturmgeschütz einen Volltreffer und explodierte. Der Knall war so gewaltig, dass sich die flüchtenden Landser auf den Boden warfen.

Eck hob den Kopf und drehte sich um. „Wahnsinn", kam über seine Lippen. „Vor einer Minute saßen wir noch dort drin!"

„In den Wald", stob Pferch seine Kameraden hoch.

Mehr als zweihundert Meter mussten zurückgelegt werden. Eck rutschte aus. Mit ihm fiel auch Lannert zu Boden. Ein schneller Blick auf den regungslosen Wachtmeister folgte. Der Brustkorb hob und senkte sich noch.

„Weiter", wurde er sofort von Kleimann aufgefordert.

Eck stand auf, packte wieder den rechten Arm seines Geschützführers und rannte weiter. Projektile pfiffen durch die Luft. Maschinengewehre ratterten pausenlos. Handgranaten detonierten. Dazwischen dröhnten die Motoren von Panzern und Sturmgeschützen.

Hektisches atmen. Stechende Lungen. Immer schwerer werdende Beine. Eck fiel erneut zu Boden. Pferch löste ihn ab.

„Ich ... übernehme", haspelte er und packte zu.

Noch fünfzig Meter. Ein Streifschuss riss Kleimanns Uniform auf. Er spürte es in seiner Panik nicht. Alle hatten nur noch den Wald im Blickfeld. In dem Moment, als sie die schützenden Bäume erreichten, brach die Sturmgeschützbesatzung erschöpft zusammen.

„Was ... was ... ist mit ihm?", fing sich Pferch als erster.

„Weiß ... nicht."

Zaghaftes Tatschen der Wangen. Keine Reaktion.

„Lass mich mal hin", keuchte Kleimann und setzte sich neben den bewusstlosen Wachtmeister.

Seine Handflächen schlugen links und rechts ins Gesicht des Verletzten. Ein Zucken.

„Georg", sprach er ihn an und tätschelte noch einmal leicht gegen die Wangen.

Es schüttete zwischenzeitlich wie aus Kübeln. Der Angriff auf Kommerscheid schien zu stocken. Die Wetterlage setzte beiden Parteien zu und nahm den Panzerfahrern und Richtschützen die Sicht. Der ausladende Baum, unter dem sie saßen, bot kaum Schutz. Die Uniformen trieften vor Nässe. Noch war ihnen das egal. Die Sorge der Besatzung galt ihrem Geschützführer.

„Er ist wieder bei Bewusstsein."

„Das ... tut ... verdammt weh", lamentierte der Verletzte mit schwacher Stimme.

„Wir sehen uns den Rücken mal an. Kipp uns nicht wieder weg!"

Sie drehten Lannert auf den Bauch und legten den Rücken frei.

„Um Himmels Willen", bemerkte Eck, als er das viele Blut sah.

„Georg hat sich einige Splitter eingefangen."

„Das sind nur kleine Fleischwunden. Das Blut täuscht ...", er zeigte auf eine klaffende Wunde unter dem Schulterblatt, „... aber der Splitter hier scheint tief zu sitzen."

Pferch spähte zurück. Wir müssen tiefer in den Wald und Richtung Nordosten gehen. Über Kommerscheid geht's nicht mehr zurück!"

Lannert stöhnte auf. „Verbindet mich und lasst mich hier liegen!"

„Du spinnst wohl", schimpfte Kleimann.

„Alle oder keiner", warf Eck sofort ein.

Auch Pferch stimmte den beiden anderen zu. „Wir nehmen dich mit."

„Meine Kartentasche ..."

„Sie ist hier. Du hattest sie umhängen. Und jetzt schone dich."

Eck und Pferch holten ihre Verbandspäckchen heraus und legten dem Wachmeister einen Verband an.

„Das müsste so lange halten, bis wir zu einem Sani kommen."

Indessen studierte Kleimann die Landkarte. „In Simonskall ist ein Sanitätsbunker, allerdings dürfte der Ami dort schon durch sein. Dann liegt da noch die Mestrenger Mühle und ..."

„Dort gehen wir hin", entschied Pferch.

„Hätte ich auch vorgeschlagen. Das ist nicht all zu weit."

Sie zogen dem stark geschwächten Lannert wieder die Uniform an und stützten ihn ab. Als sie ihn auf die Beine stellten, stöhnte er laut. „Ahh! Das tut weh!"

„Beiß die Zähne zusammen! Entweder du kommst mit, oder du wirst hier verrecken", rastete Kleimann aus und benutzte absichtlich harte Worte.

Lannert nickte. „Ich schaffe es!"

Der verbliebene Rest von Oberleutnant Drexlers Kompanie hatte sich im Bereich um die Mestrenger Mühle eingegraben. Im Anwesen selbst wurden die Verwundeten versorgt. Der Nachrichtenmann war bemüht mit dem Bataillon in Kontakt zu kommen, während der Kompanieführer die Verlustliste zur Kenntnis nahm.

„Hoffen wir, dass einige von ihnen gesund in Gefangenschaft gerieten", flüsterte er vor sich hin.

„Sie haben sich tapfer geschlagen", merkte Radomski an.

Der Spieß war gerade dabei sein Reservemagazin zu befüllen. „Es wird bald dunkel und es regnet in Strömen. Ich glaube, dass wir bis morgen Früh unsere Ruhe haben werden."

„Hoffentlich! Die Männer sind am Ende."

„Mit Verlaub, Herr Oberleutnant, aber das sind sie schon seit Wochen."

„Ich weiß wie lange wir schon hier an vorderster Front eingesetzt sind. Ich bin auch unheimlich stolz auf die Truppe", antwortete Drexler und schnaufte tief durch. „Wenn das alles hier vorbei ist und ich noch leben sollte, werde ich für einen Lametta-Regen sorgen, der sich gewaschen hat. Und jede Auszeichnung werde ich persönlich überreichen!"

„Eine gute Sache", antwortete der Spieß und steckte das aufgefüllte Reservemagazin in die Tasche.

„Übrigens gehe auch ich davon aus, dass die Amerikaner heute nicht mehr angreifen. Da sie so viele Männer verloren haben, müssen sie zwangsläufig pausieren."

„Wie oft haben wir uns das in Russland auch gedacht?"

„Das ist eine andere Front und ein anderer Gegner."

„Da haben Sie vollkommen Recht."

„Sind die Männer in Position?"

Der Spieß nickte. „Alles erledigt, Herr Oberleutnant. Die Sanis sind am Arbeiten, ein Teil der Männer frischt so gut wie möglich auf und Kellers Zug hat die erste Wache übernommen."

„Danke."

Es dämmerte gerade, als Günther Baar Schatten im Wald sah. Der Obergefreite warnte mit einem leisen Pfiff seinen Nebenmann. Großmann spähte daraufhin zwischen den Ästen durch.

„Das sind keine Kaugummikauer, sondern welche von uns", meinte er.

„Sie kommen aber von der falschen Seite."

„Sie tragen einen Verwundeten."

„Dann sehen wir sie uns mal an. Gib mir Feuerschutz", entgegnete Baar und stand auf. Seine Waffe lag an der Hüfte, der Finger befand sich am Abzugshahn. Er ging dem ankommenden Trupp vorsichtig entgegen und sprach sie schließlich mit fester Stimme an: „Halt! Stehenbleiben!"

„Nicht schießen! Wir sind Deutsche! Wir haben einen Verwundeten dabei!"

„Kommt rüber!"

Die vier Sturmartilleristen hatten es geschafft und sich bis zur Mestrenger Mühle durchgeschlagen. Wachtmeister Lannert wurde sofort von einem Sanitäter verarztet. Er bekam schmerzstillende Mittel, danach begann die Wundversorgung.

Während die kleinen Splitter heraus gezogen wurden, musste der große in der Wunde belassen bleiben. „Hier ist operieren angesagt. Wir müssen zusehen, dass wir zu einem Feldarzt kommen! Er ist bereits der dritte Verwundete, dem es so geht. Es muss bald etwas geschehen", teilte der Sanitäter mit.

„Aber er wird es schaffen, oder?"

„Sieht aus, als wäre es ein zäher Bursche. Wir kriegen ihn schon durch!"

„…und dann liefen wir in den Wald", beendete Pferch den Bericht an Oberleutnant Drexler.

„Kommerscheid und Schmidt dürften wohl in Feindeshand sein", stellte dieser fest und schlug sich mit der Faust in die flache Hand. „Verdammt!"

„Sitzen wir hier in der Falle?", fragte der Richtschütze.

Radomski klopfte dem Sturmartilleristen auf die Schulter. „Mach dir mal keine Sorgen, Kamerad. Wir haben schon andere Schlachten geschlagen. Geh jetzt erst mal zu deinen Leuten und wärm dich auf. Eine heiße Tasse Tee oder Kaffee wird euch guttun. Ihr seid ja bis auf die Haut durchnässt."

Pferch verließ den Raum.

Obwohl ein paar Kerzen brannten, studierte Drexler im Taschenlampenlicht die Landkarte. „Wenn wir Glück haben …"

Es klopfte. Der Kompanieführer brach mitten im Satz ab. Radomski rief laut: „Herein!"

Der Sanitätsunteroffizier betrat den Raum. „Herr Oberleutnant, Sie wollten einen Bericht, sobald ich eine Übersicht habe."

„Bitte."

„Sieben Leichtverletzte wurden versorgt und sind wieder in den Schützenlöchern. Fünf stationäre Verwundete liegen drüben im Zimmer, wobei drei, den Wachtmeister mitgezählt, schnellstens operiert werden müssen. Wir verfügen nur über den kleinen Sanitätskoffer. Unsere Mittel sind begrenzt."

„Würden die Männer einen Transport zu Fuß überstehen?"

Der Sanitätsunteroffizier zuckte mit den Schultern. „Ich weiß es nicht, Herr Oberleutnant. Vielleicht ja, vielleicht auch nicht."

„Wir müssen einen Stoßtrupp zusammenstellen, Radomski. Ich muss wissen, ob dieser schmale Korridor …", der Oberleutnant zeigte mit dem Finger auf eine Stelle der Karte, „… feindfrei und passierbar ist."

„An der Kall entlang ist das Gelände schwierig", antwortete der Kompaniefeldwebel sofort.

„Wenn es die einzige Möglichkeit ist, die Verwundeten zurück zu bringen, müssen wir es versuchen."

„Ich werde den Stoßtrupp selbst führen. Wie viele Männer sollen gehen?", fragte der Spieß.

„Nehmen Sie sieben Mann mit. Das müsste ausreichen."

„Verstanden."

In diesem Moment kam der Nachrichtenmann aufgeregt ins Zimmer. „Herr Oberleutnant. Ich habe das Bataillon erreicht."

„Sehr gut!"

„Die Amerikaner haben für zwei Tage Waffenruhe erbeten. Sie haben so viele Verwundete in den Wäldern und Wiesen liegen, dass wir uns aus humanitären Gründen anboten, die Kampfhandlungen für 48 Stunden einzustellen."

„Das ist die Rettung", freute sich der Kompanieführer.

„Radomski, teilen Sie das den Männern mit."

„Wird sofort erledigt."

„Wurden Befehle für uns durchgegeben?", fragte er weiter, stand aber zugleich auf. „Wissen Sie was? Ich spreche selbst mit dem Bataillon!"

Unteroffizier Keller reagierte gelassen, als bekannt gegeben wurde, dass die Verwundetentransporte durch die feindlichen Linien gestattet wurden, sie selbst jedoch in ihrer Stellung zu verbleiben hatten.

Über einen schmalen Korridor, nächst der durch den heftigen Regen Hochwasser führenden Kall, wurde die Kompanie verstärkt.

Die Sturmartilleristen kehrten zu ihrer Einheit zurück.

Nach Beendigung der Waffenruhe erfolgte der von den Landsern erwartete Gegenangriff. Der Totentanz von Schmidt, Kommerscheid und Vossenack ging weiter.

In den ersten drei Tagen ihrer durchgeführten *Operation Queen*, erlitten zwei US-Regimenter überdurchschnittlich hohe Verluste. Das deutsche Artillerie- und Maschinengewehrfeuer in den gut ausgebauten Verteidigungsstellungen hieb immer wieder große Lücken in die Angriffsreihen.

Zwar wurden seitens der US-Army zusätzliche Panzerwege in den Wald gesprengt, um die Infanteristen mit Panzern zu verstärken, doch letztendlich forderten die Minenfelder der Verteidiger enorme Verluste unter den Angreifern.

Die am 19. November 1944 eingelegte Waffenruhe benötigten die US-Amerikaner, um ihre Verwundeten zu bergen und sich neu zu formieren.

Das *OKW* hingegen verstärkte in diesem Zeitraum ein weiteres Mal ihre Abwehrkräfte mit zwei Divisionen aus dem Angriffskontingent für das *Unternehmen Wacht am Rhein*.

Die Front an der nördlichen Eifel musste unter allen Umständen gehalten werden.

Unerbittlich jagte General Eisenhower seine Regimenter in den Hürtgenwald. Der US-amerikanische Oberbefehlshaber wollte unter allen Umständen diese Hürde nehmen und in das Rheintal vorstoßen. Doch der deutsche Widerstand konnte nicht gebrochen werden. Jede Ortschaft musste durch Infanteristen mühsam und verlustreich erobert werden. Gegenstöße waren an der Tagesordnung.

Um die beiden Orte Großhau und Hürtgen wurde zwei Wochen hart gekämpft. Als sie Ende November 1944 von den amerikanischen Streitkräften eingenommen wurden, waren allein hierfür mehr als 3.000 US-Soldaten gefallen.

Trotz der massiven amerikanischen Überlegenheit, konnten die deutschen Truppen verhindern, dass die US-amerikanischen Einheiten bis zur Rurtalsperre vordrangen.

Die am 16. Dezember 1944 eingeleitete *Ardennenoffensive* beendete vorläufig die Kämpfe im Hürtgenwald.

Die Ortschaften Schmidt und Kommerscheid fielen erst im Februar 1945.

Die Rurtalsperre wurde von US-Infanteristen zu spät erreicht. Sie war zuvor von deutschen Pionieren gesprengt worden. Die Überflutung sorgte dafür, dass das Vorrücken der amerikanischen Truppen ins Rheintal um weitere zwei Wochen verzögert wurde.

Die *Schlacht im Hürtgenwald* gilt bis heute als eine der schwersten Niederlagen, die US-amerikanische Truppen jemals erlitten haben. Die Verlustzahlen werden auf der amerikanischen Seite mit 33.000 Soldaten und auf der deutschen Seite mit 28.000 Soldaten beziffert.

Die vollkommen ausgeblutete *275. Infanterie-Division* wurde im Dezember 1944 zur *344. Infanterie-Division* eingefügt und Anfang 1945 als *Division 33* in Flensburg neu aufgestellt.

Sie wurde schließlich an der Ostfront im Kessel von Halbe vernichtet.

Jürgen Keller, den man wegen Tapferkeit vor dem Feind noch zum Feldwebel beförderte, gehörte zu den Soldaten, denen es gelang, sich bis zu den Linien der *12. Armee* durchzuschlagen.

Sie überquerten kurz vor Kriegsende bei Tangermünde die teilzerstörte Elbbrücke und begaben sich in westliche Kriegsgefangenschaft.

Von Kellers Russland-Kameraden lebten zu diesem Zeitpunkt nur noch Radomski, der Spieß und Höpfner, der MG-Schütze. Alle anderen waren gefallen.

Ende

Glossar zum Roman:

Arko	Artilleriekommandeur
G 43 (Gewehr 43) *auch K 43 (Karabiner 43) genannt*	Eine verbesserte Version des leidlich erfolgreichen *Gewehr 41*. Geplant war die Ablöse des *Karabiner 98k* als Standard-Infanteriewaffe der Wehrmacht. Grund hierfür war die Tatsache, dass der Gegner an der Ostfront über die Selbstladegewehre *Tokarew SWT-40* und *Simonow AWS 1936* verfügte. Ab 1943 bis zum Kriegsende wurden vom Hersteller, Carl Walther GmbH, den Gustloff-Werken und der Berlin-Lübecker Maschinenfabrik, ca. 450.000 Stück produziert. Hiervon waren 50.000 Waffen mit einem Zielfernrohr ausgerüstet und für die Scharfschützenabteilungen vorgesehen. Die Waffe war aufgrund ihrer Robustheit sehr beliebt. Kaliber 7,92 x 57 mm Magazinfüllung: 10 Patronen
PaK	Panzerabwehrkanone
Papirossa (auch Papirossy)	russische Zigarettenart, bei deren Herstellung ein längeres Pappmundstück geformt und nur der äußere Teil des Röhrchens mit starkem, kurzfaserigem Presstabak (Machorka) gefüllt wird. Vor dem Rauchen knickt man das Papphröhrchen zweimal ein, so dass eine Luftkammer

	entsteht, die den Tabakrauch abkühlt. Am bekanntesten sind die Marken: „Belomorkanal" und „Herzegowina Flor". Letztere war übrigens Stalins Lieblingsmarke.
MG 42 *Spitzname beim Feind: „Hitlersäge"*	universal Maschinengewehr Modell 42, (auch Einführungsjahr in der Wehrmacht/Waffen-SS), sehr effektive Waffe, Kaliber 7,92 x 57 mm
MP 40 *auch „Schmeisser" genannt, da der Name des Waffen-Konstrukteurs auf den Magazinen angebracht war.*	Maschinenpistole 40, Nachfolger der MP 38, Standardmaschinenpistole der deutschen Wehrmacht und Waffen-SS, Stangenmagazin, 32 Schuss, 9 mm Parabellum
Muckefuck	ugs. für Kaffee-Ersatz *(Getreidekaffee, Zichorienkaffee oder Malzkaffee)*, bzw. für dünnen, gestreckten Kaffee
Lee-Enfield Rifle	britisches Repetier-Gewehr, Standardwaffe der britischen Armee, Kaliber .303 Britisch (7,7 x 56 mm), Magazinfüllung: 10 Patronen mit Ladestreifen. Dieser ermöglichte eine schnelle Schussfolge von 20 - 30 Schuss pro Minute.
Degtjarow DP 1928	sowjetisches Maschinengewehr Kaliber 7,62 x 54 mm, auffällig durch Tellermagazin (Füllung: 47 Patronen)
D-Day	Die Abkürzung *D-Day* (im Deutschen zu Vergleichen mit Tag X) bezeichnet den Zeitpunkt einer größeren militärischen Operation, ohne etwas über Inhalt, Ort oder Zeitpunkt zu

	verraten. Als *D-Day* wird seit dem 06. Juni 1944 im Allgemeinen der Tag der Landung der Alliierten Streitkräfte in der Normandie bezeichnet.
Gustav-Linie	Deckname für eine deutsche Verteidigungsstellung in Mittelitalien, ca. 100 km südlich von Rom, die sich quer durch den „Stiefel" zog. Die dortigen Kämpfe wurden bekannt als „Schlacht um Monte Cassino".
PPSch 41	russische Maschinenpistole, (Einführungsjahr in der Roten Armee 12/1940) sehr zuverlässig, Kaliber 7,62 x 25 TT, Trommelmagazin (71 Patronen) und Kurvenmagazin (35 Patronen)
Ofenrohr	Raketenpanzerbüchse 54
OKW	Oberkommando der Wehrmacht
Mosin Nagant	russisches Repetiergewehr, Kaliber 7,62 x 54 R, Magazinfüllung 5 Patronen mit Ladestreifen. Das Gewehr gab es auch in einer Version für Scharfschützen, Standardgewehr der Roten Armee.
K 98	Mauser Modell 98, deutsches Repetiergewehr, Kaliber 7,92 x 57 mm, 8 x 57 IS, Magazinfüllung 5 Patronen mit Ladestreifen. Das Gewehr gab es auch in einer Version für Scharfschützen, Standardwaffe der Wehrmacht und Waffen-SS.

Scho-ka-kola	koffeinhaltige, runde Schokolade, die in einer Blechdose verpackt war.
Sanka	Abk. für Sanitäts-Kraftwagen
Geballte Ladung *(originär)*	vorgefertigtes Sprengmittel in Quaderform, Maße: 7,6 x 16,4 x 19,5 cm, Gewicht mit Tragering: 3 kg Sprengstoff
geballte Ladung *(mehrere Handgranatensprengköpfe werden um eine Stielhandgranate gebunden)*	Notbehelf zum Sprengen von Hindernissen, Unterständen oder zur Abwehr von Panzerfahrzeugen *(letzteres i.d.R. zum Absprengen von Ketten, oder beim Angriff auf unbewegliche Fahrzeuge)*
TVPl	Truppenverbandsplatz
WuG	Waffen- und Geräteunteroffizier, *i.d.R. Angehöriger des Gefechtstrosses*
z.b.V.	militärische Abkürzung für: zur besonderen Verwendung

Aus dem allgemeinen Landser-Jargon:

Acht-Acht	deutsche Flugabwehrkanone (FlaK), Kaliber 88 mm, die auch für Bodenziele eingesetzt werden konnte
Alter	Spitzname für: Vorgesetzter (meist Kompanie-, Bataillons-, oder Divisionsführer)
Akja	Wannenschlitten (nordisches Wintertransportmittel)
Barras	Barras wird in der Soldatensprache ‚das Militär' bezeichnet. Zum Barras müssen heißt, eingezogen zu werden (Wehrpflicht). Das Wort geht vermutlich auf den französischen Staatsmann *Vicomte de Barras (1755-*

	1829) zurück. Er war einer der Verantwortlichen, als Frankreich die Wehrpflicht einführte. Der Begriff ist vor allem im Süddeutschen Raum und in Österreich gebräuchlich. Aus diesen Landstrichen stammten etliche Soldaten aus Napoleons *Grande Armée* während dessen Russlandfeldzuges.
Beutegermane	saloppe Bezeichnung der Volksdeutschen = (Menschen deutscher Herkunft mit nicht-deutscher Staatsangehörigkeit)
Donnerbalken	Latrine / Feldtoilette
Gefrierfleischorden	Ost-Medaille
Gulaschkanone	Feldküche
„Halsschmerzen"	jemand möchte eine Auszeichnung erhalten (Ritterkreuz, Eisernes Kreuz u.a.)
Hindenburglicht (benannt nach Paul von Hindenburg)	Mit Fett oder Talg gefüllte, kleine Schale, in die ein Docht gesteckt wurde. Es diente als Notbeleuchtung. Moderner Nachfolger ist das Teelicht.
Hitlersäge	MG 42 = leistungsstarkes deutsches Maschinengewehr
Hundemarke	Erkennungsmarke (üblicherweise an einer Kette um den Hals getragen)
Rollbahn	wichtige Straße/Nachschubweg z.B. zur Truppenversorgung, aber auch zum schnellen Vormarsch
Intelligenzstreifen	Biesen an den Hosen von Generalstabsangehörigen
Iwan	Spitzname für Rotarmisten (russische Soldaten)
KdF (Kraft durch Freude)	Nationalistische politische Organisation mit der Aufgabe, die Freizeit *(Wandern, Urlaub = Land- und*

	Seereisen) der deutschen Bevölkerung zu gestalten. Sitz der Gesellschaft war Berlin.
Kettenhund	Feldgendarm, erkennbar an seinem umgehängten Blechschild
Knobelbecher	genagelter Soldatenschaftstiefel
Koffer	schwere Granate
Kübel o. Kübelwagen	Leichter, geländegängiger Militär-Pkw (Volkswagen)
Küchenbulle	Koch
Landser	ugs. Bezeichnung des deutschen Soldaten (Landsknecht = zu Fuß kämpfender Söldner 15./16. Jh.)
Lametta	Orden/ferner auch Rangabzeichen
Latrinenparole	Gerücht
Napola	Nationalpolitische Lehranstalt = Internatsoberschule die zur Hochschulreife führte / Eliteschule zur Heranbildung von nationalsozialistischen Nachwuchsführungskräften
Spieß	Kompaniefeldwebel *(i.d.R. ein Oberfeldwebel in der Dienststellung eines Hauptfeldwebels – erkennbar an zwei angenähten Kolbenringen am Uniformärmel)*
Spiegelei	Kosename für: *Deutsches Kreuz in Gold.* Das *Deutsche Kreuz* war eine deutsche Militärauszeichnung und wurde am 28.09.41 durch Adolf Hitler in den Abteilungen Gold und Silber gestiftet. Es hat die Gestalt eines achtzackigen Stern aus grau getöntem Silber. Darauf befindet

	sich ein Lorbeerkranz aus Gold oder Silber, der ein Hakenkreuz umfasst. Silber: *(verliehen für: vielfach bewiesene außergewöhnliche Tapferkeitsleistungen oder vielfache hervorragende Verdienste in der Truppenführung)* Gold: *(verliehen für: vielfache außergewöhnliche Verdienste in der militärischen Kriegsführung)*
Stalinorgel	sowjetischer Raketenwerfer (Eigenname in der Roten Armee: „Katjuscha")
Strippenzieher	Nachrichtensoldat
S-Mine	Abk. für Schrapnell-Mine, Splitter-Mine oder Spring-Mine. Nach Auslösung durch Tritt oder Stolperdraht, wird der Minenkörper in etwa auf Hüft- bis Schulterhöhe hochgeschleudert und explodiert mit Splitterwirkung. Diese Waffe war so effektiv, dass sie bis heute viele Nachahmer fand.
Tante Ju	Kosename für die Junkers Ju 52, ein Flugzeugtyp der Junkers Flugzeugwerk AG, Dessau. Erfolgreichstes Modell war die dreimotorige Ausführung Junkers Ju 52/3m aus dem Jahr 1932, die aus dem einmotorigen Modell Ju 52/1m hervorging.
Zwölfender	Berufssoldat (Dienstzeit betrug mind. 12 Jahre)

Waffenvorstellung in Stichpunkten

15 cm schweres Infanteriegeschütz 33 (Abk. sIG 33)

Bild 183 – Allgemeiner Deutscher Nachrichtendienst - Zentralbild – Schwere Infanteriegeschütze im Wald von Hürtgen bei der Abwehr eines der zahllosen nordamerikanischen Angriffe PK-Kriegsberichter Jäger, Originaltitel – Scherl: Bei Düren, Wald von Hürtgenwald.- Schweres Infanteriegeschütz beim Feuern, Aufnahme am 22.11.1944, Fotograf: Jäger, Agentur: Scherl, Bundesarchiv, Signatur: Bild 183-J28303

Technische Daten und allgemeine Information:

Hersteller	Rheinmetall, Böhmische Waffenfabrik, AEG
Produktionszeit	1933 bis 1945
Gesamtlänge	3,40 m
Rohrlänge	1,68 m
Gewicht	1.800 kg bzw. 1.680 kg in der leichteren Bauweise als Kraftzug-Ausführung
Kaliber	15 cm
Kaliberlänge	L/11,4
Kadenz	2 - 3 Schuss/min.
Höhenrichtbereich	-4 bis +75 Grad
Seitenrichtbereich	11 Grad
Bedienung	7 Mann
Munition	• Sprenggranate *(38 kg)* • HL-Granate *(24,5 kg)* • Rauchgranate
Reichweite	4650 Meter
Einsatz	i.d.R. im schweren Infanterie-Geschütz-Zug der Infanterie-Geschütz-Kompanien
weitere Verwendung	u.a. als Selbstfahrlafette – auf Panzerkampfwagen 38 (t), Sd.Kfz. 138/ Ausführung „H", Beiname „Grille"

Zusatzinformation zum Thema Scharfschütze:

(Auszug aus meinem Buch: Scharfschützen der Waffen-SS an der Ostfront)

Ausrüstung der Scharfschützen (zusätzlich zur Standardausrüstung):

- Gewehr mit ZF
- Munition (siehe nachfolgenden Beitrag)
- Behälter für das ZF
- Werkzeug und Pflegeutensilien für das ZF (teils in Dienstvorschriften geregelt, z.b. für das ZF 39, D134 vom 22. Januar 1940)
- Reinigungsgerät für die Waffe
- Fernglas mit Behelfsblenden
- Kampfmesser
- Kompass
- Deckungsspiegel
- Tarnhelmüberzug
- Tarnschlupfjacke (Scharfschützenjacke)
- Tarn-Zeltbahn
- Tarnnetz mit Mückenschleier
- Tarnmaske
- Schnur (Bindfaden) und Nägel für die Tarnung
- Gabel (gepolsterte Astgabel) als Gewehrauflage
- wetterbedingt Wintertarnzeug

Gewehr

Die gängigste Waffe der deutschen Scharfschützen war der Karabiner 98 k. Er wurde auch dem späteren Gewehr 43 aufgrund der höheren effektiven Reichweite und besseren Präzision vorgezogen.

Verwendete Munition – 7,9 mm (8x57IS):

S.	Spitzgeschoss
l. S.	leichtes Spitzgeschoss
s. S.	schweres Spitzgeschoss
S. m. E.	Spitzgeschoss mit Eisenkern
S. m. K.	Spitzgeschoss mit Stahlkern
S. m. K. (H)	Spitzgeschoss mit Stahlkern gehärtet (s. Anmerkung)
S. m. K. L`spur	Spitzgeschoss mit Stahlkern und Leuchtspur (s. Anmerkung)
S. m. L`spur	Spitzgeschoss mit Leuchtspur (s. Anmerkung)
P. m. K.	Phosphor mit Stahlkern
Pr-Patrone	Phosphor / Brandgeschoss (s. Anmerkung)
B.-Patrone	Beobachtungspatrone (s. Anmerkung)
diverse Übungsgeschosse	

Anmerkung:

Mit der Beobachtungspatrone konnte der Treffer (Einschlag) beobachtet werden, da beim Aufschlag sowohl eine kleine Flamme als auch eine kleine Rauchwolke zu sehen waren. Hinter einer Phosphorladung befand sich eine Kapsel mit Bleiazid oder Nitropenta. Das Geschoss besaß meist eine silberfarbene Spitze.

Hinweis: Die Verwendung der B-Patrone als Explosivgeschoss wird zwar immer wieder genannt, war aber mutmaßlich nicht allzu geläufig, da die wirkungsvolle Reichweite des Geschosses bei rund 600 Metern endete.

Als weiteres Brandgeschoss wurde die Pr-Patrone (Phosphor) verwendet.

Das Spitzgeschoss mit gehärtetem Stahlkern wurde aufgrund des Mangels an Wolfram nur bis 1942 hergestellt.

Bei der Leuchtspurmunition war das Geschoss mit einem Leuchtsatz kombiniert. Gezündet wurde dieser durch das Verbrennen von Nitropulver. Die Brenndauer reichte bis zu 900 Meter. Zu sehen war eine sog. Glimmspur.

Zielfernrohr (ZF)

Als ZF wurden verschiedene Modelle ausgegeben, die sich in Montage, Vergrößerung oder Lichtstärke unterschieden. Je nach Verfügbarkeit wurden die Zielfernrohre (z.B. ZF 39, ZF 41, ZF 4) von den Schützen nach deren Bedürfnissen und Vorlieben ausgewählt.

Bildtafel

Original-Fotos aus der Zeit 1933 – 1945

Privatarchiv des Autors, PA-H-101-Unterkunft

Privatarchiv des Autors, PA-M-100-Panzersperre (Drachenzähne)

*Privatarchiv des Autors,
PA-H-103-Antreten*

Privatarchiv des Autors, PA-H-102-Schanzarbeiten

Privatarchiv des Autors, PA-H-105-Nachschub

Privatarchiv des Autors, PA-M-104-Kameraden

Privatarchiv des Autors, PA-H-106-Marsch an die Front

Privatarchiv des Autors, PA-H-107-Schreibstube

Privatarchiv des Autors, PA-H-108-Pause – eine warme Mahlzeit

Privatarchiv des Autors, PA-H-110 – Beschuss, Raketenwerfer / Artillerie

Privatarchiv des Autors, PA-H-111- ein Unterstand nach Wintereinbruch und PA-H-109-Essensausgabe

*Bild 101 I - Propagandakompanien der Wehrmacht - Heer und Luftwaffe
Scharfschütze, getarnt in einem Schützenloch/Versteck mit einem Gewehr zielend – 1944, Fotograf:
Vieth, Bundesarchiv, Signatur: Bild 101I-676-7999-03A*

Bild 183 – Allgemeiner Deutscher Nachrichtendienst - Zentralbild – Schwere Infanteriegeschütze im Wald von Hürtgen bei der Abwehr eines der zahllosen nordamerikanischen Angriffe PK-Kriegsberichter Jäger, Originaltitel – Scherl: Bei Düren, Wald von Hürtgenwald.- Schweres Infanteriegeschütz beim Feuern, Aufnahme am 22.11.1944, Fotograf: Jäger, Agentur: Scherl, Bundesarchiv, Signatur: Bild 183-J28303

in der gleichen Reihe bereits erschienen:

Landser in den Trümmern von Budapest - Information, Originalfotos und ein packender Roman, Books on Demand, ISBN: 978-3-7322-6699-9, Januar 2014, 128 S. - € 8,90, Wolfgang Wallenda

Scharfschützeneinsatz in Woronesch - Information, Originalfotos und ein packender Roman, Books on Demand, ISBN: 978-3-7357-5629-9, Juli 2014, 120 S., € 8,90, Wolfgang Wallenda

Spezialeinheit am Feind - Information, Originalfotos und ein packender Roman, Books on Demand, ISBN: 978-3-7357-7745-4, August 2014, 124 S., € 8,90, Wolfgang Wallenda

Blutiges Afrika – Fremdenlegionäre im Deutschen Afrika Korps, Information, Originalfotos und ein packender Roman, Books on Demand, ISBN: 978-3-7357-7081-3, Oktober 2014, 120 S., € 8,90, Wolfgang Wallenda

Scharfschützen der Waffen-SS an der Ostfront – Im Fadenkreuz der Jäger, Information, Originalfotos und ein packender Roman, Books on Demand, ISBN: 978-3-7347-3984-2, Januar 2015, 132 S., € 8,90, Wolfgang Wallenda

Landser an der Ostfront - Im Höllenkessel von Millerowo, Information, Originalfotos und ein packender Roman, Books on Demand, ISBN: 978-3-7347-7361-7, März 2015, 132 S., € 8,90, Wolfgang Wallenda

weitere Bücher von Wolfgang Wallenda:

Biographie (halbauthentische Erzählung):

Die Frontsoldaten von Monte Cassino, Erstauflage 1999, z. Zt. 5. Auflage, Triga Verlag, 540 S. € 29,80. Dieser halbauthentische Roman erzählt die Geschichte des 1939 zwangsrekrutierten Mathias Wallenda, der sich an den Fronten in Frankreich, dem Balkan, in Afrika und letztendlich in Italien bei Monte Cassino bewährte und dort Held wider Willen wurde.

Krimikomödien:
(veröffentlicht unter W. T. Wallenda)

Schneespuren gibt es nicht, Oktober 2013, Himmelstürmer Verlag, 283 S. - € 15,90. In dieser wirklich außergewöhnlich witzig-warmherzigen Kriminalkomödie schlittert ein homosexuelles Paar in das Abenteuer seines Lebens.

Soko: weiß-blau-rosa und der Wessobrunner Hexenfluch, Februar 2014, Himmelstürmer Verlag, 241 S. - € 15,90. Dieses Buch ist ein „etwas anderer" Oberbayernkrimi – fesselnde Spannung und dennoch äußerst humorvoll.

Soko: weiß-blau-rosa: Fränkisches Blut, Juli 2014, Himmelstürmer Verlag, 240 S. € 16,50. Dieser Roman ist ein außergewöhnlicher Heimatkrimi mit gekonnter Mixtur aus Hochspannung und Humor.

Quellen- und Literaturverzeichnis, Buchtipps:

Der Romanteil ist eine überarbeitete Version der Erstauflage (Zweiteiler) „Knochenmühle Hürtgenwald" und „Spuren des Todes" aus der Reihe: Der Landser, Pabel-Moewig Verlag Rastatt, Heft-Nrn. 2689 und 2690

Kriegstagebuch des Oberkommandos der Wehrmacht (Wehrmachtsführungsstab) 1940-1945 (1961 – 1965)
Sonderausgabe, Berdard & Graefe Verlag, Bonn,
Hrsg. Prof. Dr. Percy Ernst Schramm, erläutert von Prof. Dr. Andreas Hillgruber, Prof. Dr. Walther Hubatsch, Prof. Dr. Hans-Adolf Jacobsen und Prof. Dr. Percy Ernst Schramm, ISBN 3-7637-5933-6

Das Bundesarchiv, Potsdamer Straße 1, 56075 Koblenz, insbesondere: Bilddatenbank des Bundesarchivs, sowie Freiburg (Militärarchiv), Wiesentalstr. 10, 79115 Freiburg

Infanteriewaffen Gestern (1918-1945) Band 1
Reiner Lidschun, Günter Wollert, Brandenburgisches Verlagshaus,
3. Auflage 1998, ISBN 3-89488-036-8

Infanteriewaffen Gestern (1918-1945) Band 2
Reiner Lidschun, Günter Wollert, Brandenburgisches Verlagshaus,
3. Auflage, 1998, ISBN 3-89488-036-8

Das Handbuch der deutschen Infanterie 1939 – 1945, Edition Dörfler im Nebel Verlag GmbH, Eggolsheim, ISBN: 3-89555-041-8, Alex Buchner

sowie

überlieferte Erinnerungen und überlassene Aufzeichnungen von Veteranen und Zeitzeugen (schriftlich o. im persönlichen Gespräch mit dem Autor) und eigene Kenntnisse des Autors.